新时代国有企业管理智慧丛书

法商融合

中国五冶管理模式

李锦　李宁/著

中国经济出版社
CHINA ECONOMIC PUBLISHING HOUSE
·北京·

图书在版编目（CIP）数据

法商融合：中国五冶管理模式/李锦，李宁著.
—北京：中国经济出版社，2020.6（2020.8重印）
ISBN 978-7-5136-6173-7

Ⅰ.①法…　Ⅱ.①李…②李…　Ⅲ.①建筑企业集团—企业管理—管理模式—研究—中国　Ⅳ.①F426.9

中国版本图书馆CIP数据核字（2020）第086282号

选题策划　汪京　雷生　刘金龙
责任编辑　孙东健
责任印制　马小宾
封面设计　任燕飞装帧设计工作室

出版发行　中国经济出版社
印 刷 者　北京富泰印刷有限责任公司
经 销 者　各地新华书店
开　　本　710mm×1000mm　1/16
印　　张　22
字　　数　250千字
版　　次　2020年6月第1版
印　　次　2020年8月第2次
定　　价　68.00元
广告经营许可证　京西工商广字第8179号

中国经济出版社　**网址** www.economyph.com　**社址** 北京市东城区安定门外大街58号　**邮编** 100011
本版图书如存在印装质量问题，请与本社销售中心联系调换（联系电话：010-57512564）

前言

诞生在新时代的国企管理模式

随着新时代经济高质量发展，中国企业迫切需要寻求新的管理理论与模式，以便更好地指导实践，引领发展。中国五冶集团有限公司的法商融合管理哲学及理论体系正是其企业治理的探索成果。

这家企业的一张呈直线上升的经济增长表，引起了我们探究的兴趣。中国五冶集团有限公司（以下简称中国五冶），是中央企业的一个子企业，是“世界500强”中国五矿集团有限公司（以下简称中国五矿）及中国冶金科工集团有限公司（以下简称中国中冶）的核心子公司，是集工程承包、钢结构及装备制造、房地产开发、项目投资为一体的大型综合企业集团。从21世纪初年营业收入仅10余亿元到2019年的近500亿元，近10年来营业收入和净资产均保持每年20%以上的增长，达到国内同行业先进水平。2020年一季度，虽受全球新型冠状病毒疫情的影响，各项主要经济指标仍然逆势上涨，保持强劲发展势头。很多企业的增速呈现出马鞍形发展的曲线，而中国五冶的发展却没有大起大落，一直呈现直线上升趋势。事实告诉我们，完全市场竞争型国有企业是能够做到风险可控、稳步增长的。

在从生产经营向产品经营、资本经营、全产业链服务的转型提升过程中，中国五冶以风险可控为经营管理前提，以法商融合的思想治理企业，形成了“战略超前、法商融合、资源激活、文化聚力”的发展模式，实行集中集约与分级授权管理、全面风险标准控制管理等，找到了诊治市场经济条件下“风险癌症”的良方，展示出国企“大船”行稳致远的高质量发展道路。中国五冶及其领导者正是靠着对法律与企业制度的娴熟于心和灵活运用，才让这家曾经陷入困境的老国企成长为高质量发展时期耀眼的现代企业集团之星。

中国五冶的“战略超前、法商融合、资源激活、文化聚力”发展模式，形成了以法商融合为核心要义的逻辑关系严密有序的体系。其发展实践以战略超前为统领，以法商融合为管理，以资源激活为路径，以文化聚力为依托。正是在上述四个部分的相互渗透与环环相扣中，中国五冶的发展模式真正显现出其系统性、独特性、丰富性与实践性。法商融合是发展模式中的管理要素，也是中国五冶的管理模式。

本书书名之所以标举“法商融合”，正在于“法商融合”可以视为中国五冶发展模式的核心要义与浓缩，是渗透于其他各项管理机制政策中的根本理念。所谓法商融合，本质上是指法律、规范、制度与市场经济行为融会贯通并形成合力的过程与状态。法商融合由四个子概念组成：第一个子概念是“管理”，管理是企业实现资源整合的手段和方法；第二个子概念是“商”，商在这里可以理解为企业实施资源整合的民事行为，也可以理解为商事，它是管理的对象；第三个子概念是“法”，这里的法是指企业在实施资源整合时所要遵循的一切规则，包括法律、法规、规章、企业制度和合同等；第四个子概念是“融合”，融合是过程、形态与结果。

法商融合的实质是将法的理论和思维方式、行为标准全面运用于企业的经营管理实践，两者交互作用、协调发展。因此，法商融合所融合的不是单纯的法律，而是意识形态和思维方式的统一，体现的是法治意识下的制度体系和行为标准。中国五冶法商融合管理模式的提出，不仅是对建筑行业高风险的一种破解手段，更是在思维层面对社会主义市场经济管理模式的一种创新。因此，本书选取“法商融合”作为书名，不是因为这个词汇较为新鲜，而是因为其具有突出的创新特征，是新时代的企业智慧，是国有企业管理实践中的新坐标。

被称为“现代管理学之父”的彼得·德鲁克曾说：“在人类历史上，还很少有什么事比管理学的出现和发展更为迅猛，对人类具有更大和更为激烈的影响。”我们发现，法商融合这一新的管理模式正是伴随中国五冶的一系列管理创新出现在世人面前的。正是中国五冶的故事，展示出这一管理哲学的理论合法性与现实可行性。中国五冶的法商融合进程与企业发展历程高度契合，大致经历了四个阶段。

第一阶段，是2005年前，面对市场困境与企业低谷而大力搞活企业的解困脱贫阶段。这一时期，中国五冶面对严峻的市场经济生存环境，快速抢占市场份额，扩大生存空间，实现了脱困及跨越式发展。但与此同时也暴露出建筑行业竞争不规范的种种痼疾，法律意识不足、契约精神不强，一些企业因此遭遇了市场风险和损失。这一阶段，中国五冶积极践行市场主体责任，有约必履，诚信经营，同时把合同义务变为权利的理念应用于合同权利端管理，从而推进法律意识的提升，用契约法则增加合同经营价值。

第二阶段，是2006年至2008年构筑现代企业制度的规范健康发展阶段。随着企业规模快速扩张及实施“创新提升，转型发展”战略，高速度、新领域伴生高风险的隐患显现。这一阶段，中国五冶及时开展规范治理，全方位重建公司管理制度体系，形成了集中集约与分级授权相结合的管控方式。以合同管理为突破口，健全了企业法人治理下的合同准入评价机制与项目管控标准，奠定了企业规范化、法治化、标准化运行的基石，用体制和制度筑起了管控风险的防火墙。

第三阶段，是2009年至2012年加快步伐转型提升发展阶段。着眼于长期可持续发展，中国五冶加大力度全面推进从冶金市场向房建、市政、交通等广阔的建筑市场转型，从低端向高端、从低附加值向高附加值提升，由单纯的施工生产型企业向技术型、资金型、管理型公司转变。新的市场领域、专业领域让五冶人面临着更多的不确定性和市场风险，面临着认识、知识、能力上的新课题。这一阶段，中国五冶通过实施全面风险控制标准，实行风险警示管理，实现风险管控标准、管理尺度的统一与可复制，全面提升各领域、各环节的风险管控水平。

第四阶段，是2013年以后从生产经营向全产业链服务高质量发展阶段。在2013年年初的工作会上，中国五冶提出了“提升发展质量”的指导思想。这种追求，使他们最终形成“战略超前、法商融合、资源激活、文化聚力”的发展模式，实现了战略、制度、合同、资本、队伍、文化与党建等诸多方面管理水平的再提升、再拔高。这一阶段，中国五冶将企业制度和标准视为企业内部之法，将全面风险控制标准升级为企业全面管理标准，将依法治国要求落实到全面提升企业现代化治理能力和水平之中。

是什么使中国五冶发展如此快速？用现任董事长程并强的话来说，“是一种发展思维与管理思想，它根植于广大骨干的心中”。显然，要想发挥企业员工的创造力、积极性，首先要建构价值观层面的认同。“战略超前、法商融合、资源激活、文化聚力”的发展模式及其蕴含的思想理念，已经日渐植根于五冶员工内心。

从中国五冶的成长史可以看出，他们在改革开放中探索，终而在新时代形成三大成熟而完备的法宝。其中，起到基础作用的是发展模式，属于经营方面的是全产业链服务模式，属于管理方面的是法商融合模式。经营模式和管理模式犹如装配在发展模式上的鸟之双翅，相互配合，比翼齐飞。在一个企业，管理层往往是它的神经系统，企业只有致力于发展模式、经营模式、管理模式及其制度形成，才能健康有序地运作，并在这种状态下发展壮大，不致因人而废、因时而废。显然，中国五冶不仅连续多次入选同行业榜单前列，而且志于发展、经营、管理模式及其制度的创新，终而使之成为建筑企业对中国管理思想发展史的一大贡献。

法商管理是一个颇具中国特色的管理理念。在学界，国内对于法商融合的探讨最早见于20世纪90年代学者程信和等人的文章。之后，孙选中、刘纪鹏等学者明确提出“法商管理”的概念，并在理论研究与教学实践等方面进行了多方探索。2019年年底，刘纪鹏教授的《法商管理学》一书出版，标志着法商管理学科建设实现了重大突破。而在企业实践中作出成效且拿出成熟经验的，是中国五冶。他们的经验是法商融合论的实践依托，也标志着法商融合论的成熟。

法商管理理论的提出，是市场经济纵深发展的产物。马克思认为：“先有交易，后来才由交易发展为法制……这种通过交换和在交换中才产生的实际关系，后来获得了契约这样的法的形式。”① 由此可见，法制随着市场经济的产生而产生，市场经济的发展水平越高，

① 马克思，恩格斯．马克思恩格斯全集（第19卷）[M]．北京：人民出版社，1965：422－423.

法制水平也越高。由交易而法制，马克思讲清了法制的起源，这是历史唯物主义的观点。中国五冶之所以致力于法商管理、法商融合的管理创新，实在是从市场经济实践中探索出来的，建筑行业的激烈竞争特性与一度的无序状态推动中国五冶走上法治之路。他们的实践与马克思的法制起源思想高度吻合，再次证明马克思主义理论在新时代的指导意义。反之，先法律而后实践，是另外一种法商管理的路径。

追根溯源，中国五冶提升现代化企业治理能力起步于合同管控，得益于合同经营。从守好合同入口到全面风险标准管控，再到企业全面标准管理，中国五冶的治理能力和水平不断提高；从全面合同履约到经营合同价值，再到提供合同增值服务，五冶人践行契约规则、以法兴商的成效日益显现。这是一个法与商不断走向深度融合的过程，与马克思所讲“先有交易，后来才由交易发展为法制”是高度吻合的。在实践中，中国五冶经历了从以法抑商到以法扶商的转变，实现法商矛盾到法商融合的转化，积厚成势，不断成形，终而建构起了五冶特色的法商融合管理模式。本书中，很多故事生动阐明了这个发展过程。

目前，从实践上完整提出法商融合管理模式的企业，只有中国五冶一家。中国五冶在企业经营活动中不仅长于整合资源，同时擅于整合规则与制度。在经商和法治的价值观及其方法论的相互作用下，中国五冶在合理实现企业目标的管理过程中，培育了明法精商、敏思善行的法商复合型企业文化，开辟了中国企业走向法商管理的道路。这是中国国有企业在管理领域的最新成果，它把习近平同志提高治理能力现代化的理念延伸到依法治企实践中，开辟了国企管理的新境界。

一种新的管理模式的产生，必是时代的召唤与驱动。中国五冶的法商融合思维，萌生于21世纪初以快速扩张成功脱困的过程中，得益于2013年年初进入加速提升发展质量阶段，并把“提升优势管理能力”作为提升发展质量首要途径的正确决策。党的十九大召开后，当整个中国以高质量发展作为新时代的重要标志时，他们已经进入理论提升与规律总结阶段。他们比一般企业早七八年，且以创新务实的态度全力构建，终成此果。这种来自一线的耕耘，实是新时代国有企业管理开出的灿烂之花。以往，有研究者称法商管理是“只见楼梯响，不见人下来”，中国五冶在实践中“登场”，实是对中国国企管理的一种开创性贡献。

市场经济和法治是现代文明的两大基石，社会主义市场经济的本质是法治经济，法治经济是市场经济高度发展的产物。党的十八届四中全会提出要“健全和完善有利于社会主义市场经济发展的经济法治体系”。党的十九届四中全会提出“深化国有企业改革，完善中国特色现代企业制度”。中国五冶探索的法商融合管理模式，是一种“经济法治体系”，也是“中国特色现代企业制度”的重要内容。响应党的号召，适应时势所需，实是新时代的国企智慧，其经验适宜为国有企业普遍学习与借鉴。

因此，本书从当前我国企业的经济和法治建设入手，尝试揭示法商二者间的关联性，反映法商融合对中国国有企业稳健发展的有效性，为推进全面依法治国和社会主义经济的大发展提供实践经验与理论支撑。对于法商管理的内容，本书第一章对发展过程给予描述，重点讲全产业链服务经营模式的形成，第二章对发展模式进行理论阐述，第三章对以法商融合为特色的中国五冶管理模式进行理论阐述。而法商融合重点体现在第六章的制度管理、第七章的合同管理。

因此，本书没有止于对一个企业发展道路的总结，也没有单纯从管理模式做理论阐述，而是剖析中国五冶的发展历程，从管理模式着眼，为广大领导者、企业家、经营业主提供治理层面的思考。

本书为落实党的十九届四中全会提出的“增强国有经济竞争力、创新力、控制力、影响力、抗风险能力，做强做优做大国有资本”任务，提供了管理理论支持。我们相信，这种产生于新时代的管理模式，对国有企业高质量发展，特别是对抗击风险、保持长期稳健发展是有借鉴意义的，对新时代的企业经营管理水平的提升也具有开启思路的价值。

目录

上　编

第一章

向全产业链服务经营模式的转变

阅读提示 中国五冶在计划经济向市场经济转型过程中，从低谷中崛起，历经快速扩张、规范治理、转型提升、高质量发展等阶段，实现从小到大，从低端到高端，从单一到多元，从传统行政管理到现代法商管理，从施工生产企业到全产业链服务大型企业集团的涅槃重生。

在中国经济发展进入新时代的背景下，越来越多的经济学者和企业管理者认识到，中国企业管理已经无法照抄照搬西方管理理论，很多管理学也无法解释当前的客观情况。中国的企业界应当适应形势变化，紧密结合新的实践，进行研究总结。这是破解国有企业高质量发展难题的需要，是构建新时代中国特色管理学的紧迫任务，也是我国培育更多优秀企业和企业家的迫切需要。

在改革开放过程中，中国五冶经过艰难探索，终而在新时代形成三大成熟而完备的成果：一个是以战略超前为统领的发展模式，一个是全产业链服务的经营模式，一个是法商融合的管理模式。探讨中国五冶的经营与管理模式，首先有必要深入他们的实践之中，从源头开始认识，对其经营管理思想形成的历程加以梳理与总结。中国五冶的经营管理思想是从21世纪90年代初以来，随着市场环境的变化，历经波折而不断完善的。我们了解中国五冶的企业发展与经营管理过程，了解中国五冶是怎样从单纯生产经营向全产业链服务模式转变的，便会看到其改革发展既与整个国有经济的改革走向高度契合，又独具特色。这个过程从1990年代初至今大致走过了五个历史阶段。

第一节 市场经济早期的困境

中国五冶集团有限公司，原名为中国第五冶金建设公司，是第一批投入新中国冶金等工业基础建设的骨干力量。中国五冶诞生于新中国成立前夕，是我国计划经济时期中西部举足轻重的冶金建设骨干队伍。然而，计划经济的“断档”与市场经济的“迟到”，使得中国五冶一度不能适应变化，陷入困难的局面。特别是计划经济时期的单纯生产增长模式，本质是一种借助行政力量实施的简单式、封闭式、粗放式发展模式，反映的是落后的生产经营方式。

一、计划经济时期国家冶金建设骨干的荣光

1948年10月，在抚顺解放的同时，中国五冶的前身——抚顺矿务局工事事务所由东北工业部接管，一个新中国的建筑企业就此萌芽。70年来，公司先后隶属于东北工业部、中央重工业部、冶金工业部、中国冶金建设集团、中国冶金科工集团暨中国冶金科工股份有限公司、中国五矿集团。初创时期，按照国家建设的需要和调遣，1952年至1956年期间，在东北抚顺、吉林地区先后作为化工、冶金等建设队伍，出色地完成了多项苏联援建重点项目的建设。1956年受命南下，参加重庆钢铁公司改扩建施工。1961年受命迁往成都，

从此挑起了全川冶金建设任务的大梁，成为我国中西部地区举足轻重的冶金建设重要力量。

21 世纪 70 年代，受时代环境的影响，中国五冶曾连续 9 年亏损，陷入历史上第一次发展低谷。1978 年 9 月，根据冶金部指令，五冶抽调近万名精兵强将，奔赴上海设立宝钢五冶分指挥部，参加宝钢建设。在宝钢一期、二期、三期工程建设中，先后获得中国工程建筑“鲁班奖”、国家优质工程奖及省部级优质工程奖数十项，多次荣获各级质量管理奖，荣获一项国家科技进步特等奖。此间，五冶以成都为总部基地、上海宝钢为分指挥部，从此兵分两处，整体上形成了近 3 万名职工、数万名家属的规模。20 世纪 90 年代初期迎来了上升发展的良好机遇，1995 年总产值首次突破 10 亿元。

在计划经济时代，中国五冶曾服务于鞍钢、武钢、宝钢、攀钢、重钢、成都无缝、长城特殊钢等国内众多钢铁企业，占据了国内焦炉市场半壁江山，是焦炉工程领域当之无愧、无可争议的领跑者和“国家队”，被誉为“全国焦炉之冠”。同时五冶还参加了一大批国家三线工业企业的建设，为国家经济发展作出了积极贡献。历史已镌刻下这些荣光。

二、市场经济早期的窘迫

20 世纪 90 年代末至 21 世纪初，中国五冶发展陷入历史上第二次低谷。彼时，随着市场经济的发展，民营企业如雨后春笋般迅速崛起。与非公经济迅速发展形成鲜明对照的是，很多刚刚从计划经济转轨的国有企业还不能适应这种变化。当时，国有企业效益逐年下滑、大面积亏损，多数行业的产能利用率不足 40%，经济体内部出现严重的“三角债”问题，银行坏账率高企。全国国有工业企业的亏损面从20世纪90年代初期的20%多一路上升至1997年的38.22%，不少国企陷入半停产状态。与此同时，1997年亚洲金融危机的爆发形成了一定的外部冲击，使得国有企业的发展举步维艰，陷入了十分危险的境地。从1998年到2003年，国企和国企控股公司从23.8万家锐减至15万家，减少40%。

对于中国五冶而言，在当时环境下，无论是自身经营管理体制机制，还是员工思想观念，都没有做好迎接这种市场挑战的准备。

第一，面临的是市场生存空间的萎缩。随着国家经济结构的调整以及宝钢项目的完成，冶金行业的建设空间大幅度萎缩，从而倒逼中国五冶等冶金建设企业不得不向非冶金领域扩展。中国五冶犹如被逼上梁山，匆忙走上与民营企业同台竞争的市场。但长期从事冶金建设的单一主业特征，成为公司参与市场竞争的短板。

第二，面临的是自身运营管理机制与市场经济体制之间的冲突。以往，国有企业的生产都按计划进行，任务靠分配，内部管理体系和机制都是围绕“计划”来设置和运行的。改革开放初期，要进行企业内部体制机制的改革，任重道远。在当时建筑业市场竞争不规范，甚至出现无序和恶性竞争的情况下，五冶和大多数国有企业一样，与民营企业同台竞争时，内部管理体制机制常常成为束缚手脚的羁绊，明显缺乏竞争力。在企业内部，原有的承包经营模式也无法满足新形势下的需要，常常出现项目承包者权责不匹配等情况，给企业带来巨大的经营风险。

第三，当时员工思想观念绝大部分还停留在计划经济时代，等、靠、要的思想严重，在社会和企业都进入大转型的背景下，对改革新事物不能及时适应，对个人前途迷茫，畏惧竞争，害怕改革，思想极不稳定。

当然，中国五冶所面临的处境也是当时国有企业普遍存在的困顿。我们曾经到五冶的兄弟单位调研，发现他们当时碰到的困难并不比中国五冶少，一些中央媒体将该企业濒临倒闭、员工基本生活无法得到保障的困难情况反映到国务院、全国总工会，受到国家领导人的关注。20 世纪 90 年代末至 21 世纪初，中国五冶与众多老牌国有企业一样，进入史上最为艰难的时期。当时拥有 2 万余职工的五冶，只有 10 多亿元的年产值，内债外债高筑。

21 世纪头几年，是五冶日子过得非常紧巴的时候。那段时间，五冶在四川几乎全面拖欠员工工资，有的长达 1 年，最短的也有 5 个月，长时间无力缴纳员工社保医保等各类保险金、水电气等生产生活费用。为求生计，有的员工曾搭个小棚子做小本生意用以养家糊口。那时，中国五冶的社会形象一落千丈，就连一些街道基层办事处人员一听说与五冶有关的问题，都唯恐避之不及，五冶想在市场里找到一份像样的订单已是奢谈。由于工程项目青黄不接，任务严重不足，一些专业技术人员，甚至包括祖孙三代都供职于此的“五冶子弟”也因为生计不得不离开企业自奔前程，企业一时人心不稳，前途未卜。

中国五冶与很多大型国有企业一样陷入发展低谷，从根源上说是长期形成的计划经济思维与市场经济要求不适应。说到底，是形势变化了，但国有企业一时间不能适应这个变化，因此使得这个适应过程显得痛苦而漫长。

第二节　扭亏脱困的艰难突围

2003 年到 2005 年间，中国五冶从定目标、改机构、活机制、调队伍、转观念等方面开始了生存发展的突围。

一系列的新动向包含一个鲜明的指向，那就是适应市场，放开搞活。用灵活的机制、激励的政策，放鸟出笼，找活干，先解决生存问题，再实现追赶跨越。于是，中国五冶开始了背水一战：对外，调整市场布局，增加经营主体，主动适应环境，强攻市场订单；对内，大刀阔斧改革创新，围绕激发企业活力制定完善各项机制政策，改革组织机构，调整队伍结构，转变思想观念。

一、从理顺适应市场的发展思路开始

2002 年 7 月，程并强调往中国五冶任总经理、法定代表人。面对企业发展的困境，程并强意识到，“市场不怜悯弱者，只有勇敢地投身市场经济的洪涛巨浪，才能引领企业走出困境”，要改变经营思想，彻底摆脱计划经济的陈旧桎梏，勇敢走向市场经济的崭新道路。

上任伊始，他就跑基层、访员工、摸市场，在摸清企业症结后果断决策，把一部分骨干力量抽出来，下放经营权，让他们放开手脚去闯市场。同时优先解决在岗人员的工资，以及补缴拖欠社保、水电费、离退休人员的医药费，改造家属区急需完善的配套设施，保证正常的工作、生活秩序，解决燃眉之急，稳定人心。

与此同时，中国五冶的新领导班子意识到在闯市场的同时，还要建构与市场变化相匹配的管理体制机制，由此确定以激励为主的发展思路。在 2002 年 7 月 27 日召开的处级干部大会上，五冶提出“宽政策、严管理、活机制、高待遇”方针。在 2002 年 8 月 7 日总部机关干部大会上，程并强再一次指出：“经营管理定位要有利于生产力的发展，有利于基层单位的发展，而不是去限制大家约束其发展。要更大范围地营造一个能调动大家积极性，有利于发展的环境。”

脱困要从理顺战略目标开始。面对岌岌可危的局面，中国五冶领导班子制定2003—2005年发展规划，喊出“一年解决生存问题、两年实现跨越发展、三年确保持续增长”口号。这个口号表明了两层意思：要进行组织机构、体制机制等一系列改革，向计划经济彻底告别；现在落后了，必须只争朝夕，用跨越式的发展步伐努力追赶。当然，在当时的背景下，这一规划的核心要旨是解决有活干、有饭吃这一迫在眉睫的问题，是要积极适应市场，积极改变计划经济留下的积弊，离管理创新还相距甚远。

当时，中国五冶存在川沪两地发展不均衡的情况。20世纪八九十年代，宝钢是国家的“头号工程”，较之于四川五冶总部断米之炊的困境，上海五冶的日子显然要好过得多。针对川沪两地发展失衡状态，中国五冶重新定位发展策略，确定了东部率先发展、西部自我解困、东部发展带动西部、西部脱困促进东部，从而实现五冶整体发展的指导思想。即：上海地区基础较好，要依托宝钢加快发展焦化、烧结等大型冶金优势项目，同时全力开拓炼铁、炼钢、轧钢等新的冶金领域，以此扩大五冶在冶金行业的优势；四川地区身陷困境，主要任务是强攻市场拿订单，解决自我生存问题，尽快走出低谷。

二、大刀阔斧的组织机构变革

传统的国企内部采用的是行政性的组织管理模式，管理机构呈现出显著的“科层制”特征，机构庞杂、冗员较多，管理内容、职责交叉重复。这是计划经济的产物，不仅造成了大量资源浪费，而且严重影响了企业的运行效率，尤其是削弱了企业参与市场竞争的能力。

在理顺发展思路后，中国五冶以市场为导向，迅速对自身组织机构大刀阔斧地动起了手术，为基层单位松绑，重组管理职能链条，理顺经营主体和管理主体的关系，坚决、快速将计划经济管理的职能与市场化竞争需要的职能分开。

第一，增加新的经营主体。成立一批区域性、地域性管理型分公司。新的经营主体没有历史遗留的负担，五冶按照市场化原则进行机构和人员配置，并下放权力，给予政策激励，使其成为强攻市场的先行者。

第二，成立资产管理经营机构。将原来各单位管理的土地、商铺、装备、施工机械集中管理，整合资产、盘活资产、运营资产，确保经营性资产的合理回报。

第三，为二级单位减负松绑。将原来长期由各单位管理的老生活区、学校、幼儿园等后勤事务全部收归物业公司统一管理。在企业十分困难的情况下，先将各二级单位分别管理的离休人员收归公司统一管理，切实保障老干部待遇不受影响；再将上海片区各单位分别管理的在川离退休人员实行合并集中管理，继而撤销各二级单位离退休管理部门，将全部离退人员收归公司离退休管理部集中统一管理。与此同时，将历史遗留的长期经营不善的制药厂、橡胶厂、电石厂等单位进行关停处置，并着手解决有着错综复杂矛盾的大小集体企业问题。这一系列密集的改革举措，目的就是要尽快让二级单位从繁杂的社会管理中解放出来，成为名副其实的经营主体，轻装上阵，一心一意闯市场、抓经营、促发展。

第四，增加公司机关市场化管理职能部门。强调总部管控职能，强调适应市场环境，新设立法务部，注重依法治理企业，加强风险防范；新成立规划发展部，强调企业战略管理，注重规范有序运行。

第五，调整公司机关职能部门管理职能和管理关系。将原计划经营处分为市场营销部和经营管理部，分别强化市场营销和成本管控职能，建立起相互支撑、相互制约的管理机制。将内部审计职能由原来的两级审计变为一级审计，撤销二级单位审计机构，壮大总部审计职能部门，加大内部审计工作的统一性和权威性。赋予党委宣传部企业文化建设的新职能，首次提出了打造优势企业文化的目标、任务和打造、传播企业品牌形象的要求。

这些做法在当时无疑是牵动全五冶数万员工家属的大动作，一度使一些长期遗留下来的矛盾更加尖锐。但大多数五冶员工是接受和支持的，因为他们看到了中国五冶领导班子与计划经济体制决裂的决心，增添了企业重新崛起的信心。

三、队伍结构调整与人力资源激活

由于历史的原因，当时中国五冶员工队伍臃肿，人力资源结构属于劳动密集型，冗员多、包袱沉、负担重，无法轻装上阵去适应竞争激烈的市场经济大环境。

2001 年，国家深化“三项制度改革”，国家经贸委、人事部、劳动和社会保障部下发了《关于深化国有企业内部人事、劳动、分配制度改革的意见》，指出：“改革国有企业内部人事、劳动、分配制度，是充分调动职工积极性、增强企业市场竞争力的一个关键因素。”并要求企业“建立管理人员竞聘上岗、能上能下的人事制度，建立职工择优录用、能进能出的用工制度，建立收入能增能减、有效激励的分配制度”。2002 年，国务院召开了全国再就业工作会议，会议明确提出鼓励有条件的国有大中型企业实施主辅分离、辅业改制，多渠道分流安置企业富余人员和关闭破产企业的职工。

与此同时，20 世纪末按照国家统一改革政策进入下岗库的下岗员工，享受优待政策陆续期满，仍未实现就业的需要再次按政策解除劳动合同。之前按管理层与劳务层两层分离政策成立的劳务公司也逐步结束过渡期，到了彻底脱钩的时间。

五冶抓住这个契机，2002 年下半年加大力度全面落实国家政策，提出了“调整人力结构，激活人力资源，升值人力资本”的队伍建设思路，开始有序地减人增效、调整结构、实施培训、落实激励，推动企业由劳动密集型向管理型、技术型转变。

推进减人增效工作。按政策妥善解决下岗库人员、劳务公司分立问题，全面清理、清退长期不在岗人员，通过末位淘汰制淘汰不合格人员，精简冗员。率先精简两级机关人员，降低机关管理费用。

调整人员结构。市场经济初期，五冶的管理层与作业层人员的比例大约是 2∶8，属于典型的劳动密集型企业。这种状况与他们当时迫切需要赢得市场竞争，实现生存发展目标严重相悖，也是重要的掣肘短板。他们多管齐下，用两年时间把人员结构调整为 4.8∶1.2∶4.0，即：专业技术经营人员占 48%，行政及辅助管理人员占 12%，技能作业人员占 40%，有力地促进了企业从劳动密集型向管理型、技术型转变。

提升队伍素质。大兴学习之风，提出“企业要适应社会的变化，员工要适应企业的变化。谁不学习，谁就落后，谁就被淘汰”。当时，在经济十分困难的情况下，制定专门政策，鼓励各级管理人员学习深造，提高学历层次、管理素质和业务能力，升值人力资本。五冶分别与上海同济大学、重庆大学、成都电子科技大学等高等院校联合办学，开设研究生班和工商管理培训班；公司支付学费，鼓励员工专升本、本升研，提升队伍整体学历水平。同时大力开展内部培训，引导员工牢固树立适应市场的思想，转变“等靠要”的老观念，克服盆地意识，改变安于现状的工作态度，树立干事创业的紧迫感，增强敢闯敢干的开拓精神，提升管理水平和专业能力，满足企业改革发展的要求。

改革用人制度。按照市场化和责权利相统一的原则，下放人事管理权限，实行干部竞聘上岗和强化考核、末位淘汰等举措。五冶的首次竞聘上岗是2003年在总部机关部门正职中实行的，真正实现了择优录用、能上能下，大胆起用年轻人，在广大员工中引起了极大反响，为此后全面推行全员竞聘上岗开了一个好头。同时大量招收大学毕业生、面向社会招聘专业技术及管理人员，提升整体素质和专业管理能力。

四、“宽政策、活机制”的经营改革

在2002年11月7日召开的强化管理工作会上，程并强提出了“解放思想、搞活企业”的要求：“下一步的工作，首先是要搞活我们的企业，宽政策、活机制、严管理。政策不宽松，大家就没有积极性；机制不灵活，就不能适应市场。要研究怎样才能调动大家的积极性，激发大家的工作热情。”

这次会议，是“宽政策、活机制”首次正式出现的节点，这6个字后来也逐渐演变为中国五冶独特的管理文化内涵之一。这一时期，为适应公司发展战略，中国五冶积极开展经营机制的改革调整，在内部推进了一系列放权政策改革，从多方面激发企业的内生活力，以应对从计划经济到市场经济的变革。

首先，中国五冶的经营机制搞活体现在增加经营主体和给予激励政策上。例如，建立了以五冶班子成员挂帅的分片、分块负责的营销体系，并对新成立的经营主体给予较大力度的激励政策，下放权力，促进发展。同时，出台激励政策着力培养一批经营能人，目的就是让这些新的经营主体和经营能人成为增强内部活力的突破口与强攻市场的先行者。

其次，中国五冶还以各种差异化激励政策全方位调动积极性。针对二级单位、项目部等不同主体，分别制定了差异化的考核与激励政策。例如，当时针对二级单位，根据不同情况实行相应的考核机制，对带队伍的大公司实行经济责任制考核，充分考虑其负担，主要考核指标为企业不亏损，员工工资、社保当年不拖欠，免交管理费和财务利息，重点把队伍带好，打造发展潜力和盈利基础。对带有少量队伍的二级单位，实行承包责任制考核，在考虑其带队伍的成本情况下，主要考核指标为利润指标和上交货币指标。对不带队伍的区域型、地域型分公司和直属项目部，按管理型经营单位考核，直接考核利润指标和上交货币指标。

五、奖励雪铁龙汽车的冲击波

2003 年 5 月的一天，在中国五冶机关总部大楼门口，“谭兴山同志奖励仪式”的横幅十分醒目。在机关总部全体员工的见证下，五冶领导人将系着大红绸的东风雪铁龙轿车钥匙交到了谭兴山的手中。谭兴山被重奖一台轿车的消息迅速传开，在五冶家喻户晓，一时成为饭后茶余的谈资，并迅速引发了“鲶鱼效应”，大大激发了五冶人干事创业的愿望和干劲。

项目经理谭兴山带领团队在建设某房地产项目时，由于工程干得好深得业主肯定，承接到了后续工程。与此同时，谭兴山捕捉到一个工程信息，某厅办公大楼建设项目即将招标，在建筑市场低迷的情况下，这无疑是一个香饽饽，多家颇具影响力的大型施工企业都紧盯着这个项目。为了拿下这个订单，谭兴山带领项目团队紧紧跟踪，精心做好参与竞标的每一项准备，最终在众多竞争对手中脱颖而出，成功夺标，实现了滚动发展。

为此，公司对谭兴山实施“重奖”：一辆价值16万元的东风雪铁龙轿车，这在当时可谓是不折不扣的大手笔。

此次奖励是中国五冶领导班子在转变经营机制上的重要之举。他们要从解决人的动力入手，培养一批敢闯敢干、敢于担当、市场意识强、善于经营，尤其是能为企业创效的项目经营能人，让他们开着自己的车去闯市场、抢订单、干项目，做大做强，持续滚动发展，成为推动企业快速扩张的生力军。同时形成一个强有力的导向：拿业绩说话，为企业作出贡献的人就能获得相应的回报，并且让他们积极争取作出更大的贡献，获取更丰厚的回报。

可以说，这一时期，中国五冶以体制和机制的改革创新，转变了员工观念，增强了企业活力，解决了企业发展的动力问题。在全体员工的共同努力与管理机制的初步突围下，中国五冶实现了快速发展，完成了扭亏脱困。企业总产值和签订合同额连创历史新高，分别由2002年的18亿元、22亿元增长到2004年的35亿元、42亿元；社保、工资等各种历史欠费大幅下降。2005年，企业总收入首次突破50亿元，实现了“三年跨越发展”的目标。这一时期，中国五冶的凝聚力显著增强，员工信心倍增，社会形象和知名度大幅提升，相继获得了四川省建筑业综合实力首强、四川省建筑业市场占有份额首强、四川省100强企业第17名等荣誉。

第三节　规范健康的发展之路

中国五冶从低谷中崛起，迅速走上了高速发展轨道。高速度使企业迅速扭亏脱困，但五冶领导人也敏锐地洞察到了快速扩张背后的隐忧。2006年至2010年是我国“十一五”规划实施阶段，中国经济实现了年均11%以上的增长，大大超过规划纲要确定的7.5%的预期目标。经济高速发展过程中难免出现市场不规范的问题，企业面临的风险日益上升。同时，五冶自身经营规模快速扩张，内部管理不规范的问题也时有发生。这些都迫切需要实施规范管理，“强身健体”，有效防范风险，既要跑得快，更要跑得稳，实现健康快速发展。

这一时期，中国五冶推出了新的“二五”规划，完成企业改制，跟随中冶集团实现整体上市，步入新的发展时期。

一、构筑现代企业管理制度根基

现代企业制度是以企业法人制度为基础，企业产权制度为核心，以产权清晰、权责明确、政企分开、管理科学为条件而展开的由各项具体制度所组成的、用于规范企业基本经济关系的制度体系。它是为适应我国国有企业制度创新的需要而提出来的特定概念，是企业制度的现代形式。建构完备且适合自身发展的现代企业制度体系是企业管理的基础。中国五冶不失时机地按照现代企业制度要求对整个企业制度进行了全方位的梳理。

2006年到2008年，是中国五冶规范化、制度化建设的重要时期。他们从2003年起就不断强化制度建设，2007年是全面建成现代企业制度体系的关键性年份，他们按照现代企业制度管理要求和完善法人治理结构的需要，全方位重建了制度体系。这一制度体系是中国五冶规范运行的基石，对中国五冶的长远发展来说可谓影响深远。

2008年3月15日，中国五冶在成都市郫县（今郫都区）召开了一次具有特殊意义的会议。许多五冶人至今都清晰地记得，那天窗外大雾弥漫，会议室内讨论热烈，这是五冶首次全面宣贯新的管理制度，重点解读和讨论集中集约经营与授权管理、风险管控、合同评审及刚性条款、项目策划及成本控制、资金管理与运作、集中采购等方面的管理制度和流程。让大家印象尤其深刻的是，把大项目营销和评审、大宗材料及分包采购、投资与资金等集中到公司统一管理，二级单位按授权实施管理；市场营销设置刚性条款、防范合同风险；取消了项目部签证权，项目部对签证只有认定权和初审权，须报项目管理单位审批，对分包结算实行两级审核；项目经营资料一月一归档、工程资料一年一归档，为履行合同防范风险打好基础等。会议结束时云开雾散，大家对公司全新的制度管理体系有了更全面、更清晰的认知。

2011 年，中国五冶全面实施信息化建设工程及标准化管理提升活动。运用信息化手段建立涵盖所有业务的管理模块，实现办公自动化、业务信息化、流程规范化、管理标准化，形成了完整的信息化运行体系。这无疑成为一个“加速器”，促使五冶各项管理制度的运行更加科学化，进一步提高了管理效率，提升了管理水平。

中国五冶建立完善现代化制度的步伐从未停止。他们以市场的复杂多变性为导向，以实现战略目标为指导，持续改进、创新内部经营机制和管理制度，每半年检视一次现行制度，发现不适宜之处立即修订，努力使公司的机制制度始终保持适应市场的灵活性，始终充满适应市场的生机活力。2019 年，面对新的时代、新的发展理念、新的市场、新的产品和目标，他们再次集中全面梳理修订管理制度，充分运用信息化手段，提升管理水平。

每一次的制度修订完善，都是在夯实建构现代企业制度的根基。而五冶的法商融合之所以能够成功，很重要的一点就在于建立了一套体现法治思想的制度。基础打得牢固，就为管理模式的系统化和成熟完善创造了条件。

二、五冶特色的风险防控机制

由于行业的特殊性，建筑企业向来是个风险高发的行业。当时在国民经济快速扩张期，市场不规范现象较为突出，市场诚信体系缺失，合同意识普遍薄弱，合同条款与实际执行之间经常出现脱节。外部市场的不成熟和内部管理的不到位，带来了一系列的风险问题，急待通过一套有效的风险防控机制去应对、去规范。

中国五冶早期也曾经历过“干一个工程，丢一片市场”的困惑，也曾遭受过各类风险的困扰，深知其中之苦。其成立法务部的初衷就是为了提升企业的法治经营能力，增强对合同权利与义务端的管理，应对各类风险，这也体现了五冶人较早萌发的法商管理意识。自2002年以来，五冶历年工作安排都将防控风险放在重要位置。尤其是2006年之后，五冶进一步强化“风险可控、经营稳健、全面提升”的经营理念，不断改进和完善自身管控体系、运行机制和管理制度，建立健全了贯穿生产经营活动始终、行之有效且具有五冶特色的风险防范与处置机制，公司对风险的防范、化解、消除能力，对市场的适应、驾驭、拓展能力不断增强，企业经营管理水平和经营质量日益提升。

当然，中国五冶风险防范体系的建构是一个逐步发展的过程。

在已经建立的法律风险防范机制、合同评审机制和交底制度、实行分包合同标准文本的基础上，2006年到2008年期间着重推进全面风险管理。全面建立集中集约与分级授权相结合的风险控制组织体系，形成了从项目跟踪、项目投标、项目评审到项目管理、成本核算、审计监督等一套完整的项目风险管理流程，完善了风险标准赖以依存的企业内部控制制度，为后来的全面风险控制标准的形成奠定了基础。其中，刚性条件评价标准、合格供方准入标准、分包合同格式文本可谓尽显五冶风险防控特色。

中国五冶曾经有过因合同失误而导致项目亏损或被拒付工程款的案例。为此，中国五冶加强合同评审管理，实现合同权利与义务的平等设置，事前防范合同风险。但对于风险的认识，不同的人有不同的看法。于是，中国五冶在招标文件评审前增加了刚性条件评价程序，即对所营销项目的投标保证金额度、资金支付比例、结算时间、违约责任大小、业主资信及资金能力等关键合同条件及收益设定准入红线，超过红线的需要报总经理或更高层级审批。这对于当时市场占有度不高、品牌优势不明显的五冶来讲，与其说刚性条件是一项评审制度，不如说是在考验一个饥肠辘辘者面对美食时敢于说不的定力和勇气。

小小的管理变化带来了立竿见影的效果，五冶的订单质量大大提升，也为后来的高质量发展奠定了基础。五冶曾经获得签约某台资企业地产项目的机会，这个订单对当时五冶从冶金市场向房建领域转型有着极其重要的意义，但就因为这家地产商拒绝在合同中约定结算时间，五冶断然放弃了签约。这件事让五冶人从最初的不理解，到最后明白了不是任何订单都可以接，合同条件必须平等设置、能够全面履行且回款有保障才能签。

在建筑行业，分包商低价中标、进场停摆，或者利用规则漏洞侵害总包单位利益的情形屡屡发生，总分包单位之间信任度低、合作稳定度差、争议频发。为此，中国五冶制定了分包合同标准文本，逐步建立起合格供方准入机制和等级评价机制，明确准入条件目录，对诚信记录、工程业绩、人员配置、质量安全认证等都有具体的要求，并实施年度复审动态调整机制，对评价优秀的供方给予晋级和奖励，对评价差的给予降级或淘汰。五冶每年都会举行合作伙伴座谈会，除了评奖评优，更多的是增进交流，解决关切问题，组建利益共同体。用五冶分包商的话说："每年五冶请我们吃饭，还给我们发奖，我们要一直跟着五冶好好干，五冶发展好了，我们也就发展好了。"

由此来看，当时五冶的风险管控是以合作共赢为理念，用刚性条款控制风险，用合同控制风险，用规范外部管理控制风险的。这样的风险管控机制，让五冶很少发生债权不能收回的绝对损失、很少发生违约被索赔的事件、很少发生拖欠供应商的情形、很少出现被诉败诉的情形，企业发展质量逐年提高。

三、逆向而行的集中集约管理

在注重风险防控的同时，中国五冶实行与之相适应的集中集约管理。集约化管理是现代企业集团提高效率与效益的基本取向。现代意义的"集约化经营"是指在社会经济活动中，在同一经济范围内，通过经营要素质量的提高、要素含量的增加、要素投入的集中以及要素组合方式的调整来提高效益的经营方式。简言之，集约是相对粗放而言，集约化经营是以社会效益和经济效益为根本对经营诸要素重组，实现高效管理，以最小的成本获得最大的投资回报，获得可持续竞争的优势。

当时建筑行业普遍推行"项目法施工"。1987 年建设部推广的项目法施工是建立在项目经理管项目基础上的，这种管理模式有助于调动项目团队的积极性，在过去相当长一段时间对于企业转换经营机制、扩大经营规模起到了重要作用。但随着企业的发展、市场的变化，也暴露出一些弊端，项目经理有人、财、物的控制权，但有效监督难度大，存在风险隐患。

中国五冶曾经和众多施工企业一样实践过项目法施工，在擅长的冶金项目建设上取得了较好效果。但当他们实施转型，全力进攻非冶金领域时，面对新市场、新产品、新客户，项目法施工则明显表现出水土不服。

中国五冶领导敏锐地洞察到这种项目管理模式与现代企业的发展方向和五冶的转型发展实际不相适应。于是，坚决叫停了项目法施工，提出集中集约管理思路。在当时来看，五冶实行集中集约经营管理就是项目法施工潮流的逆行者。

中国五冶的集中集约管理就是集中公司优质的人、财、物进行内部统一配置、外部统一对接，强化规范、高效、权责统一、监督约束的管理，使内部优势资源价值最大化，形成管理竞争优势。早在2003年，五冶就从局部开始探索，2007年就明确提出“项目集中管理、集约化经营”要求，2008年年初便建立了一整套集中集约管理机制和制度，将生产经营的主要环节和关键要素集中到两级公司，集中人、财、物优势资源，加大力度营销和经营大项目及创新提升项目，对新的业务板块、海外市场业务、资金和对外投资等进行集中统一管理。2009年年初，五冶又进一步提出了“坚持集约集中经营，坚持创新提升发展，按照上市公司要求规范运行，确保公司平稳、持续、健康地实现二五规划”的工作指导思想，强化了集中集约管理措施。

五冶的集中集约管控体系中项目成本、履约与风险、投资及资金是三大核心内容。在具体举措中，他们从集中采购开始。其中，对工程分包进行集中统一采购，在当时不失为领先行业的一大创新亮点。他们就是要集中优势资源，变分散作战为整体作战，减少管理层级，提高管理效率，降低风险系数。

事实证明，这次在行业管理中的果断逆行，符合五冶转型发展实际，是具有现代企业时代特征的，是为后来五冶形成独特的发展模式、法商融合管理模式走出的非常重要一步，甚至可以说是建筑施工行业务实创新管理的先行者和典范。

第四节　转型提升的奋力推进

对于中国经济而言，2009 年至 2012 年仍处在狂飙突进又风云跌宕的历史时期，金融危机席卷全球。在这一时期，转型与提升成为中国五冶发展的两大关键词，他们加快步伐、加大力度推进落实“二五规划”提出的“创新提升、转型发展”战略，积极拓展工程总承包、钢结构及装备制造、房地产开发、资源开发等四大业务板块，推动经营方式从低端向高端、低附加值向高附加值的创新提升，全力打造集生产经营和资本经营为一体的大型企业集团。

一、走到了转型提升的新十字路口

跨过扭亏脱困的门槛，中国五冶在 2006 年前后走到了新的十字路口。在实现扭亏脱困目标后，五冶一度以每年 30% 强的速度快速扩张，走上快速发展之路。

中国五冶的快速发展，与宏观经济的走势有着密切关系。21 世纪头十年，是我国钢铁行业、房地产与基础设施建设等迅猛发展的时期。以钢铁行业为例，我国粗钢产量在 2000 年仅为 1. 29 亿吨，2010 年飙升至 6. 267 亿吨，2012 年达到 7. 17 亿吨，是 2000 年的 5. 6 倍，年均增速达到 16% ，占全球粗钢总量的一半。再以建筑行业为例，2001 年至 2010 年期间，我国建筑业总产值也保持快速增长态势，年平均增长率22.5%。

从更为宏大的背景来看，我国“十五”计划全面和超额完成。“十一五”规划开局平稳，在投资和出口双双带动下，头两年中国经济增速继续保持在两位数以上。2008年国际金融危机突如其来，使得中国经济一度出现严重下滑。面对困难和挑战，中央及时出台了一揽子经济刺激计划，对宏观政策作出方向性调整，促使经济逐步企稳回升。这个阶段，国家已经逐步严控冶金建设投资，冶金建设投资增幅低于基本建设投资增幅。

在这种大环境下，中国五冶迅速抓住机遇，趁势而上。在这一时期，可以说中国五冶与其他众多兄弟单位一样，抓住了国家快速发展的机遇，抓住了冶金工业发展掀起一个高潮的机遇，发展壮大了自己。绝大多数五冶人当时都感觉良好，相信五冶会这样顺风顺水地走下去。

然而，程并强的想法却完全不是这样。他看到冶金建设投资增幅在减少，意识到冶金工业的发展高潮不会持续下去，社会经济发展的结构也会不断调整，如果死守冶金等工业项目，必然招致严重危机。2006年，中国五冶作出了“创新提升、转型发展”的战略部署。这个战略性转型，让一些长期奋战在冶金建设一线的五冶人一时无法接受，思想上转不过弯。但最终还是统一了思想：未来的主要市场在非冶金，必须坚定转型，早转比晚转好。他们很快启动了向非冶金领域转型的布局，因此当2008年国际金融危机来势汹汹，国家一揽子经济刺激政策落地，冶金钢铁行业逐渐进入寒冬，这时的中国五冶已经打下了转型基础，有了从容应对困难局面的能力。

当然，2008年的金融危机也是中国五冶加大力度加快步伐转型提升的推进器，他们根据冶金建设行业日益衰弱的现状，进一步明确了转型的具体思路："冶金项目做恒量，非冶金项目做增量。"即虽然冶金建设投资在萎缩，但五冶要千方百计保持已有市场和规模，同时要大力拓展非冶金领域项目，做大市场，做大规模。

二、从"多元"与"高端"入手

如果说，中国五冶起初几年的快速发展与其他企业一样主要得益于抓住机遇，与宏观经济形势有着莫大的关系，那么随后的中国五冶就开始展现出与有些企业截然有别的地方。

许多企业的发展轨迹常常如同马鞍形，有的企业高峰过后便跌入低谷，甚至一蹶不振。但中国五冶的发展轨迹却是一个平稳向上、不断爬坡的趋势。在程并强等五冶领导班子看来，脱困阶段只是实现了企业平移延伸式发展，好比是爬了一个30度、30米长的坡。而接下来是要实现转型提升式发展，好比是要爬一个60度、60米长的坡。企业的发展必然是沿着这样不断攀升的轨迹前行，因此，无论是企业经营的战略思想，还是企业管理的内涵外延，都必须在攀升中不断创新发展。

乘着中冶集团快速发展的东风，中国五冶决定彻底打破几十年来单一建筑施工的产业结构，全面改革单一、低端的经营方式，把公司发展从量的快速扩张转移到质的迅速提升上来。

这一阶段，中国五冶在战略上把握"转型"和"提升"两个基本点，从"多元"与"高端"入手，转变增长方式，增加新的经济增长点，蓄势发展。"转型"是指冶金市场向房建、市政、交通等广阔的建筑市场转型，实现产业产品多元化。"提升"即做强主业，在建筑主业上向着"高、精、专"技术型企业的方向发展，向经营品牌的管理型企业发展，向资金运作企业、总承包企业发展，实现从低端向高端、低附加值向高附加值的提升。在冶金产品上提升专业优势，实现恒量发展，在非冶金市场上快速打造优势，实现增量发展，要求二级单位做精做专业、做强做大，向大专业、小综合发展。在转型提升过程中，他们有过艰难、有过曲折，但中国五冶始终瞄准目标，笃定前行。

成都十陵互通立交，是中国五冶转型进入市政领域大型高端项目的第一个标志性产品，也是五冶承接的第一个大型立交桥总承包项目。该项目是2011年成都市"缓堵保畅"的重要民生工程，当时受到了政府、市民和主流媒体的高度关注，为五冶从此进军大型高端市政领域奠定了基础。

成都大魔方，是中国五冶投资建设的第一个大型高端城市综合体，也是转变经营方式实现提升发展的标志性产品。该项目位于成都市向南发展的先导区和核心区中轴线上，是成都打造"五中心一枢纽"的文创中心、面向世界的国际交流平台。项目涵盖拥有12000个座位的亚洲最大的室内演艺中心、甲级写字楼、五星级酒店、高档住宅、商业街区等。五冶从项目选址、产品定位、方案规划、设计施工全流程打造产品，为高质量发展打下了坚实的基础。同时以这个项目为载体培养提升了二级单位的总承包能力，项目获得国家优质工程奖。

这一时期中国五冶还积极参与BT（建设—转让）项目，努力从施工总承包向工程总承包、资金运作提升转型。2006年前后，社会固定资产投资规模增大，基础设施建设加速，而由于房地产业的蓬勃发展，土地需求量在不断增加。地方政府仅靠财政投入、银行融资、发行债权融资已无法满足公共财政支出的需要，特别是央行为抵制房地产过热，一年内二次上调贷款基准利率、三次上调存款准备金率。因此，一些政府开始探寻与社会资本合作进行基础设施建设和土地整理的路径，BT 模式因此成为最为普遍的选择。

在这一背景之下，中国五冶成功抓住机遇，从 2006 年 6 月承接第一个 BT 项目彭郫路开始，稳妥推进以投资与施工组合营销，至 2010 年国家出台政策规范社会资本投资基础设施、叫停社会资本参与一级土地整理时，他们已成功运作了双流仁宝项目、天府新区元华路、上海闵行梅龙镇商品房、江苏丹阳练湖小区等 20 多个项目。该类项目因准入门槛相对较高，收益远高于一般竞争性项目，不光助力中国五冶完成了企业发展所必需的财富积累，而且为创新经营模式、管控经营风险奠定了基础、积累了经验。

这一时期，中国五冶的作战方略也发生了变化，主要表现为：开始由“游击战”变为打有准备的“阵地战”，由一元产业变为多元产业并举，由单兵作战变为团队作战，由“刮金式”经营变为“贴金式”服务，由传统的施工企业变为工程总承包企业。2010 年，中国五冶营业收入、合同额双双突破百亿元，分别较 2005 年增长 276%、218%，利润总额增长 53 倍，在岗员工收入大幅增长，被四川省委省政府确定为重点培育的大企业。2011 年，在市场环境不稳定、世界经济形势动荡、国内大幅控制流动性的情况下，五冶实现营业收入 140 亿元，同比增长 20%，净资产回报率保持同行业先进水平。

三、转型提升的累累成果

中国五冶转型提升发展成果十分耀眼。仅从各分子公司转型提升发展前后的变化就能管窥一斑。

2009 年，中国五冶对分/子公司明确了“做大做强，做精做专”的发展思想，同时详细地明确了各单位转型提升发展定位和发展产品。如今，各分/子公司的业务几乎全部发生巨大的变化，实现了转型，逐步打造形成“大专业、小综合”的竞争优势，积累了宝贵经验。事实证明，他们没有因为转型而放慢发展步伐，降低发展质量，而是发展得又好又快。

一分公司，从传统工业和一般民建项目转型发展成为以高端工业项目、大型民建、市政交通项目，以及装饰装修、“美好城市”等新兴产品为主的总承包企业。近 5 年营业收入、利润分别增长 6.9 倍、8.1 倍，其中营业收入由 12.6 亿元到突破 100 亿元。近 3 年的代表作包括规模超过百亿的“一带一路”成都国际铁路港综合保税区项目、获得“鲁班奖”的南充市城市主干道提升改造工程、全国观摩的重庆仙桃数据谷、成都首条公园城市街道一体化示范街区枣子巷等重点项目。

四分公司，从传统工业和一般民建项目发展成为以超高层、大型场馆、大型综合体等高端民建产品，以及大地产商、大体量低成本竞争性民建项目为主的总承包企业，2019 年营业收入突破 100 亿元。近几年的代表作包括荣获国家优质工程奖的亚洲最大室内综合演艺中心——成都大魔方演艺中心，以 8 个月时间完成总建面近 40 万平方米、创造履约纪录的大体量综合类项目——宜宾白酒学院，具有四川最大穹顶天幕主舞台的项目——成都露天音乐公园，获“詹天佑大奖”的地产项目——蓝光香江国际等项目。

路桥分公司，从传统机械化施工发展成为以大型市政综合体、大型桥梁、轨道交通、高等级公路、一般民建等为主的总承包企业。承建了川内众多城市的市政、道路、桥梁等项目，其中成都中心城区缓堵保畅成温高架路工程、渠江特大桥工程荣获国家优质工程奖；承建了国内首个悬挂式单轨大邑空轨项目、国内首条内嵌式中低速磁浮综合试验线项目，成功进入轨道交通领域。

钢结构及装配式建筑分公司，由钢结构制作安装发展成为集工业化生产、工程总承包、建筑产品技术研发于一体的钢结构全产业链服务商。目前，该公司已挂牌成立四川省装配式钢结构建筑工程技术研究中心，建立了西部第一、国内一流的PC与钢结构装配式生产基地、新型材料应用研发基地、新技术研发中心，成为集“产、研、培”为一体，生产智能化、自动化、信息化，绿色制造、节能环保的装配式建筑科技示范园区。近年来，公司先后承建了亚洲最大含预应力的空间管桁架结构整体提升工程——成都大魔方演艺中心、国内首座“莫比乌斯环”式异形拱桥——成都五岔子大桥、西南最大最重钢结构整体提升工程——南充博物馆钢桁架、新型汽车产业智慧工厂——宜宾新能源汽车厂房等重点项目。

机电分公司，从冶金工业设备安装为主的专业公司发展成为总承包企业。在巩固工业机电安装优势的同时，积极向民用机电安装、建筑智能化、节能环保、水环境治理、洁净工程等领域转型。承揽了新能源产业重点项目——青海一里坪盐湖锂矿锂硼钾资源综合利用工程、超高海拔送变电项目——西藏班戈110千伏送变电项目、环境治理项目——清水河河道改造工程、四川省内最大的生物质发电项目——洪雅生物质发电项目等代表性工程。

陕西分公司，从以工业炉窑为主要产品的专业公司发展成为集工业项目、房建、市政交通为一体的区域型总承包企业。承建了国内首座7.5米大型焦炉——防城港钢铁基地焦化工程、四川省首批“5+1”产业重点特色园区项目——射洪新锂想锂电正极材料项目、中美政府合作打造的国内首个清洁能源互联网“硅谷”——眉山加州智慧城项目、河南安阳重大基础设施项目——省道502改建工程等重点项目。

中冶成勘，国家高新技术企业，由传统的勘察企业发展为集测绘、勘察、设计、岩土工程、检测、中小型房建及市政项目为一体的综合型企业。近5年拓展了土壤修复、环境治理、矿山恢复治理、地质灾害防治等新领域新产品，实现多元化发展。承建了成都市“东进”战略项目——都江堰至简阳城市轴线道路勘察工程、淮州新城重大民生项目——龙家山国际生态社区工程及汶马高速危岩处治工程、阿坝州松潘地灾自动化实时监测工程等项目。

建筑分公司，是中国五冶上海片区最早从传统工业向民建转型的单位，长期深耕民用住宅、公共建筑、市政项目，区域市场稳固拓展。承建的代表性工程包括荣获广东省建设工程优质奖的“美好家园”工程——深圳龙岗智慧家园项目、荣获河南省建筑工程结构“中州杯”的大型教育产业园——汝州市科教园区全产业链项目、荣获福建省“闽江杯”优质工程奖的重大市政工程——福州市地铁指挥中心项目、安徽省重大民生工程——滁州清朗别苑安置房 EPC 等项目。

三分公司，从以焦炉产品为主的专业公司发展成为集传统冶金、非钢工业厂房、房建、节能环保等多元产品为一体的总承包企业。始终保持传统冶金板块“焦炉之冠”的行业领先地位，先后承建了获“鲁班奖”及国家优质工程金奖的首钢京唐 7.63m 焦炉工程、获国家优质工程金奖的湛江钢铁基地项目炼焦及煤精工程、宝钢焦炉等国内半数以上焦炉工程，同时承建了获上海市“金钢奖”的超高层城市综合体厦门国贸金融中心、“美好城市”产品广东清远北江南岸公园 EPC 项目。

工程总承包分公司，从单一冶金产品企业发展成为冶金与非冶金产品齐头并进的总承包企业。在提升冶金产品优势的同时，积极向新能源汽车、现代物流、大型场馆等现代工业领域拓展，先后承揽了以荣获鲁班奖的包钢冷轧项目、荣获国家优质工程金奖的湛江钢铁项目为代表的高端冶金项目，以及以斯凯奇物流项目、唯品会项目、横店影视产业园项目、湖北星晖新能源智能汽车厂区工程等为代表的一大批转型项目。

交通市政工程分公司，从传统机械化施工专业公司发展成为以高等级公路、大型桥梁、大型市政、综合管廊、“美好城市”等产品为主的总承包企业。先后承建了滇桂黔集中连片特困地区交通建设标志性扶贫工程——贵州三荔高速公路项目、亚洲杯女子垒球赛场——黔西南州棒垒球体育公园 EPC 项目、荣获国家优质工程奖的东北现代化大型综合客运交通枢纽——沈阳南站市政交通工程、上海市重大工程及宝山区首座斜拉桥项目——陆翔路祁连山路贯通工程等。

工程技术服务分公司，从常规检修业务转型发展为集常规检修、生产线大修、工程项目承包为一体的综合性工程技术服务企业。公司持续保持行业内设备检修的领先地位，连续 11 年获评“五星级诚信创建企业”，服务全国58 家大型钢铁、化工企业。在转型发展中，先后承建了环保节能改造工程——淮北焦炉煤气综合利用项目、新兴智能制造工程——马钢智能集装箱装卸项目、非钢工程——山西福马针状焦等项目。

华东分公司，从以冶金产品为主的区域分公司转型发展成为以大型民建、高端酒店、装饰装修、“美好城市”等新兴产品为主的总承包企业。承建了荣获中国建筑工程装饰奖的高端酒店——“中国天眼”FAST 天文馆配套精品酒店和贵安新区星河湾酒店系列工程总承包项目、健康医养全产业链项目——南京国际健康城EPC总承包项目、革命老区标志性传统教育基地——广东高潭全产业链项目、贵州省脱贫攻坚重点项目——代化至惠兴高速板当互通公路等工程项目。

华北分公司，从传统工业项目为主的区域公司转型发展成为集现代工业、市政公用、品牌地产、大体量房建EPC项目等为一体的总承包企业。先后承揽了国内有色行业铝型材知名企业——天津忠旺系列工程、品牌地产商高端宜居项目——天津绿城·春熙明月工程、集商住一体化的多功能精装修城市综合体——北曹妃甸综合保税区创新创业中心项目、“美好城市”大型房建EPC工程——山西长治北寨片区城中村改造等项目。

五冶医院实现了从低成本差异化向专科差异化发展的转变，打造5个院级重点专科，树立起康复、妇幼、医养、微创等学科品牌。联合华西医院等优质资源，构建起多个专科联盟，综合实力逐年增强。

教培中心提升办学层次，整合社会资源，多渠道、多形式办学育人，晋升为高级技校，成为成都市高技能人才培训基地及四川省省级劳务培训基地。

物业公司由企业内部后勤服务单位转型发展成为面向内外市场的物业管理服务企业，融入五冶全产业链服务运营环节，参与PPP项目的运营服务，新拓展100多万平方米的物业管理服务项目，物业管理资质晋升为二级。

第五节　高质量发展的率先领跑

2013年前后，在新一届党中央领导集体上任与后金融危机时代到来的多重语境下，整个中国进入新的发展阶段，经济发展也进入了新时代。国内经济发展日益面临增长速度换档期、结构调整阵痛期与前期刺激政策消化期的“三期叠加”。从高速增长转为中高速增长、经济结构优化升级、从要素驱动与投资驱动转向创新驱动成为我国经济的“新常态”。在这种历史情境下，党中央、国务院适时提出推动经济高质量发展。

值得注意的是，中国五冶早在2009年年初工作会上就提出要走“由速度效益型向质量速度效益型转变的发展之路”。2013年强力推进提升发展质量，并把“提升优势管理能力”视为“提升发展质量”的首要途径，中国五冶全面进入了“提升发展质量”时期，比多数企业要早五六年，意识早、行动早，在时间上争取了主动。

进入全面提升发展质量初期，程并强首先向全体员工尤其是两级经营团队提出了转变思想的要求。2013年2月在上海五冶有限公司职代会暨工作会上，他首次阐明“勇于否定自我、突破自我、战胜自我，在改革创新上突破得快，就发展得快”的要求和观点。此后，在2013年4月召开的五冶管理对标讲评大会上，在2014年召开的6次川沪两地的各种会议上，在2015年召开的多次会议上，他不断强化要求：必须清醒地认识到企业在转型提升发展过程中，面临许多新课题、新挑战，尤其对两级领导班子成员综合素质和履职能力提出了更高要求。无论自己过去有多么辉煌，切忌自我满足、止步不前。只有敢于否定自己、否定过去，才能超越自己、提升自己，做到更会经营、更善管理，满足企业发展需要。

思想的变革和统一所产生的能量是巨大的。五冶在高质量的道路上快步前行，经济效益大增，加速描绘上升直线。

一、从生产型企业向服务型企业的演变

“高质量发展”，是新时代中国经济发展中出现频率最高的词汇之一。

2017年，党的十九大报告指出，中国经济由高速增长阶段转向高质量发展阶段，“必须坚持质量第一、效益优先，以供给侧结构性改革为主线，推动经济发展质量变革、效率变革、动力变革，提高全要素生产率”。当年的中央经济工作会议也提出：“国有企业要通过改革创新，走在高质量发展前列。”

高质量发展的根本在于经济的活力、创新力和竞争力，供给侧结构性改革是实现高质量发展的根本途径。进一步来说，先进制造业和现代服务业的深度融合，是深化供给侧结构性改革、提高发展质量的重要途径。先进制造业与现代服务业深度融合，可以延续、利用制造环节优势，带动产业链中的研发设计、营销服务等发展，将制造业优势建立在较高的服务价值基础之上，提高发展质量。推动先进制造业与现代服务业深度融合，要围绕产业链条延伸、提升、渗透、创新来展开，不断推动产业向产业链高端迈进，提升国际竞争力。

为了促进先进制造业和现代服务业深度融合，工信部等部门曾于2016年联合下发《发展服务型制造专项行动指南》，提出重点支持创新设计、定制化服务、供应链管理、网络化协同制造、服务外包、智能服务、金融支持服务、信息增值服务、系统解决方案、全生命周期管理等10种服务型制造典型模式。当时，一些先进企业已经走在了前列，例如华为的整体解决方案、上海电气的总集成总承包模式、海尔的服务型平台、深圳怡亚通的全程供应链整合服务创新等正在引领我国制造业向服务型制造转型。

这一次，中国五冶再次站到历史的领跑线上。五冶自提出转型提升发展思想以来，就不断在经营模式上进行创新，提高经营质量。2006 年前后开始探索彭郫路等资金运作类项目，2009 年前后开始在富士康项目尝试产品经营，并第一次以代建方式承建工商银行成都后台运营中心项目，向全产业链服务模式迈出了第一步。2013 年以后，创新经营模式的步伐加快、力度加大，“产品经营”“全产业链服务”成为中国五冶发展的核心关键词。中国五冶不断由单一的生产型企业向生产服务型企业转变，即不再局限于过去传统的施工承包，而是依托自身的实力，融合社会最优的设计、技术、设备、人才等资源，为客户提供项目可研报告编制、方案制订、前期勘察、施工图设计、项目施工、设备采购、项目后评价、售后服务等全产业链增值服务。这种发展方式非常契合先进制造业和现代服务业深度融合的思维。

以往，施工企业就是照图施工的生产经营型企业，在保证工期、质量、安全目标的前提下，主要通过工期、人工、材料、工艺等优化实现降本增效。现在随着市场竞争加剧，仅靠上述经营模式难以为继，不能支撑企业持续发展，因而需要创新增长方式，寻求新的经济增长点。

2008 年，中国五冶提出了“产品经营”的概念。所谓“产品经营”，是相对于“生产经营”概念提出的，主要指在从事传统施工生产基础上，从打造产品的角度，发挥自身的产品专业优势，同时组合最先进的建筑设计和结构设计等技术，实现建筑产品的设计优化和精化，帮助客户实现产品价值增值。

为了支撑产品经营，时任五冶总经理蒙昌嘉把项目产品团队建设作为重要工作内容之一，亲自过问、亲自抓，各单位逐步形成了满足自身发展定位和目标的专业产品团队，五冶打造产品、实施产品经营的优势逐步显现。

随着实践的不断深入，中国五冶不断拉长产品经营的服务链条，上下延伸，形成了全产业链服务经营模式。所谓“全产业链服务”，是指为客户提供可研论证、项目融资、勘察设计、建设运营、售后服务等全产业链增值服务，帮助客户实现投资更省、功能更优、外观更美、质量更好、工期更优。

五冶用全产业链服务的理念去营销和经营项目，实现了商业模式的根本转变。对此，程并强认识得很清晰：“在建筑行业，行业特性决定了我们很难实现核心技术的垄断，但我们能够组合行业最先进的设计、材料、技术等资源，打造出一流的产品，为客户提供全产业链服务。这就是五冶的商业模式。”

在 2013 年工作会上，五冶明确提出，要“通过发挥技术、管理、品牌等综合优势和组合能力来提升发展质量。通过发挥综合实力、组合能力为业主提供全产业链的服务，包括从咨询到融资，从设计到移交产品，延伸服务空间，为业主提供全方位的支持，这样才能够提升发展质量”。这段话明确地告诉人们，中国五冶先于许多企业自觉地提出了以全产业链服务来提升发展质量的思路。

中国五冶从生产经营向产品经营与全产业链服务的转型提升，正是高质量发展的生动实践，其带来的成效是显著的。

二、产品经营的“闪亮之星”

成都某超高层项目的建设，是中国五冶奋力做好产品经营的一个典型案例。

2013 年年底，成都某超高层项目开始招标。有人说，如果连家门口的工程都拿不下来，五冶在面子上肯定不好看。而中国五冶的领导班子认为这不是面子问题，而是战略问题。登上这个“高”，不仅意味着要实现在超高层建筑领域的发展战略，更重要的是要落实产品经营思想，创新服务方式，打造新产品。

五冶决定由时任公司副总经理田舜牵头，全方位地整合内部的设计、技术资源，组成项目竞标和项目履约两个团队，各司其职地认真研究设计图纸、产品特性、技术难点，深入项目所在地进行详细测量考察，直到对这个建筑产品所包含的业主需求、现有设计与业主需求的匹配度、将来履约过程的关键环节和环境情况等都烂熟于心，最终在20余支实力雄厚的竞争队伍中取胜。

中标后，五冶团队再次深入研究产品细节、技术方案、施工组织方案，与业主和设计单位密切沟通，最终提出了产品再造方案。对结构设计进行了优化，将原钢筋混凝土结构优化为劲型钢结构，增加了建筑使用面积3%～5%，为业主节约投资近3000万元，提供了高性价比产品和增值服务，五冶自身也获得了良好收益和口碑。

五冶在此项目竞标时靠成本取胜，中标后靠产品经营提高效益，将施工项目做成了总包项目。一系列的增值服务和高水平的履约结果，得到了业主的高度认可。五冶通过这个项目，积累了超高层产品经营的经验，锻炼了一批员工队伍。此后不久，五冶又拿到了柳州地标性建筑项目——高252米的保利国际中心，同样圆满履约。

从这个案例我们看到，中国五冶自觉地踏上产品经营路线，从低端走向了高端，从生产经营走向了产品经营，并逐步将经营范围扩大到从项目咨询到项目实施、运营的全产业链服务，为业主提供规划设计方案咨询、建筑及结构设计优化、工艺优化、技术优化等增值服务。这是建筑施工企业经营模式的一次巨大飞跃。

三、“严细新实”的精细化经营管理

企业发展既要做正确的事，更要正确地做事。如果把五冶全产业链服务看作“做正确的事”，法商融合的管理则可以看作“正确地做事”。这两个理念在一步步探索中并行不悖，越来越紧密。“做正确的事”为“正确地做事”提供目标与规范，“正确地做事”为“做正确的事”提供新的动力与目标，循环往复，相辅相成。

全产业链服务战略让中国五冶找准了发展的坐标，而让战略执行到位，从而实现商业模式根本变革，则得益于公司实行法商融合下的高质量管理。这一时期，在以往管理体系的创新基础上，中国五冶逐渐形成了法商融合基础上的“严细新实”的管理机制与文化。

中国五冶“严细新实”管理文化的形成，有一个逐渐发展演进的过程。早在 2002 年，五冶就提出了“宽政策、严管理”的理念；2013 年，正式形成“严细新实”的管理文化。“严”就是工作态度严谨，执行制度严格；“细”就是关注细节问题，工作用心细致；“新”就是树立新观念，拿出新办法；“实”就是措施落实，效果真实。“严细新实”管理，在全方位、全过程精细化经营管理中体现出其特有的价值，尤其是项目全过程精细化经营管理最具有代表性。

2015 年，五冶修订《项目合同全面履约精细化经营管理工作指南》，编制发布项目合同全面履约精细化经营管理策划模板，列举了上百项精细化经营入手点，将项目工期管理、集中采购、技术创效等分解落实到各系统和关键岗位，项目覆盖率达到 100%。项目精细化经营管理的规范化实施，极大地提升了项目管理水平和经营质量。

2012 年，中国五冶承建了成都市“两快两射两环”重点工程之一的成温路射线工程。根据业主安排，五冶于当年 8 月开工时已比

“两快两射两环”其他工程的开工时间足足晚了4个月，但又必须保证与其他工程同时竣工，加上工程地处中心城区，施工场地十分狭窄，履约压力巨大。

为此，五冶采取创新工艺技术等多种措施，实施精细化经营管理，千方百计保履约目标。他们采用一次浇注成型的清水混凝土方案，安排专人驻厂进行模板质量控制，实行模板出场前预拼装、在施工现场预先模拟施工一个墩柱等措施，检验施工工艺、保证施工质量。这一技术创新使得成温路项目外观质量在整个“两快两射两环”项目中名列前茅。受地铁施工站台基坑开挖影响，无法按常规的支架搭设方法施工，他们成功采取“墩顶悬挑钢桁架悬挂模板施工技术”，这是该技术在同类桥梁施工中的首次应用，保证了工程进度不受影响。

与此同时，项目部持续优化施工组织，有效整合人、机、材等各项资源，及时处理过程中的问题，将各项工序完成和交接时间精确到天，并实施严格考核。最终，不仅抢回了将近5个月的工期，还成为成都市同一批工程中第一个竣工交付的项目，比计划工期提前了25天。该工程为五冶带来了极好的社会声誉，同时也实现了良好的降本增效收益。

四、打造技术优势和经营技术创效

程并强刚到五冶不到百天，就“兴师动众”地召开了一次“土方工程施工技术方案评比会”，除了各二级单位的技术负责人，还要求经理、书记都参加。该项目合同额仅257万元，在内部招标时3个二级单位分别报出了230万元到280万元的价格，价格差距大的关键原因就在于技术方案不同。会议围绕报价高低与技术方案的优劣进行评比分析，结果让与会者大为触动，深刻认识到技术在企业创效中的重要作用。

时任五冶总工程师、后曾任五冶总经理、现已退休的蒙昌嘉对当时抓技术创新创效工作记忆犹新。2004 年中国五冶技术中心挂牌，并建立了科技创新的组织体系；2005 年在上海隆重召开五冶科技大会。他们始终坚持不懈增强技术实力，创新提升施工技术，组合打造产品技术。自 2011 年以来，中国五冶先后成为国家高新技术企业、国家企业技术中心、国家知识产权示范企业、四川省技术创新示范企业、四川省装配式钢结构工程技术中心及应用示范基地等，取得国家专利、技术创新成果等 1500 多项，目前技术创效整体水平达到营业收入的 0.5%。

作为建筑施工类企业，取得这样的成效实属不易，这得益于他们对技术工作的独特思路。一方面全力打造技术优势，充分利用自身雄厚的技术人才和实力，大力开展技术创新研发，形成具有自主知识产权的专利技术、成套技术和工法等技术成果，提升自有核心技术竞争力。善于学习掌握行业前沿新技术，积极推广应用，始终紧跟行业技术创新步伐。围绕全产业链服务战略，全方位组合外部优势技术和人才，助力提升技术优势。另一方面充分发挥技术优势，运用自有技术、行业新技术、组合技术，在为客户提供更优技术服务的同时，开辟新的经济增长点，提升盈利能力，使技术成为创利创效的有效途径。

在冶金领域，中国五冶的焦炉、冷轧、取向硅钢等技术优势明显。比如通过长期技术创新与实践形成的取向硅钢生产线施工安装技术，填补了国家在取向硅钢施工技术领域的空白，已获发明专利 10 项、国家标准 1 项、省部级工法及技术成果 3 项，对国内取向硅钢生产建设起到了引领作用。凭借领先的技术优势，先后承接了宝钢湛江、太钢和马钢取向硅钢项目，共计 36 条硅钢机组的施工安装。其中，宝钢股份硅钢一期工程荣获国家建设工程“鲁班奖”、冶金行业优质工程奖。

湛江千万吨钢铁基地项目是按照国家钢铁产业发展政策要求，结合宝钢重组广钢、韶钢的国家重大建设项目，也是宝钢大力发展循环经济，实现节能减排、产能转移、优化产品结构与布局、建设世界一流的精品钢铁生产基地的重大项目。中国五冶作为“冶金建设国家队”的主力军之一，参建了湛钢炼焦、烧结、煤精、化产系统，冷轧、热轧高强钢轧钢系统，炼铁球团系统，燃气管道及污水处理等一系列重要项目。

该项目具有产品定位高端、工艺要求先进、强调绿色环保等特点。中国五冶对产品进行深入细致研究，全面掌握产品特性和技术要求，全过程进行技术创新，取得了数十项国际国内行业领先技术成果，解决了施工过程中的技术难题，推动了现代钢铁企业建筑技术新的进步。同时，从产品经营的角度出发，五冶发挥在冶金领域的技术优势，在设计、施工工艺和施工措施等方面提出和实施优化建议 80 余项，为业主提供增值服务，实现了降本增效。该项目获得国家优质工程金奖。

2018 年 1 月，中国五冶在南充博物馆项目中顺利完成了重达 7800 吨、面积逾 1 万平方米的钢桁架整体提升，创下西南地区整体提升吨位之最；2019 年 11 月，他们又在重庆仙桃数据谷将 1 枚总重达 2060 吨的全通透钢结构高空环廊整体提升至 99. 8 米高空并合拢，包括中央电视台在内的各级媒体都对五冶的技术实力给予了及时报道。

在经营技术方面，中国五冶先后在工行后台中心、富士康、南充滨江路、成都三环路扩容改造等众多项目上，通过组合和经营最优技术资源，为客户呈现了高性价比、高品质的产品，赢得了赞誉，也提升了自身盈利空间。

技术创新与技术经营在中国五冶高质量发展中具有重要地位和作用，无论是自主知识产权的核心技术成果，还是通过加强技术管理，组合最优技术资源所形成的强大能力，都是难以复制的核心竞争优势，并且是企业高质量发展的重要支点。中国经济正迈入高质量发展的新阶段，科技创新是重要支撑。国有企业既要成为中国经济增长的稳定器，又要做自主创新的主力军，中国五冶正是扣住这个根本动力，带动竞争力、控制力、影响力和抗风险能力的增强。

五、打造一流五冶的新阶段

2018 年，对中国五冶而言是意义非凡的一年。党的十九大开启了全面建设社会主义现代化国家的新征程。2017 年 12 月中国五冶召开党代会，开启了“打造一流五冶、建设幸福五冶”的新篇章。

在这次会议上，中国五冶确立了未来的发展战略和目标：到 2021 年，公司继续保持中冶集团排头兵地位，成为核心市场同行业一流企业。核心技术、商业模式、管理水平、经营质量、文化建设在同地区具有明显比较竞争优势；员工素质能力及待遇处于同地区、同行业前列；工程总承包、地产开发、装备制造、项目投资四大主业齐头并进。成为位居建筑业发展前沿、区域品牌响亮的全产业链综合服务商。到 2028 年，公司继续保持中冶集团排头兵地位，成为行业领军企业。技术创新行业领先，管理水平、商业模式、经营质量、文化建设国内领先；核心市场和区域市场布局合理，企业规模适度；员工整体素质及待遇行业领先；工程总承包、地产开发、装备制造、项目投资四大主业蓬勃发展，引领建筑业发展前沿。成为全产业链服务一流、行业最具品牌价值、员工幸福指数高、国内著名国际知名的综合服务商。

从2021年的“具有明显比较竞争优势”到2028年的“行业领先”“国内领先”，从“齐头并进”到“蓬勃发展”，从“位居前沿”到“引领前沿”，这些话语的变化意味着中国五冶的发展战略将围绕“转型提升、全产业链服务”长期不变，但是发展的程度和水平必须随着时间的推移不断深化和进步，不断创造新的业绩，走在行业的前沿。中国五冶的奋斗目标，是对自己实践的领悟，正是回顾走过来的路，他们才感到明天会更有希望。

中国五冶2002年收入为18亿元，严重亏损，净资产仅有几千万元。之后，中国五冶便一直以直线上升的势头发展。如今，中国五冶的规模效益、综合实力、品牌形象、行业地位发生了巨变。订单、营业收入连上台阶，特别是2017年后，营业收入每年呈百亿级的增长，结转至2020年的优质订单超过千亿元。净资产保持了每年20%的增长幅度，国有资产保值增值率处于行业先进水平。经营质量稳步提升，积累了充足的发展盈余和丰厚的殷实家底，为持续打造一流五冶、建设幸福五冶筑就了坚实基础。

这种稳健上升的局面，使他们更有底气、更加自信地全力打造“一流五冶”。“一流”的覆盖面是全方位的，重点是打造“七个一流”。

一流建筑产品。以优势突出的工程组织能力，精心打造工期最优、质量最好、形象最佳、口碑最响的用户满意的一流建筑产品。在焦化、烧结、冷轧等冶金建筑产品上国内最优，在大型高端房建、交通、市政、新兴产业项目上行业领先，在建筑产品工业化建造上打造国内领先的产研一体现代化基地，不断提升全产业链服务产品竞争力。

一流商业模式。坚定地由生产型企业向全产业链服务商转变，形成以创新为灵魂、以客户满意为宗旨的全产业链服务经营模式，为客户提供可研论证、项目融资、勘察设计、建设运营、售后服务等全产业链增值服务，实现共赢。

一流经营机制。以市场为导向，从有利于激活内外经营资源出发，不断优化、创新经营机制与政策，既强化集中集约管控，又充分激发企业活力，让机制“红利”成为推动企业高质量发展的澎湃动力。

一流技术实力。以国家高新技术企业和国家级企业技术中心为平台，研发形成自有建造技术、施工技术，全面提高自身技术优势，同时积极组合、应用国内外最优秀的科研技术资源，形成最优的产品技术，为打造一流产品提供坚实的技术支撑。

一流管理水平。坚持法商融合理念，持续深化、创新运用全面风险标准管理，充分发挥集中集约与分级授权相结合的管理优势，持续强化全员按制度管理、按授权履职的意识和能力，不断创新管理手段，提升管理水平，用行业领先的管理优势推动企业持续健康发展。

一流企业文化。坚持“务实创新”五冶精神，深入打造和践行“持续创新，追求卓越”的发展文化，“严细新实，持续提升”的管理文化，“忠诚为先，业绩为重”的责任文化，“阳光科学，广聚英才”的用人文化，“快乐工作，幸福生活”的和谐文化，树立“大户人家”的一流品牌形象，为企业发展凝聚强大合力。

一流员工团队。坚持“发展企业，成就员工”的核心理念，以

“提升员工能力，激发员工潜能”为目标，通过严细精准的网格化责任体系，精心打造适应高质量发展需要的两级经营团队、系统管控团队、项目产品团队、技术工人团队，不断创新机制政策，充分激发各级各类团队的积极性和创造力。

六、全产业链服务模式的优势

2013 年以来，中国五冶的经营方式发生了质的变化，由生产经营、产品经营、资本经营转向全产业链服务经营。全产业链服务成为中国五冶的主要经营模式。

企业经营模式是根据企业的经营宗旨，为实现企业所确认的价值定位而采取某一类方式方法的总称，其中包括企业为实现价值定位所规定的业务范围，企业在产业链的位置，以及在这样的定位下实现价值的方式和方法。根据在产业链中的位置、企业的业务范围、企业实现价值的不同方式，可以区分出不同的经营模式。按照经营模式的内涵所包含的三个维度，可分为五种模式：①生产型经营模式；②设计 + 销售型经营模式；③生产 + 销售型经营模式；④设计 + 生产 + 销售型经营模式；⑤信息服务类型模式。应该说，这些经营模式，中国五冶在不同阶段、在不同项目中都实践过。

全产业链服务模式是以“投、研、产、销、服”高度一体化经营理念为主导的经营模式，就是过去常说的“一条龙”经营模式，每一个重要环节都完全掌控。

中国五冶是全产业链服务模式的代表，作为一家以建筑生产为主导的国有企业，中国五冶从产业链源头做起，为客户提供可研论证、项目融资、勘察设计、建设运营、售后服务等全产业链增值服务，做到项目工期最优、投资最省、质量最好，满足客户需求，实现共赢。他们不仅具有全产业链特征，而且对全产业链服务有一个定性，就是“增值”，全产业链不是一个形式，而是为增值服务，并且受“增值”检验，这是形式、内容与效果的高度统一。

中国五冶的全产业链特征表现为：①多元经营，全方位延展业务链条，集合投资、设计、施工、设备、运营、服务等产品所需全要素；②开放合作，借助市场力量组合外部优势资源，优化内部资源配置，实现共赢；③服务客户，以客户需求为目标，发挥专业优势，提供增值服务；④集约经营，对从源头到终端的每一个环节实施有效管控，实现最佳经营效果；⑤独家定制，没有一定之规，每一个项目都是一个不同的全产业链服务样本；⑥创新发展，随环境、产品、客户的变化而变化，不断创新。

全产业链服务是中国五冶综合实力的体现，如果没有长期历史的积累，没有资产规模和布局的基础，难以建立起这种业务模式。在全产业链服务的经营思想下，中国五冶依托自身实力，将公司与社会相关资源整合成一个整体，价值链各环节之间、不同资源之间实现战略性有机协同。这种模式提升了发展的质量，让企业资产在产业链不同环节的布置更加有效率，把企业的价值实现在产业链的不同环节上，将资源自然地向价值高的环节上集中；以客户需求为导向，推进技术进步，有利于产业整体提升。这种创新的商业模式，具有显著差异化特点，形成了独特的竞争优势，难以模仿。这种发展方式非常契合先进制造业和现代服务业深度融合的思维，也契合新时代高质量的发展需要，是一种先进生产力的代表。

第二章

中国五冶发展模式的特征与内涵

阅读提示 中国五冶在近20年的发展实践中，走出了一条适合自身实际的发展道路，形成了“战略超前、法商融合、资源激活、文化聚力”的发展模式。其中具有超前、登高、谋远特征的战略思想和法商融合的管理思维，是五冶率先走上高质量发展道路的重要法宝。

发展模式为一个国家、一个地区或者一个企业在特定的场景中，也就是在不断变化的市场条件下，在自己特有的历史、经济、文化等背景下所形成的特征。对于企业来说，是在发展过程中对战略、制度、体制、文化及行为方式选择的表现。

在我国市场经济体制改革进行40多年后的今天，我们对国外先进企业发展模式、经营模式与管理模式做过很多模仿、探索，具备了总结适合我国特点的企业模式的基础。这些模式包括发展模式、经营模式与管理模式。中国五冶的“战略超前、法商融合、资源激活、文化聚力”发展模式的提炼与生成，便是这种探索的体现。它与法商融合管理模式以及全产业链服务经营模式一起，成为中国五冶的三大法宝，构成中国五冶的软实力。从历史的角度来看，这三者是现代企业从重视对劳动的管理到对过程的管理，从侧重于对事的管理到重视对人的管理，从领导管理到制度管理，从侧重于微观管理到重视系统管理，从应对市场的战术管理到应对环境的战略管理，并逐渐走向融合的过程。研究中国五冶的发展经营与管理模式，也是研究中国特色社会主义国有企业发展、经营与管理模式，对整个国有企业具有借鉴意义。

第一节 五冶发展模式的特征

不同的企业面对不同的行业背景与历史情境，为了实现对投入的资源要素实现最大化利用，而对管理模式的不同构成要素进行调整，给予不同程度的重视，才形成了形形色色的不同类型的发展模式。中国五冶的“战略超前、法商融合、资源激活、文化聚力”发展模式，正是一种独具特色且逻辑严密的现代企业发展思想体系。中国五冶发展模式的内涵包括四点内容：一是企业的发展定位与目标特性；二是企业的管理方式；三是企业在价值追求中的资源配置；四是企业内在动力的形成与保持。这是一个企业对发展战略、制度支撑、经营机制、文化及行为方式的高度浓缩。

一、特色鲜明的五冶发展模式

长期以来，我国企业发展模式存在着严重的盲目照搬、水土不服、脱离实际、缺乏特色的问题，例如发展模式的实践和发展缺乏足够的理性化的基础、发展模式中的结构要素缺失、对发展模式的应用没有充分考虑情境要素、对资源认识具有局限性等。但这其中，也有众多的企业结合自身实际进行探索。中国五冶的“战略超前、法商融合、资源激活、文化聚力”发展模式的提炼与生成，便是这种探索的体现。

所谓“战略超前”，就是在企业发展过程中不断锚定“新坐标”，向着“百年老店”的目标不断“爬坡”前行。“新坐标”是战略思想，“爬坡”是落实战略思想的方法论，“百年老店”是发展的终极目标。具体来讲，主要包含了战略的超前、登高、谋远三个方面的含义。

超前，指对市场具有敏锐的洞察力和预见性，对企业发展作出先人一步的谋篇布局，提早形成应对未来发展的能力和基础。企业战略管理的三个核心问题：企业在哪里？去哪里？何时行动？最关键的是“企业去哪里”，这是方向性的根本问题。纵览中国五冶近20年四个阶段的发展脉络，可以清晰地看到，他们总是提前捕捉战机，调整战略定位，提出前瞻性目标，快速付诸行动，较好地应对了市场和环境变化。

登高，就是用高目标引领企业发展，不断攀登新的高度。从5年规划到年度目标，每一次确定的新目标相对于现状都有一个需要仰视的高度，让人觉得压力山大甚至高不可攀。但最终五冶人顶着压力、拼尽全力实现了这些高目标，在收获成就的同时感叹这些目标“高”得合理。虽然过程艰难，但将企业推上了更高的发展台阶，显示出强大的牵引力作用。这种“高不可攀”与“高得合理”之间，体现的正是五冶战略目标的科学性。就是这样一个一个经济上、技术上、管理上的科学目标的强力引领，把五冶带向一级一级更高的台阶，呈直线式上升发展。

谋远，就是致力打造“百年老店”，不仅重当期，更图长远。中国五冶从制定到落实战略都集中体现了实现当期目标和追求长远发展相统一的理念，体现了致力打造“百年老店”、实现长富久安的央企担当，彰显了中国五冶领导班子“功成不必在我，功成必定有我”的使命情怀。他们始终登高望远，追求卓越，并用可期的愿景、长远的目标凝聚员工，向着百年宏图目标奋勇前行。

所谓“法商融合”，是指将法的理论和思维方式、行为标准全面运用于企业的经营管理实践，实现商业价值和社会价值。中国五冶的法商融合主要表现为：当好市场主体，强化有权必有责的契约管理；健全企业之法，实行企业全面分级标准管理的规范治理；防范市场风险，实施稳健经营的持续发展；倡导权益平等，追求主体均衡发展的合作共赢；践行以法兴商，实现经营合同的法商价值；发挥资源优势，提供客户满意的增值服务。以此形成浓郁的法商管理氛围和行之有效的法商管理模式，推动企业依法经营、诚信经营、高质量经营。

所谓“资源激活”，是指用适时适应市场的灵活机制和政策激活内外各种经营要素，提升市场竞争力。市场经济体制是中国五冶的生存环境，资源配置是市场经济的决定因素。中国五冶深谙资源激活与资源组合的重要性，以各种市场化政策机制与管理手段激活内部的组织、系统和个人，激活外部各方面资源，建立起以合作共赢为特征的内外资源生态圈。

所谓“文化聚力”，是指经过不断的总结、提炼、吸纳、再生，形成与众不同且极具生命力与指导意义的企业文化，打造文化优势。用这些来自经济发展实践的优势文化，不断强化和规范企业员工的价值观和行为准则，发挥文化对经济发展的“凝神聚力”作用，推动并且保障企业发展。

一种企业发展模式的提炼是否具有说服力，不仅要从外在要素确定其价值，还要看这一模式的内在要素能否形成内在的逻辑体系。

在中国五冶发展模式中，“战略超前”是五冶发展中的深层思维与行动模式，起着引领作用；“法商融合”是贯彻始终的管理理念，是彰显于管理实务之外的管理方法；“资源激活”是五冶发展中的重要路径与效果追求，起着动力作用；“文化聚力”是五冶发展中的精神内蕴与有效依托，起着保障作用。正是在上述四个部分的相互渗透与环环相扣中，中国五冶的发展模式显现出系统性、联动性、协调性、独特性与实践性。

二、五冶发展模式的基本特征

“战略超前、法商融合、资源激活、文化聚力”的五冶发展模式，是一个内在相互渗透、环环相扣的逻辑体系，并最终在整体上呈现出创新引领、系统管控、“疗效至上”与成就员工四个显著的基本特征。

首先，五冶发展模式是一种创新引领型模式。

自美籍奥地利经济学家熊彼特提出“创新理论”之后，这一理论得到迅速丰富和发展，并在实践中得以充分应用。“不创新，毋宁死”。在急剧变化的年代，“变”是唯一不变的真理，那种固定不变的常规型管理已经不能适应，必将被创新引领型管理所取代。所谓创新引领型管理，一是指能快速适应科学技术、经营环境的急剧变化，不断进行战略创新、制度创新、组织创新、观念创新和市场创新，把创新渗透于管理过程中，作为经常性的主要管理职责；二是指每个管理者都将成为创新者，每个企业要为全体员工创造才能的自由发挥建立新的机制；三是指企业个性化，在激烈的竞争中，一味模仿别的企业是难以生存的，成功的企业必是具有个性化特征的创新型企业，是能够创造出与众不同的产品和独具特色的经营方式的企业。

对于中国五冶而言，创新可谓是镌刻在五冶人精神骨子里的品质，是一以贯之的理念。他们始终标举“不断否定自己、不断超越自己”的自我革新精神，时刻以市场环境的变化和自身企业发展阶段的不同来调整发展方式，不仅自己率先培育创新型观念，而且深入帮助和引导员工树立创新观念，即在企业中构建隐含和显见的创新型企业文化。五冶不仅关注企业内部的创新活动，激励员工投身于创新，而且时刻关注企业外部的创新活动，及时收集信息，并将自身情况与之对标，利用这些信息来帮助企业赢得、提升、强化竞争优势。

中国五冶创新引领型发展还体现在以管理创新推动商业模式和机制政策的不断创新。在五冶，管理机制与制度不断完善优化已是企业的常态化工作。近些年来，面对复杂多变的市场形势，中国五冶积极推进制度、机制创新，不断创新市场营销机制、全面风险管理机制、全面履约管理机制、精细化经营管理机制、人力资源管理机制、经营管理责任制等各项管理机制，将创新思维融入骨髓。正是创新，推动五冶实现了转型升级，从照图施工的生产型企业转变为产品经营型企业，由产品经营型企业转变为全产业链服务型企业，并在不断转型升级过程中锤炼出全产业链资源的系统集成和服务能力。同样是创新，推动五冶在发展过程中打造形成了领先优势。程并强曾说：“要想在行业中处于领先，就要保证你的产品模式、生产模式、经营模式都与别人不同，这就需要不断创新。需要技术创新、管理创新、经营模式创新等多个有机体的有力支撑，最终形成企业的核心竞争优势。这是一个大的经营概念。”

分析五冶的发展模式，可以发现，这个模式具有动态的、创新的特征。“超前”“融合”“激活”“聚力”，这 4 个用词是一种动态的、有追求的、需要努力的行为，而不是静止的状态。例如，近些年来中国五冶大力推动管理创新，在全面风险、合同全面履约、绩效考核、党建工作等方面形成了具有五冶特色、行业领先的管理成果，获得中国建筑业企业管理现代化创新成果奖23项。

其次，五冶发展模式是一种系统管控型模式。

所谓系统管控，是一种体现系统整合的观念，即注意组织内部管理层次、环节、部门、人员之间的相互联系和制约，注意个体与整体的配合协调，强调一切从整体出发，旨在优化企业系统整体功能的管理思想。简而言之，它是一种“基于系统思维，重视整体优化、内外适应、多学科融合支撑的管理”。[①]

中国五冶特别强调管理者的系统思维。程并强曾在2007年强调：“现代企业管理千头万绪、业务复杂，已远远超出了计划经济体制下的企业管理难度，需要管理者具备系统思维的能力，通过统筹的方法、系统的方法、创新组合的方法解决企业管理问题。”他还撰写了《倾力锻造支撑企业高速发展的企业系统》一文，全面深刻地论述了企业系统与外部大系统的关系，以及锻造企业系统的重要性和诸多举措。

他认为，企业是一个独立的系统，但它仅仅是社会经济大系统中的一个细胞，无时无刻不受着大系统的影响。全球经济一体化格局，一方面给我们提供了与国内外先进企业同步发展的平台和机遇，同时也让我们在高速发展之中面临更大的挑战和风险。如果不积极融入正在变化的大系统，不提早感知变化对我们的影响，不及时采取有效的应对措施，后果将十分严重。他还认为，企业系统是由组织机构、人力资源等有形要素，以及管理机制、企业文化等无形要素组合而成的有机整体。无论是有形要素还是无形要素，都是架构企业整体

① 黄津孚，张小红．企业管理发展阶段研究正从系统化时期进入智能化时期[J]．首都经济贸易大学学报，2014，1.

的子系统。子系统是否坚实可靠，相互配合支撑是否有力，直接关系到企业整体能否持续稳步地高速发展。中国五冶以此为指导全力打造系统管控能力。

一方面，重视企业与环境的适应性互动。企业处于市场、行业、国家、世界的大系统之中，企业的各个层级和环节相互关联、相互作用。对于各个环节与员工个人来讲，企业系统就像一个巨大的棋盘，每一个环节、每一个人都有自己相应的角色和位置、责任和作用。如果没有这样的认识，就很可能不清楚自己在这个"棋盘"上的定位，不明确自己与其他环节如何更好地联系与配合，共同发挥作用。如果没有这样的认识，就很可能只知道埋头具体事务，不观察外部环境的变化，不分析变化可能带来的影响，也就不去思考自己的应对办法。

另一方面，倾力锻造坚实的企业系统，重点抓好子系统建设的"四要素""四问题"。

所谓抓好"四要素"，第一是提升子系统自觉适应企业整体不断发展变化的能力。要求子系统及时在不同时期、不同背景、不断变化中找准自己的位置，清晰自己的任务和目标。第二是注重发挥子系统的相关作用。企业系统的各层级之间、各子系统之间要信息畅通，反馈及时，要有强烈的配合意识，形成良好的配合能力，强调相互之间的义务、责任，强调子系统对企业系统整体的贡献。第三是统筹解决子系统的差异性，辨证施治。统筹制定差异化的发展思路和管理机制，将它们和谐统一在企业整体的有序发展之中。第四是增强子系统的约束能力。双管齐下，在强化子系统自我约束的同时，全方位严格管控，形成强有力的监督制约机制。

所谓解决好"四问题"，第一是形成"1 + 1 > 2"的思维模式，追求整体效能最大化。尤其要求经营管理者必须强化系统思考、统筹各方的思维方式，发挥系统联动的最佳整体效能。第二是强化统筹和计划能力的培养，善于把握事物的本质，抓住主要矛盾，理清思路，通盘布局，善用总揽加协调的办法推进工作，统筹管理不乱事，系统管理更明事，计划管理不误事。第三是一切从实际和实效出发，坚决摒弃形式主义、教条主义。第四是发挥党组织领导作用，加强意识形态工作，打造与强健企业系统相匹配的企业文化，解决好企业发展精神基石的问题。

由此可以看出，中国五冶的系统管理思维追求管理优化的整体性、管理目标的系统性、管理过程的完整性、管理主体的全员性、管理职能的协同性以及管理过程的闭环性。五冶善于根据宏观经济发展趋势乃至全球经济环境变化，制定指导全局和长远发展的战略性规划，关注环境的变化、行业发展和竞争态势，关注客户、供应商等合作伙伴，用系统思维谋篇定位，强化各子系统的建设，提升企业的适应性和竞争优势。

再次，五冶发展模式是一种“疗效至上”型模式。

所谓“疗效至上”，就是以结果为导向，以管理产生的效果为衡度对象来分析管理绩效的优劣。结果导向是质量管理体系、绩效管理理论中的基本概念和核心思想之一，它强调企业经营、管理及工作结果。结果导向强调的是有效管理，强调能否可持续地实现企业经营目标。它是一种长效管理的思路，不仅强调结果，同时也关注过程、状态和能力。它将结果作为评判过程、能力、态度的标准，将企业的价值观、道德标准、经营理念等融入生产经营活动的每个环节。也就是说，重视管理结果并不意味着管理者就可忽视管理的过程，关注过程，实现有效结果才是其精髓。

长期以来，“看疗效”始终是五冶企业管理中的一个关键词。程并强在2006年8月就提出了“没有目标就没有管理，目标不清晰则管理不到位。一切工作的最终落脚点就是看疗效、看结果”的公司治理理念。中国五冶坚持“看疗效”“业绩为重”导向，从最初的经济指标、管理目标考核，到将经济指标、管理目标与战略目标并重考核，从最初的综合考核，到将综合考核与专项考核结合，围绕发展战略和管理提升，不断调整、完善考核机制和体系，使得“疗效至上”的理念深入人心。

最后，五冶发展模式是一种成就员工的模式。

所谓成就员工，就是以人为本，为员工搭建平台、提供机会、给予培养，助力成长，在为企业做贡献的同时实现个人价值。企业之间的竞争说到底是人才的竞争，随着全球化的不断发展，人力资源已成为企业发展的第一资源。目前大多数企业都建立了适应现代企业要求、科学合理的用人制度和激励机制，但受计划经济体制等诸多因素的影响，部分企业（特别是国有企业）的人力资源建设还存在一定的问题，如观念还没有完全转变、人员结构不尽合理、机制有待完善、考核不尽科学、培训有待加强等，都在一定程度上制约了企业的科学发展。

中国五冶则较早地认识到，为企之道，需成就员工。企业要想得到长久的发展，就要建立一个以人为本的企业管理机制，创造一个良好的环境，让员工在完成组织既定任务的同时，实现个人成长和价值。五冶的核心价值观集中体现为“发展企业，成就员工”。他们首先做的是致力于提供公平公正公开的成长机会和环境，让想干事的人干成事，在干成事的同时“政治上有进步，业务上有提高，经济上有实惠，心灵上有温馨”。其次是长期坚持“三高”用人思想，并将其视为破解企业用人之困的有效途径。“三高”，指的是高能、高效、高薪。高能，即综合素质高，工作能力强；高效，即效果好，业绩突出；高薪，即高收入、高待遇。高能、高效是前提，高薪是结果，只有具有较高的综合素质和工作能力，才能取得好业绩；只有实现好业绩，才能得到高待遇。可以说，这三者相互联系、不可分割，构成了五冶用人的基本指导思想。

为了成就员工，五冶从用人制度、人力资源结构、激励机制、人才队伍建设、人性化管理等方面进行了卓有成效的探索。例如，在用人制度方面，五冶很早就取消了干部行政级别，给能干事的提供平台，给干成事的加大激励，真正变身份管理为岗位管理，为全体员工提供了发展空间。在激励机制方面，围绕“看疗效”、重结果，五冶建立了一套科学的绩效考核评价体系，形成了目标明确、责任清楚、赏罚分明的薪酬体系，以此保证企业目标的顺利实现。五冶始终以升值人力资本为目标，不断加大培训投入，明确了两级经营团队、系统管理团队、项目产品团队、技能工人团队的培养目标，建立完善了系统化、网格化、全覆盖的育人责任体系，促进了企业团队能力的整体提升。

第二节　战略超前的发展思想

战略超前在五冶发展模式中居于引领地位。

“战略管理鼻祖”伊戈尔·安索夫认为，战略管理是企业高层管理者为保证企业的持续生存和发展，通过对企业外部环境与内部条件的分析，对企业全部经营活动所进行的根本性和长远性的规划与指导。“竞争战略之父”迈克尔·波特认为，战略就是企业通过差异化的一体化经营活动创造持续的、独特的、有价值的竞争优势。

中国五冶在每一个发展阶段，都结合内外形势提前预判，制定出具有超前、登高、谋远等引领性特征的战略规划。战略规划都是通过制订一个个目标来实现的，五冶的战略目标已经成为五冶人内化于心的行动模式、干事创业的奋斗方向。

一、用超前目标引领发展

迈克尔·波特认为，一项有效的战略必须具备五项关键点：独特的价值取向、为客户精心设计的价值链、清晰的取舍、互动性、持久性。中国五冶在发展过程中，总能提早察觉环境和行业的变化，提出与企业发展相契合、更能持久的战略目标，形成独特的价值取向，在每一个发展的重要关头都能从容取胜。

2005—2006 年，国家处于新世纪以来的最高速发展阶段，五冶也在快速发展。五冶领导班子意识到，由于快速发展带来的市场不规范、管理不到位将给企业造成巨大风险。于是他们先行将规范治理作为阶段性战略目标，很快建立起一整套完善的现代企业管理制度，并逐步完善，内抓管理，强身健体，严防风险，确保不仅跑得快，而且跑得又快又稳，最终实现了快速健康发展。

早在冶金市场还红红火火的时候，中国五冶便看到了国家调整产业结构，冶金基建投资增幅在逐渐减少，较单一产品存在极大的隐忧，同时也看到了城镇化带来的民建市场的广阔空间，及时确定了由冶金市场大力向民建、市政、交通等领域拓展转型的战略思想和目标。当 2008 年金融危机来临，国家严控钢铁企业投资规模，大力投资基础设施建设时，五冶已经形成了全面进入非冶金建设领域的市场基础和产品能力，规避了冶金行业大幅萎缩带来的巨大风险，抓住了新一轮的发展机遇，加大力度，加快步伐转型，实现了多元发展。多年来按照“冶金项目做恒量，非冶金项目做增量”的产品布局，冶金产品占比逐年减少，2019 年仅占全年营业收入的 8%。

在大多数建筑施工企业还专注于生产经营的时候，中国五冶便提出“转型提升，全产业链服务”发展战略，实施产品经营、资本经营、全产业链服务经营，由单纯施工生产向综合经营服务转变，在行业里率先形成全产业链服务经营模式，走上了全新的发展平台。以客户至上的全新经营理念，帮助客户打造一流产品，赢得客户信赖和口碑，拓展更为广阔的市场。以资金运作、经营技术、组合资源等为主的全新经营方式，实现由低端向高端、由低附加值向高附加值的提升，真正转变了经济增长方式，显著提高了经营质量。以开发新兴产业产品、打造可复制产品的全新经营思路，做精做专优势产品，形成强大的产品竞争力。

超前的战略目标不断引领中国五冶在复杂多变的外部环境和日益激烈的市场竞争中，始终方向明确、定位准确，抢占先机、赢得主动，实现了又好又快发展。

二、用登高目标凝聚力量

战略目标管理是一个激励系统。登高，是为了激发员工的进取心、创造性、主动性，包括对美好未来的向往，激发斗志与奋斗精神。管理的原则是能让个人充分发挥特长，凝聚共同的愿景和一致的努力方向，建立团队合作，调和个人目标和共同福祉。正如德鲁克所言：“企业是人的群体，企业的活动就是人的活动。人的群体必须建立在共同的信念之上，必须把人聚集在共同原则周围。不然的话，企业就会瘫痪，不能够活动，不能够要求它的成员努力工作。”①

① 德鲁克 P F. 管理实践[M]. 帅鹏，刘幼兰，丁敬泽，译. 北京：工人出版社，1989：77.

中国五冶用登高目标凝聚力量，体现在激发员工的奋斗精神上。五冶是一个有着近万人的团体，公司战略目标就是各级团队和每个员工的奋斗目标，是建立在员工共同信念和共同价值追求基础之上的。登高目标，就是各级团队和每个员工共同的方向指引，既是压力又是动力，激发了团队斗志和不达目的不罢休的奋斗精神，锤炼了共同奋斗、团结协作的团队精神，共享实现高目标后的喜悦和成就感。

一个最为显著的案例就是21世纪初，当企业面临岌岌可危的发展困境时，五冶领导班子制定2003—2005三年发展规划，明确提出了“一年解决生存问题、两年实现跨越发展、三年确保持续增长”的目标任务。在当时，许多员工对这一目标表示难以置信。但后来企业迅速脱困的发展成果证明了这一目标凝聚了当时尚在迷茫的人心，大大激发了员工干事创业的斗志，发挥了很好的引领作用。

在2005—2010年的“二五”发展规划中，中国五冶对各二级单位的发展方向进行了明确，2009年结合科学发展观的要求和当时的经济形势，提出了做强做大、做精做专、从专业性分公司发展成大专业小综合的总承包公司的发展要求，明确了每一个单位的发展定位、产品定位及转型提升目标。面对这样的高目标，中国五冶大力倡导“三要三不要”：要坚定发展信心不动摇，要坚持发展目标不偏离，要坚守“严细新实”不改变；不要自我满足，不要畏惧困难，不要害怕担当。鼓励广大党员和员工不断进取，树立追求更高目标、适应更高要求的强烈意识和履职能力。各单位全力以赴落实战略要求，全部实现了转型提升发展战略目标，成为五冶高质量发展的中流砥柱。

中国五冶用登高目标凝聚力量，注重领导干部的率先垂范。面对不断攀升的工作目标，不断增大的工作压力，五冶领导干部一是加强对发展战略思想的学习研究，弄清楚本单位与五冶总体战略规划的关系，弄清楚自身在实现战略目标中的具体任务和要求，真正做到发展思路清晰、工作方向正确，确保五冶的发展战略在自己分管的团队中准确地贯彻执行。二是加强对战略目标的执行力。以高度的政治责任感和使命感带头践行“三要三不要”，对公司已确定的战略目标、工作要求不折不扣执行，直面压力，勇担责任，不讲条件，不找借口。三是牢固树立“拿业绩说话”的思想。将执行战略规划目标的效果作为班子战斗力强不强、先进性作用发挥好不好的衡量标准之一。两级班子成员在民主生活会、党组织生活会、述廉述职时，都对着目标检查，拿着结果说话，真正把战略目标融入个人的奋斗与荣辱之中。

三、用谋远目标追求理想

谋远的战略目标不是冷冰冰的数字，而是领导者用来召唤队伍向前奔跑的使命与理想。用美好的企业愿景吸引员工、感召员工，让员工自觉将个人理想融入企业愿景，把企业的发展目标作为自身的奋斗目标，心甘情愿地自我加压、自我提升，在实现企业战略目标过程中倾力付出、添砖加瓦。

五冶正是这样，始终将实现当期目标与追求长远目标相统一，在不同发展阶段立足当前、放眼未来，制订远期目标。在扭亏脱困时就确定了跨越发展目标，在快速发展时制订又好又快发展目标，在持续平稳发展时布局转型提升发展目标，身处行业中下游时谋划争当行业排头兵的目标。2017 年 12 月中国五冶的党员代表大会，分两个阶段对未来 10 年作出了愿景规划，明确提出“打造一流五冶，建设幸福五冶”的发展目标，诠释了“一流”“幸福”的内涵，为今后一个发展时期勾勒出清晰的奋斗“路线图”，再次瞄准了新坐标，淋漓尽致地体现了谋远的战略特点。这一目标在员工中引起强烈反响，使其对企业发展前景和个人未来美好生活都充满期待和信心，归属感、自豪感、幸福感倍增，干事创业的精神更足、劲头更大。

2017 年 11 月，中国五冶与简阳市政府签订“建筑科技园”项目投资协议，五冶总投资近 20 亿元，打造西部第一、国内一流的 PC 与钢结构装配式生产基地、新型材料应用研发基地、新技术研发中心，集“产、研、培”为一体的生产智能化、自动化、信息化，绿色制造、节能环保的装配式建筑科技示范园区。该项目被列为成都市重点项目，并于 2019 年 12 月 29 日举行一期投产仪式，标志着中国五冶这一着眼未来的重大工程落地，为企业长远发展奠定了坚实基础。

中国五冶着眼未来发展，还特别注重抓好领导干部的发展观。程并强长期以来一直要求五冶两级领导干部做企业不能目光短浅，只看眼前利益，一定要树立长远发展的思想，要有打造“百年老店”的远大理想。五冶重点树立领导干部的长远发展思想，增强感召力和影响力。在论业绩时，不仅看当期完成指标，还设定长期发展指标和目标，不断加大考核权重。在思想教育上，从理想信念、责任担当、拼搏奉献抓起，要求大家在企业跃升发展、争当一流过程中，面对责任、压力和风险，要有担当、意志和动力，要有自信、追求和奋斗，用坚定的信念和崇高的理想，不用扬鞭自奋蹄，用着眼未来、预测未来和把握未来的能力，不断实现超前、登高、谋远的战略目标。

美国管理学家罗伯特·豪斯提出的“路径 – 目标理论”（Path-goal theory）阐释了领导者、下属与目标之间的关系。这一理论建立在被称为预期理论的组织动力理论基础之上，主要解释领导行为是如何影响下属的满足感与工作努力程度的。在豪斯看来，最富有成效的领导方式是领导有目的地去设计一种环境，使群体成员潜在地或明显地受到动机的激励，并努力去实现组织目标和个人目标，特别是一些成就与报酬目标。[①]

基于上述理论来分析，可以看到，领导者首先必须具备对应于群体或组织目标的目标和战略制定能力，也就是前瞻力；其次是具备对应于或来源于被领导者的能力，包括吸引被领导者的感召力及影响力；最后，具备群体或组织目标实现过程的能力，主要包括正确而果断决策的决断力和控制目标实现过程的控制力，简而言之就是领导力。

由此可见，中国五冶在发展中用力抓好领导队伍的领导力，实为抓住了落实长远战略目标的要害之一。五冶人有着追求“百年老店”的谋远理想并付诸行动，总是超前打造“一流”优势，通过创新拼搏、励精图治，一个接一个地实现登高的目标，一步一步地走向理想的彼岸。

第三节　法商融合的管理实践

作为中国五冶的管理模式之一，法商融合是五冶发展模式中最为显著的创新之举，它既是渗透于其他要素中的核心理念，也是管理中依循的具体路径。从传统计划经济体制向社会主义市场经济体制转轨的过程中，中国五冶不断适应市场化要求，逐渐形成了法商融合的治企思维与管理氛围，成为当下中国企业中践行法商管理的显著代表。

法商管理在中国的提出，与社会主义市场经济的发展息息相关。

① 孙健敏，李原．组织行为学［M］．上海：复旦大学出版社，2005：312.

随着中国市场经济体制的逐步完善以及经济全球化进程推进，中国企业面临着日益广阔的市场和日趋严峻的竞争环境，客观上要求企业不仅要按照市场经济规律开展经营活动，而且要按照法律准则规范自己的经营行为。随着中国经济和政治地位的提升，中国企业正面临着前所未有的挑战，现实经济生活蕴涵着从法与商结合的角度提升企业管理水平的内在需求，如何有效地规避市场风险和法律风险是中国企业当前乃至今后需要认真解决的课题。

中国五冶之所以致力于法商管理、法商融合的管理创新，一方面离不开中国市场经济的大背景，一方面与五冶所身处的建筑行业的行业特性紧密相关，同时也与五冶领导班子具有较强的法治意识和理念分不开。

一、五冶法商融合治理的四个阶段

法商融合、法商管理是近些年来在国内企业管理界日益兴起的新的管理概念，是颇具中国特色的管理理念。在学界，国内对于法商融合的探讨最早见于20世纪90年代。学者程信和最早从宏观层面上探讨了法商融合的问题，他指出："法、商融合实即市场经济法律与市场经济相结合，两者交互作用，协调发展。"[①] 之后，孙选中、刘纪鹏等学者则明确提出"法商管理"的概念，并将其具体落实到企业管理层面。

所谓法商管理，"就是用法的思维和理念制定规则，在规则意识下整合资源，将追求效率的经济价值观与方法论同追求公平的法治价值观与方法论有机结合，以实现产业供应链上的各主体权益均衡

---

① 程信和．法商融合论[J]．中山大学学报：社会科学版，1994，4.

发展和企业自身的持续健康发展的管理过程"。[①] 理解法商管理，首先要认识到法商管理是一个复合的概念，是由四个子概念组成的：第一个子概念是管理，管理是目的和手段，其涵义在于说明法商管理要落实到具体的手段上；第二个子概念是商，商可以理解为企业组织的经营活动，也可以理解为商事，在法商管理概念中，它是管理的对象；第三个子概念是法，这里的法是一种理念和思维逻辑，是企业要遵循的一切规则的总称；第四个子概念是融合，是将法的思维和理念融合于管理的目的和手段，是法商管理的过程、形态与结果。

中国五冶在法商融合方面走在前面，确实与治理建筑行业的市场不规范有关。建筑行业产业链条长、牵涉主体广泛、项目流程复杂，在业务运作中风险重重，既受到宏观层面政策、法律变更的影响，也受到公司内部管理制度能否得到有效贯彻执行的制约。随着建筑业的改革转型和创新发展，广大施工企业也在不断改进和提升依法治理水平，以适应和满足市场要求和企业发展需要，为企业健康发展保驾护航。

从21世纪初至今，中国五冶的法商管理是一个法与商不断走向深度融合的过程。这个过程与企业扭亏脱困、规范治理、转型提升、高质量发展的四个发展阶段高度吻合。五冶以信守合约为基石、以规范治理为保障、以合作共赢为宗旨、以增值服务为目标的法商融合治理，整体上经历了四个阶段：

第一阶段是践行契约法则，当好市场主体阶段。这是五冶法商管理的初级阶段。

从党的十四大起，我国经济体制改革的取向确定为社会主义市

---

① 孙选中."法商管理"变革企业管理的新理念[J]. 经济与管理研究,2016,7.

场经济。1999 年 10 月，《中华人民共和国合同法》施行，这是国家法律对市场经济交易规则的进一步完善，标志着法律对市场经济契约化的再确认、再升级。然而，在经济形态发生转变的同时，并非所有人的思想意识都能与之同步。马克思认为，观念具有保守性，总是落后于生产力的发展和物质条件的变化。直到 21 世纪初，许多企业经营者，特别是国有企业经营者的思想意识，还停留在计划经济时代，以行政化管理思维主导经营活动，导致企业行为脱离甚至背离了法律规则。在那个时代，很多企业都因此遭遇过市场风险和损失，五冶也有过此类经历。

2002 年，程并强提出：合同就是法律；法商结合，首先是“法”，先守“法”才能行“商”。作为合格的市场主体，履行好合同是基本义务，更是应尽的责任。于是，五冶开始从多个方面加强合同权利与义务端管理。一方面，把履行合同放在第一位，做到有约必履，诚信经营，践行市场主体责任，维护企业形象，提升市场信誉。另一方面，把合同义务变为权利的理念运用于合同权利端管理，从而推进相对方的市场意识、法律意识同步提升。再一方面，通过践行市场主体责任和把合同义务变为权利，用契约法则增加合同经营价值。

第二个阶段是规范企业治理，防范市场风险阶段。这是五冶法商管理体系的形成阶段。

2003 年以来，国民经济呈现快速增长态势，特别是从 2005 年开始，货币政策由稳健紧缩调整为稳健中性，经济发展进一步加速。一些市场主体盲目快进，导致杠杆过度或产业过剩的危机开始显露端倪。此时的中国五冶也已跻身于快速发展企业的行列，但中国五冶领导班子提前预判出快速发展可能带来的市场风险，并果断按下了预警键。他们意识到，仅仅重视合同权利与义务端的管理，已经不足以应对经济快速发展形势下的市场风险，需要上升到企业法人的整体层面把控风险，加强制度管理和法人治理。

在这一阶段，五冶建立集中集约管控体系，将涉及与成本、资金、风险相关的管理权限高度集中到董事会、经理层和经理层下的企业管理系统；完善现代企业管理制度，其中形成了以全过程合同管理为主线的民营类项目、投资类项目立项准入标准、刚性条件评价管理标准、三段式合同评审管理标准、合格供方准入管理标准、项目采购招标管理标准、全面履约管理标准、项目投资管理标准等合同风险控制标准，全面防范合同风险，奠定了企业规范化、法治化、标准化运行的基石。

第三个阶段是升级风险标准，强化合作共赢阶段。这是五冶法商管理的发展提升阶段，是五冶由法商制度管理全面走向法商标准管理的阶段。

早在冶金市场一片大好时，中国五冶便开始实施“创新提升、转型发展”的战略部署，由冶金市场大力向民建、市政、交通等领域转型，由单纯的生产经营向集生产经营、资本经营、产品经营于一体的多维度经营转变。新的市场领域、专业领域让五冶人面临更多的不确定性和市场风险，面临认识、知识、能力上的新课题。不同的人对风险的认识和判定各不相同，实行标准化全面风险管控势在必行。

这一阶段，中国五冶在已建立合同风险控制标准的基础上，充分结合新的发展领域与业务范围，通过再总结、再提升，最终形成企业全面风险控制标准，实行全面风险标准警示管理。全面风险控制标准涵盖了企业管理全领域，“标准”指的是一种评价管理偏差的尺度，将任何的管理偏差限定在合理值范围内，其目的是统一风险判定尺度，解决好认识不同风险识别标准不同的问题，防止出现防控短板。

同时通过“标准”实现偏差的预警管理，以法律路径换来合同相对双方经营价值的最大化，实现风险管理尺度的统一与可复制，全面提升各个领域、各个环节的管理水平。

随着转型提升战略的推进和经营规模的快速做大，经营领域快速拓展，越来越多的合作伙伴参与到五冶的生产经营过程中，中国五冶一直坚持依法平等维护合作伙伴的合法权益，促进合作伙伴优质发展，形成支撑企业可持续发展的，长期合作、互利共赢的高质量产业链。

第四个阶段是实施企业标准，突出增值服务阶段。这是五冶法商管理走向成熟的阶段，是五冶践行全面依法治国基本方略的突出展示。

法治兴则国兴。十八大以来，以习近平同志为核心的党中央全面推进依法治国，一批涉及高质量发展、保障和改善民生的重要法律法规陆续出台，法治社会建设全面深化，真正实现了以高质量立法促进高质量发展。程并强认为，企业制度和标准就是企业内部之法，践行全面依法治国基本方略，对企业而言，就是要建设管理全覆盖的、代表企业最优管理水平的、以分级授权为基础的企业全面标准管理；只有高质量的标准，才能为客户提供高质量的服务，才能支撑企业高质量发展。

2008 年，中国五冶建成合同全面管理标准，解决了合同风险控制和全面履约问题。2011 年，企业全面风险控制标准形成，实现了风险管理的全覆盖，其核心特征是以统一的风险标准为参照来识别偏差、防范风险。2013 年以来，伴随着进入高质量发展阶段，中国五冶的企业标准建设开始由企业全面风险控制标准向企业全面管理标准提升。企业全面管理标准覆盖企业管理的方方面面，是企业管理活动的最优方案，重在提升企业整体管理水平，是企业现代化治理能力和水平的最佳体现。

二、五冶法商融合实践的核心要义

通过对中国五冶法商融合四个阶段的回顾可以发现，五冶法商融合的四个阶段高度契合于国家整体经济发展，是法与社会、法与经济、法与企业发展的高度融合，其所展示出的是五冶的企业家们对法商融合管理学的“标新”与“创异”，并赋予了“法商融合”更多的实践内涵。总的来看，五冶的法商融合管理展示出以下几个方面的核心要义。

第一，承担主体责任，强化有权必有责的契约管理。

“合同相对方的权利就是我们的义务、合同相对方的义务就是我们的权利。”这句话，程并强讲了十几年，其中有四个方面的涵义：一是自身要有市场主体法律意识，主动履行合同主体责任；二是合同相对方必须全面履行合同义务；三是要把对方没有履行的合同义务转化为自身的合同权利；四是要建立适应外部合同履行的内部合同机制和责任机制。

在五冶人看来，只有履行好合同，才能够实现客户合同目标，才能够防范自身合同风险；只有运用好合同的权利与义务规则，把合同义务转变为合同权利，才能够避免相对方不履行合同义务，才能够真正实现全面履约，进而实现市场交换的商业价值。

第二，健全企业之法，实行企业全面分级标准管理的规范治理。

对于企业而言，企业管理标准是经企业内部达成共识、有利于企业发展的、可重复使用的企业内部之法，是企业推动规范治理的法治之本。正如法律的变革是一个国家的发展变迁和治理哲学的最佳展示一样，企业的管理标准也代表了企业的不同发展阶段和管理方法。

中国五冶由最初的合同管理标准到全面风险控制标准，再到企业全面管理标准，是中国五冶从规范治理走向转型提升、高质量发展的内在支撑与保障，是企业之法不断适应外部市场、适应内部经营模式转变的自我创新与变革。中国五冶的企业管理标准建设一路走来，从局部到全面、从一般层次到高端层次，是企业经营实践中形成的集体智慧，是企业发展的引领。

第三，防范市场风险，实施稳健经营的可持续发展。

在市场经济条件下，风险代表不确定性，要实现合同法律规则下的商业价值，就必须最大可能地消除不确定性。只有有效控制交易的不确定性，企业才能够实现可持续发展的目标；而只有实施整合资源与驾驭规则并重的全面合同管理与企业标准治理，才能够有效控制企业经营中遇到的不确定性。

一直以来，中国五冶始终以风险可控为一切经营活动的前提，把风险管理看作法商管理的重要环节，强调用法治化思维管控风险，从合同源头控制风险，从经营前端预防风险。伴随着企业经营管理的规范化、制度化、标准化，中国五冶通过建立企业风险控制标准来实施风险管控，大大提升了企业对风险的管控能力和管控效果。

第四，倡导权益平等，追求主体均衡发展的合作共赢。

法治的首要特征就是依法平等保护市场主体合法权益，以互利共赢作为商业交易追求之本，是企业践行法治的核心与根本，是市场主体均衡发展的前提与保证。

法商融合的特征之一是效率兼顾公平。将效率兼顾公平运用到企业管理，实际就是在追求企业交易价值的过程中，既要满足客户需求，又要兼顾各方权益公平，还要肩负社会责任。对客户和供应链上的所有合作伙伴，都要依法平等订立合同、严格履行合同，充分维护所有市场主体的合法权益，实现互利共赢。通过倡导诚信合作，兼顾上下游合同相对方利益与公平，形成保障主体权益均衡发展和企业可持续发展的高质量产业链。

第五，践行以法兴商，实现经营合同的法商价值。

市场经济是以契约为载体的，企业经营也是以契约为法律依据的，经营好企业的关键是要经营好合同，从而实现以法兴商，实现合同双方的互利共赢。

经营合同首先是经营合同的权利与义务。合同并不局限于提供产品或服务的合同本身，还包括为提供产品、服务而建立的供应链合同；当企业由一般的生产经营发展为集生产经营、资本经营、产品经营为一体时，供应链合同会形成一个由合同编织而成的合同权利与义务之网，每一项权利与义务都是合同经营所必须考虑的环节和必要的组成。

经营合同也是在经营企业的管理流程和标准，是一个系统工程。中国五冶的合同经营从满足客户需求、创造客户价值并兼顾合理利润出发，从做好刚性条件评价、保证合同权利与义务相互对等的合同准入开始，从凡事预则立、不预则废的合同策划做起，对合同权利与义务的设计与执行、对资源的有效组合与配置都作出了安排与布防，力求实现产品最优、资金占用最少、时间最短、成本最低的合同经营目标。

第六，发挥资源优势，提供客户满意的增值服务。

企业想要不断赢得市场和发展的机遇，不仅是签订好和履行好合同，也不是以单方利益最大化为唯一目标，还要站到合同相对方的角度去思考问题，从满足客户需求、创造客户价值并兼顾合理利润出发，为客户提供超出合同价值空间的增值服务，更好地实现互利共赢。

自2015年中央全面推进供给侧结构性改革以来，中国五冶发挥自身核心优势和社会资源整合优势，以实现合同整体履行效果最优为目的，从咨询到融资，从设计到移交产品，延伸服务空间，为客户提供了全方位、全产业链的增值服务，实现了技术最优、标准最优、工期最优、资源组合最优、服务最优，最终实现产品结果最优，激发了客户长期合作需求，积累了企业形象和市场信誉的正能量。

五冶全产业链的增值合同服务是市场供给侧改革的需要，是建筑企业经营的更高层次，是企业法商融合治理的最佳形态，是资源与规则并重、效率与公平兼顾的法商管理原则最深层次的实践与应用。

上述六个方面的核心要义相辅相成，互为前提和补充。实践中，中国五冶以实现法商融合为使命健全法律事务组织体系，以合理管控责权为主旨实施组织再造，以全面合同管理为主线新构管理流程，以法商实践成果为内容健全制度体系，以风险控制标准为依托实施风险管控，实现了企业的可持续、高质量发展。五冶的法商管理模式是经营者长期管理实践的总结，是经多年打造逐步形成的。

三、法商融合与其他管理模式的比较

几十年来，经过艰辛探索，我国企业管理学研究取得了诸多成果。比如，理论界将中华优秀传统文化、管理思想融入现代管理学理论，提出了诸多具有深厚中国文化底蕴的管理理论，丰富和发展了中国企业管理学的理论体系和概念体系。实务界则立足中国管理情境，探索出了一些具有中国特色的企业管理模式，如华为公司的“灰度管理”模式、海尔公司的“人单合一”管理模式等。

任何一家强大的企业，都会有一个成熟的运作模式。而这些运作模式是支撑企业良好运作的最为重要的模式。在此，我们可以简要地将五冶法商融合管理模式与华为公司的“灰度管理”模式、海尔公司的“人单合一”管理模式等具有代表性的中国企业管理模式加以对比，以进一步发掘五冶模式的鲜明特色。

在华为的管理哲学中，有一个词一直被反复提及，那就是“灰度”。所谓灰度，就是黑白的中间地带。灰度管理是华为在遭遇跨国文化冲突的背景下提出来的。随着华为全球化布局一步步拓展，全世界研发机构要进行无缝交流，就需要更多的宽容与妥协，就像兼容并包、求同存异一样，灰度管理强调的是和谐协作的宗旨。“灰度管理”提倡企业领导者在日常管理活动中掌握一种平衡，摒弃“非黑即白”的管理理念，进入黑白之间的灰色地带。任正非认为，当不能确定两种截然相反意见和方案哪一种最适合自身时，或者在并非绝对正确的情况下，一个最好的办法就是保持争论双方的平衡。更进一步讲，在任正非眼中，均衡是灰度哲学的最高表现形态。他认为“均衡－失衡－均衡”是一个企业发展循环往复的过程和趋势，均衡能够有效地避免企业组织体系的崩溃，打破均衡则能够防止企业陷入“温水煮青蛙”的危机中。

“人单合一”模式对于海尔这家老牌家电企业的发展产生了深远影响。从2005年9月张瑞敏提出“人单合一”起，海尔就走上了一条艰苦卓绝的自我革命之路。“人单合一”模式就是将企业目标分解到各个订单上，将各个订单所承载的责任以分订单的形式下发给相关员工，由员工对各自的订单负责，管理部门通过评价各个订单的完成情况对员工进行绩效考评。这一模式意在解决信息化时代由于国际市场规模不断增大引发的竞争所带来的日益严重的库存问题、生产成本问题和应收账款问题，并将“人单合一”模式作为海尔在全球市场上取得竞争优势的根本保证。其核心就是以用户为中心的组织结构变革催生出无数个大大小小的自主经营体。在这个全新的组织中，自主经营体及其成员都是有机的细胞体，这些充满活力的“细胞”不断裂变，组合成一个又一个具有顽强适应能力的生命体。

比较而言，海尔公司的“人单合一”管理模式侧重于人与市场，华为的“灰度管理”管理模式侧重于管理者与人，中国五冶的“法商融合”管理模式侧重于制度与市场。这三种模式有一个共同点，就是充分面对市场，都是市场经济条件下的企业模式创新。当然，虽然海尔侧重资源、华为侧重于队伍、中国五冶侧重于制度，但在适应市场、追求高效、防止风险、回报员工等方面是一致的。

第四节　资源激活的发展路径

资源激活既是中国五冶借以形成企业核心竞争力的重要手段，也是企业在市场经济体制下发展追求的本质体现。

在当前全球经济一体化进程加快的历史情境下，专业社会化分工愈演愈烈。企业发展需要资源，更需要激活资源的意识和智慧。所谓资源激活，就是对企业发展所需所有资源的有效整合、优化配置、充分利用，实现各项资源价值最大化。通过激活资源，可以实现以最少的投入取得最大的收益目标。中国五冶的资源激活包括内部资源的激活和外部资源的整合。内部资源的激活主要表现在通过组织协调、政策机制对内部各项资源进行优化配置和利用上，充分发挥其作用和价值，尤其是充分调动人力资源这第一大资源的积极性、主观能动性。外部资源的整合主要表现在对外部资源的有效组合和利用上，通过组合外部的技术、人力、资金等优势资源提升市场竞争力，满足全产业链服务发展的需求。

一、政策机制激活内部资源

中国五冶的资源激活，首先是激活内部资源。五冶是一个大型企业集团，下属单位主要分布在川沪两地，基层项目遍及全国各地及海外，客观上形成了资源分散的局面。如果不加以有效配置和开发利用，势必造成极大的资源浪费，严重影响效率和效益。为此，五冶根据不同发展阶段的重点目标将内部人、财、物等所有资源进行优化配置、整合利用、盘活激活。

在早期脱困阶段，急需强攻市场以解决生存问题，成立了新的经营主体，取得了阶段性成果。在打造“大专业、小综合”总承包公司、做大做强二级单位阶段，对一些单位进行了整合，集中资源形成专业优势，加快了二级单位转型提升发展。在全面推进高质量发展阶段，打造内部领军人才队伍，集中公司各系统各专业的优势人才资源，建立人才共享平台。始终围绕公司战略规划对机关职能部门的设置和职能进行改革优化，适应发展需要。如，为推动资金运作、开展资本经营，先是设立资金管理部，后发展为资本资金运营部，定位成企业内部金融机构，集中公司相关人才并引进外部金融机构人才，强化资金的集中管理和运营，最大化发挥资金的作用和价值，用资金撬动更加广阔的市场。

集中集约管理最能淋漓尽致地体现出中国五冶优化利用内部资源的实绩。从 2003 年开始，他们便以“项目要集中管理、集约化经营”为指导，从项目经营管理要素着手实施集中集约管理，到 2007 年年底形成较为完备的集中集约管理体制机制。将重大项目的营销和履约、资金控制、人力资源、合同评审、项目成本、审计监察等所涉资源集中到两级公司，减少管理层级，提高管理效率，降低风险系数，使内部资源得到最优化利用。

人力资源是第一生产力，中国五冶尤其注重用机制和政策激活内部人力资源。早在 2002 年 7 月的五冶处级干部大会上，程并强就表明观点：待遇留人最为重要，内部用人也要遵照市场规律，重点评价人的市场价值，按照人力资源价值原则，用市场化的政策机制，发挥人力资源作用。对企业有贡献的、企业离不开的人，就要提高待遇。这个观点就是五冶近 20 年人力资源工作的指导思想之一。五冶针对不同人群设立不同的薪酬模式，针对同一岗位采取能力素质与业绩相结合的薪酬政策，让薪酬机制能够准确落实到每一个岗位，作用到每一个员工，最大限度地调动每一个员工的主观能动性。从五冶近 20 年的发展轨迹来看，企业直线上升，员工收入也同步直线上升，不仅内部员工队伍凝聚力极强，而且能够吸引众多外部人才加入，显然是市场化的用人机制、薪酬机制发挥了极为重要的作用。

五冶激活内部各种资源，实际上使各个方面都活力大增，让一个历史悠久的老国企焕发了青春风采，在市场经济的大风大浪里快速、健康、稳健地前行。

二、组合资源的能力就是竞争力

市场经济要求每一个市场活动主体都具有足够的活力，都能自主地充分展现自己的活力，全面实现自己在各个方面的能力与价值。五冶的领导班子成员多是市场经济体制建立前就已投身企业的，深刻理解国有企业适应市场经济就是要充分利用市场规律这只看不见的手实现资源组合、优化，尽可能发挥价值。

多年来，中国五冶一直坚持“组合资源就是创新，就是生产力”的思想，认为知识可以组合，技术可以组合，资金可以组合，不同体制机制下的人员也可以组合，可以通过组合社会资源来进一步扩大自身优势，组合社会资源的能力就是生产力。程并强曾指出：“一个成功的企业一定程度上不在于你拥有多少资源，而是你是否能够有效组合市场最优资源，发挥这些资源的最大效用，可以说组合就是创新，组合就是效益，组合就是资本，组合资源的能力就是企业核心竞争力。”

中国五冶如此看重组合资源的重要性，是与建筑行业的特性息息相关的。众所周知，传统的施工承包方式经济附加值低，市场竞争激烈，经营风险大，处在行业产业链的低端。只有转变经营方式，创新盈利模式，将产业链延伸，才能实现转型和提升。但是，在这一过程中，施工企业不可能具有转型所需要的所有要素资源。对于大多数企业而言，施工是强项，但是设计、资金、设备、运营服务等是弱项。只有有效组合这些“弱项”要素，才能实现经营质量提升。

成都东安湖项目就是中国五冶组合资源的杰作。2021 年世界大学生运动会主会场——成都东安湖东安水库及片区生态修复、周边基础设施建设工程项目占地 5000 余亩，项目总投资约为 50 亿元，建设内容包括库容 250 万立方米的水利水库、体育中心、片区生态修复、穿越湖底的下穿隧道及上跨湖面桥梁等工程，涵盖水利、建筑、市政、园林绿化景观等领域。

该项目在招标时就立足打造国内一流工程，其承载着四川省和成都市提升国际化水平、面向世界开放交流的美好愿景，因此在招标伊始就引发业内强烈关注，一众“中”字头大企业参与激烈的竞争。因为涉及的行业和专业繁多，有的内容是中国五冶之前未接触过的新课题，要一举拿下并非易事。在一周时间内，中国五冶将已有的专家资源库迅速组合并且寻找新的专家，很快便与国际知名的 AECOM 集团及国内外一流的建筑设计、市政设计、水环境生态工程、园林景观设计建造等单位达成共识，他们均派遣专家来到五冶大厦，共商一揽子解决方案，组成了由 1 名中国工程院院士、1 名国际著名国内顶尖的艺术大师、9 名国内设计大师、5 名院所学科带头人和 2 名外籍知名专家组成的专家团队。通过这种企业内外资源的高效组合，并集成规划、建筑、景观、产业、文创、水生态和水动力等多专业的顶级主创力量，为业主提供一流的全部方案，中国五冶最终在一番鏖战中成功将这一重要项目收入囊中。

五冶积极通过产学研合作、企业间技术合作等方式，开展外部技术协同创新活动，实现了技术优势的协同和集成。近年来，围绕冶金工程、钢结构、建筑材料、企业信息化等方面，五冶已与清华大学、同济大学、四川大学、西南交通大学、上海交通大学、中冶集团所属专业领先设计研究院、国家钢结构中心、中国建筑设计院有限公司、上海鲁班软件股份有限公司等单位，共同开展了烧结烟气脱硫技术、冷轧技术、BIM 综合管理应用、耐火材料、桥梁隧道施工技术研发等多个方面的具体合作项目，取得了良好效果。

组合资源已经成为中国五冶产品经营、全产业链服务经营不可或缺的手段，组合外部优势资源的能力也已成为五冶的核心竞争力之一。

三、内外融合的资源生态圈

市场经济不能靠单打独斗，特别是在新的市场形势下，需要加强与社会优势资源的合作，只有合作才能共赢。在这个思想的指导下，中国五冶经过多年的经营运作，实际上已经形成了自己丰富、广阔的产业链资源生态圈。

五冶秉承优势互补、互利共赢、和谐共荣、共享发展的原则：一是注重市场开发的合作，利用社会资源和力量助力市场营销，提高企业价值。二是注重全产业链服务的合作，加大在产品咨询、设计、技术、资金、运营等方面的合作力度，整合专业资源打造产品，提升服务能力。三是加大与供应商的合作，将供应商视为建筑工程的“五脏六腑”，不断完善供应商的甄选、管理及淘汰机制，与优秀的供应商建立长期合作、互利共赢的关系。四是善于运用自身品牌和央企平台，加大与各级政府、其他大型国企的合作，共同推动大项目、大合作。到目前为止，他们运用各种机制和政策、渠道和途径，与国内众多科研院所、高等院校、大型企业、专业团队等建立合作关系，同时建立了由数百名相关领域专家、学科带头人等组成的专家资源库，组合资源的能力显著增强。

诸多案例给我们留下深刻印象。中国五冶对于组合资源的深刻理解、对于资源生态圈的娴熟运用，在新形势下如鱼得水，成为增强企业实力、提升品牌影响力的良性循环推动力。

德鲁克认为，“所谓公司的核心竞争力，就是指能干别人根本不能做的事，能在逆境中求得生存和发展，能将市场、客户的价值与制造商、供应商融为一体的特殊能力。”可见，企业核心竞争力从某种意义上讲，是企业家精神的反映或扩展，它体现的正是企业家激活资源，对资源进行优化配置，使资源的利用达到最大化的能力。

我国企业传统的创新模式是可以相互合作或购买，但是要分清你我、边界清晰，合作伙伴也讲究门当户对。而在今天，这种传统的模式显然已经不能满足企业的发展，甚至会阻碍企业的发展。从世界上一些管理成功的企业来看，乔布斯时代的苹果公司坚持“封闭型”的创新模式，但库克的苹果公司开始打破传统模式，构建以苹果为核心的创新平台与生态体系；谷歌、亚马逊等知名企业也早已经将自身的创新体系变成了内外融合的生态体系。

放眼国内，虽然也有不少大型企业或者龙头企业建立人数众多、高学历人才密集的研究院或创新中心，培育出了不少创新型产品，但在今天，这种传统的创新模式似乎开始走向尽头。因为技术的迭代越来越快，关于技术的信息越来越透明，移动互联网及5G时代导致的分享办公趋势越来越明显，把大批优秀人才封闭在一个相对封闭的空间里进行创新显然会遇到严峻的挑战，即使像军工如此保密的领域也需要随时随地获得相关技术信息和人才的全球化交流。

因此，大企业与小企业之间的创新无缝对接、大企业之间的创新融合、创新型企业之间的深度互动、创新项目与资本的深度有机融合等将成为中国当代以及未来的必然趋势。而中国五冶以宽阔的视野建立起全产业链的资源生态圈，以和谐、共赢、共荣的理念开展广泛合作，把专业技术优的公司和人才等外部资源整合进来，完善全产业供应链，并联合创新、开辟市场、合作共赢，最终提升企业核心竞争力。这种激活资源的方法，实际上已经进入当代管理的高层次。

第五节　文化聚力的发展依托

文化聚力是中国五冶发展的重要依托，是五冶员工内化于心的精神引领力。

企业文化和企业形象建设是20世纪80年代以来从企业管理理论丛林中分化出来的一种新理论，被人们称为管理科学发展的“第四次革命”。21世纪企业经营管理模式创新的重要方向之一，就是企业文化的创造与渗透。企业文化管理是指把自觉培育进步企业文化作为推动整个企业管理主导性环节的管理方式。它不能代替企业各部门的具体管理方法，但它对各部门的管理具有制约和指导作用，它追求的是以企业价值观和企业精神规范员工的行为，塑造优秀企业形象，使企业形成具有强大凝聚力的管理境界。可以说，具体的企业管理机制与方法可以升华为无形的企业文化，无形的企业文化反过来又进一步引领与推动具体的管理实践。

企业文化管理是企业文化建设的进一步深化，是企业管理的更高境界。作为一个现代企业，五冶把实现文化管理作为新的理想来努力追求，用特色文化和优势文化凝聚人心，引领企业发展。五冶认为，“企业犹如一个人，要有头脑、有思想，才有灵魂。精神气质就是灵魂的外在表现，最能体现一个企业在市场竞争中的长久魅力，也是凝聚员工队伍强大的内在力量。企业必须塑造深入人心的社会身份符号”。这个“社会身份符号”就是五冶的特色文化。

一、五冶的特色文化

企业文化应当立足创新，塑造个性。成功的企业文化都应随企业内外环境的变化而不断发展和完善，不应墨守成规，因循守旧。实践告诉我们，企业文化形成之时所反映的企业成员的动机和价值取向，会随着企业发展和条件的变化而变得不相适应。这时，就要及时扬弃旧的企业文化，创造新的企业文化，促进企业不断发展进步。同时，企业文化是时代风貌和发展主线在微观经济组织中的折射，因此优秀的企业应把握时代发展的脉搏，紧密结合企业实际，塑造自己有鲜明特征的企业文化。中国五冶的企业文化从总体上有时代与历史的规定性，从个体上有行业与阶段的特殊性，他们的文化是共性与个性的统一。

在长期发展历程中，中国五冶积淀了丰厚的文化底蕴，经过不断吸纳、再生，形成了独具个性特质的优势文化体系。这个体系由核心价值观、企业精神、主流文化构成。五冶核心价值观和企业精神是其一以贯之的精神准则，主流文化是不同发展阶段的行为指南。随着内外环境的变化，不断丰富文化内涵，打造文化新优势，构筑五冶精神、五冶价值、五冶力量，为企业发展提供强劲软实力。

五冶以“携手客户、回报股东、成就员工、奉献社会”为核心价值观，具有鲜明的经济特征和政治属性。不但追求满足客户需要，创造经济价值对投资者负责，更彰显了央企的政治素质和社会担当。

五冶以“务实、创新”为企业精神，展现出脚踏实地、干事创业的精神气质，展现出与时俱进、生机勃勃的精神风貌，展现出自我革新、不断超越的精神追求。

五冶的“五大主流文化”是核心价值观和企业精神在制度层、行为层的具体体现。“持续创新、追求卓越”的发展文化，“严细新实、持续提升”的管理文化，“忠诚为先、业绩为重”的责任文化，“阳光科学、广聚英才”的用人文化，“快乐工作、幸福生活”的和谐文化，具有更加鲜明的时代性、针对性、创新性、灵活性特征。

中国五冶的文化体系不仅内容丰富，而且逻辑相当清晰严谨，反映出其高度的体系化和成熟性。成熟的、体系化的企业文化更容易被员工认同，通过员工的践行长久地影响企业，在企业的发展中真正发挥凝心聚力的作用。随着对五冶的深入了解，更能感受到无论是其核心价值观、企业精神，还是“五大主流文化”，每一句都凝缩着实践的历程，闪烁着管理的智慧。

二、五冶的文化优势

中国五冶善于发挥文化管理的功效，通过“五大主流文化”的践行，让核心价值观和企业精神落地生根，真正成为全体员工内化于心、外化于行的精神指引和行动指南。

“持续创新、追求卓越”的发展文化展示了五冶人的理想和追求，发挥了统一发展思想的作用。它是对员工以什么样的精神面貌对待企业发展、对待本职工作提出的要求。持续创新就意味着要不断地否定自我、否定过去，超越自我、超越过去，不断迎接新的挑战、攀登新的高峰，无论是企业还是员工个人，都始终争当“一流”。

“严细新实、持续提升”的管理文化展示了五冶人的从业态度和执行方式，发挥了落实发展目标的作用。严格精细、务实创新的管理机制与制度，严谨细致、求真务实的工作作风，贯穿于企业发展的始终，渗透到每位员工的日常工作，是实现管理提升、快速稳健发展的法宝之一。

“忠诚为先、业绩为重”的责任文化展示了五冶人的政治追求和业绩观，发挥了构筑发展保障的作用。忠于党、忠于国家、忠于企业、忠于职责，树立敢闯敢干、敢抓敢管，勇于创新、勇于负责的精神品质，强化敢担当、重疗效的正确导向，引导全体员工脚踏实地、坚定执着、勇往直前。

“阳光科学、广聚英才”的用人文化展示了五冶人开放包容的人才观，发挥了聚合发展资源的作用。用阳光的政策优选人才，用灵活的机制使用人才，用宽广的胸怀吸引人才，用科学的方式管理人才，用优质的平台培养人才。让想干事的人有机会，能干事的人有舞台，干成事的人有回报，实现企业与员工共同发展、共享成功。

“快乐工作、幸福生活”的和谐文化展示了五冶成就员工的使命情怀，发挥了凝聚发展力量的作用。倡导享受工作过程，享受企业大发展带来的荣耀感，享受个人价值实现的成就感，并在企业发展的同时大幅提高员工收入和福利待遇，满足员工不断增长的精神文化生活追求，构筑企业“大家”与员工“小家”的命运共同体。

由此看来，五冶的“五大主流文化”特色十分鲜明。文化特色就是一种文化优势，是企业独具的不可复制的软实力，是凝聚员工力量、实现发展战略的依托和保障。

第三章

法商融合管理模式的时代特征与价值

阅读提示 法商融合管理模式是中国五冶在适应市场经济的发展过程中，不断探索形成的标志性管理成果之一。它是解决行业难题的治理哲学，是市场经济下国企依法建设的榜样、由高速度向高质量发展转型的标杆、新时代国企与企业家管理的样本。

中国五冶在长期实践中所形成的“战略超前、法商融合、资源激活、文化聚力”发展模式与法商融合管理模式，是适应企业自身发展要求的治理哲学。那么在新时代的历史方位中，这种企业治理哲学又具有怎样的时代特征与价值呢?

企业发展模式与管理模式是企业在较长的实践过程中，逐步形成并在一定时期内基本固定下来的一系列管理制度、规章、程序、结构和方法。在不同国家间，同一国家的不同企业间，企业管理模式均因社会背景、企业规模、技术构成、产品特点、生产方式、组织结构、员工构成、领导作风及企业传统的不同而不同。有论者曾指出，当下企业管理学的创新“应立足中国企业管理实践，从中发现根植于中国土壤的管理元素，揭示中国企业管理实践背后的规律与机制，提出具有原创性的理论观点和标识性概念……围绕中国企业如何实现创新发展等问题展开深入研究，挖掘中国企业创新发展中的独特情境变量，提升企业核心竞争力，助力我国经济高质量发展”。[①] 显然，要想认识中国五冶管理模式在高质量发展时期的活力、创新力、竞争力与防风险能力的形成，有必要从中国建筑行业、市场经济、高质量发展时期与现代企业制度等多重坐标之上，去深入发掘其重要的时代意义。

第一节　解决建筑行业难题的治理哲学

建筑业是专门从事土木工程、房屋建设和设备安装以及工程勘察设计工作的生产部门，其产品是各种工厂、矿井、铁路、桥梁、港口、道路、管线、住宅以及公共设施的建筑物、构筑物和设施。2017年2月，《国务院办公厅关于促进建筑业持续健康发展的意见》明确指出：“建筑业是国民经济的支柱产业。”但是，它又有许多不同于一般工业生产的技术经济特点，因而是一个独立的物质生产部门。进入市场经济时期，建筑业最大的变化，莫过于由单纯的生产部门转变成为综合性经济部门，且成为中国市场竞争最为充分、最为活跃、最为激烈的经济部门之一。

市场经济的冲击使得建筑行业一度成为重灾区，形成了以资质等级为界的分区竞争格局，资质等级较高的企业主要在工程总承包领域参与竞争，而资质等级较低的企业主要依赖总承包企业分包工程。中国五冶正是在这种情形下主动适应社会主义市场经济的发展，走出了一条改革创新的路子，是冶金建筑施工企业转型发展的一个

① 北京市习近平新时代中国特色社会主义思想研究中心．面向新时代创新发展中国特色企业管理学[N]．人民日报,2019－11－25(9)．

典型代表和历史缩影。

一、对建筑业“价格低者得天下”难题的破解

长期以来，建筑行业都是参与者甚众、竞争极其激烈之地。仅在中央企业中，就有中国建筑、中国交建、中国电建、中国能建、中国铁建、中国铁工、中国冶建、中核建及保利等企业从事建筑业，几乎占中央企业比例的1/10。据不完全统计，全国各种中小微类建筑企业达10多万家。

尤其进入21世纪以来，建筑市场供大于求的竞争格局更加凸显，发包价格日渐下跌，发包条件日趋苛刻，中标价格往往与理论成本线近在咫尺，施工期间一旦出现市场材料价格和人工成本波动、质量瑕疵、工期延长、结算延期、回款滞后等状况，就会导致成本上升的风险，项目极有可能亏损。

大量的中小企业陷入困境，产品服务同质化严重，导致压价现象加剧。比如：全国有7000多家房屋建筑一级企业，90%以上的企业是传统模式，产品服务同质化严重，没有核心技术，没有资金积累，没有政府资源，只能靠低价中标维持生计。原来的一些建筑公司靠吃本地的项目，日子过得很滋润，不用努力也混得不错。现在大型央企的分公司已经设到了地级市，几大央企凭借资本优势，经常和地方政府开展投资开发建设一体化模式合作，中小型企业的发展空间被进一步挤压，在技术、人才、业绩等方面也处于劣势。在这种情况下，拼命压价现象就更为严重了。

仅房屋建筑市场而言，特级资质企业到2018年突破700家，一级企业接近7000家，二级及以下企业80000多家，还有数十万家甚至上百万家不需要资质的建材生产等建筑相关服务的企业，同质化

竞争直接导致利润空间不断被挤压。虽然国家和地方政府三令五申要杜绝低价中标，然而多年粗放发展的市场环境不利于高质量发展，几乎所有的建筑企业每年都会花费大量的资源去清欠、打官司、仲裁，老的欠款要回来，新的欠款又产生，恶性循环的甲乙方关系和不诚信的营商环境对所有相关方都产生了巨大的伤害，优质优价难以广泛推广。

面对这种情况，降低采购成本、控制管理费用支出当然是首选。为了在市场竞争中站稳脚跟，中国五冶开始打造低成本竞争优势，他们在管理上最早的突破就是严格的成本管理。在2002年7月召开的处级干部大会上，刚刚履职不久的程并强提出："项目管理的核心就是成本管理，如果项目成本控制不好，企业就没有根，公司总部对项目要有指导性的成本控制办法，落实到项目履约过程中。同时全公司都要抓好各种费用的管理，严控支出。"他们从合同评审入手，防止合同风险带来的成本失控，加强项目履约管理，防止履约风险带来的经济损失，大力开源节流，降低项目各种费用支出。一系列的措施，使五冶的项目成本管控水平大幅提升。

此后，为了进一步走在建筑行业前列，中国五冶提出"打造五种竞争优势"。其中第一条就是"精细经营、优化管理，打造低成本竞争优势"。长期以来，中国五冶把低成本竞争优势看作企业的基本功，是从粗放型管理向精细化管理转变的标志，通过练身板、强基础、强管理，提升管理水平来破解低价格竞争的难题。

在中国五冶领导班子看来，低成本竞争项目是公司的立身之本，也是主要的产品形式之一。当前五冶的经济支柱主要包括全产业链服务型产品、资金运作型产品、低成本竞争型产品。在所有产品中，低成本是一般要求，也是基本要求。而打造低成本项目竞争优势，其实质就是打造项目的精细化管理优势。因此五冶强调，要通过实施项目全过程经营管理的精化、细化、优化，实现产品成本行业最优，质量、工期、管理最好，既要让业主满意，又要实现盈利，始终在市场激烈竞争中依靠精细经营到位、管理到位及成本优势保持不败。将打造低成本竞争优势作为打造五种竞争优势之首，体现了中国五冶对形势的准确研判和精准把握，是锻造企业自身竞争力的关键举措。

从中国五冶的做法中可以看到，其打造低成本竞争优势绝不是唯订单论，盲目杀价竞争，而是依靠管理打造低成本竞争优势，并让业主满意、让企业盈利。正是在这种思想观念下，中国五冶转型提升，探索出全产业链服务经营模式与法商融合管理模式，在两者的深度融合中走出了一条以管理成就低成本竞争优势的成功道路，对建筑行业“价格低者得天下”的难题进行了有效破解。这是一条稳健发展、长期发展与高质量发展的新路，对全国建筑行业具有极大的启示作用。

二、闯出来、创出来的管理新优势

在建筑行业，建筑企业的发展体现出强烈的马太效应，强者愈强、弱者愈弱，大多数企业在市场大潮的冲击下举步维艰。其中最根本的原因之一，就是市场对建筑产品与服务的需求与社会经济的发展水平是相适应的，且超前于社会经济的整体发展水平。随着社会的不断发展和进步，人们对建筑产品和服务的需求也在不断变化和提升，很多不适应的企业就被自然淘汰。而多数企业由于资产和人员规模复杂而庞大，结构层次多，转向难度大，再加上项目承包制带来的利益分割和政令不畅，很难及时捕捉和适应市场对产品与服务需求的变化，从而丧失最佳发展契机。

中国五冶由于较早采取集中集约与分级授权相结合的管控模式，在对目标市场的精准定位和对未来市场的精准预判方面优势突出，且能够在最短时间内实现资源结构的迅速调整，从而在我国基础建设领域的三次市场变革中提前预判、精准施策，成为行业的标杆和引领者。

当然，中国五冶的管理优势并不是凭空出现或者一蹴而就的，而是逼出来、闯出来、创出来的结果，是在长期市场竞争中淬炼出来的。其中，以 8 个月时间建起 1 座大学城的案例就淋漓尽致地体现出中国五冶是怎样在市场的倒逼之下，依靠自身的执行力与创造力，打造出项目管理新优势的。

中国五冶曾承担了四川理工学院宜宾校区的打造任务。这座占地面积 1025 亩的大学城作为宜宾占地面积和体量最大、单体建筑栋数最多的项目，建设内容不仅包括公共教学楼、图书馆、宿舍等，还包括配套校园道路、桥梁、水系改造、园林绿化等，共计 29 个单位工程、283 个分部工程。这是当时宜宾建设任务最重、难度最大、时间最紧的项目，中国五冶要在 8 个月内完成从勘察设计到最终交付使用的全流程打造。

2017 年 12 月 25 日，大学城项目正式开工建设。在一片空地上，中国五冶的建设者们立下“军令状”。面对极为艰巨的任务，五冶人高扬“一天也不耽误，一天也不懈怠”的中冶精神，争分夺秒、日夜奋战，采用“项目指挥部 + 项目经理部”形式的组织体系，以指挥部为牵头协调机构；同时建立进度保证和计划执行体系，使施工的每一个节点、工序都做到层层有计划、人人有目标、事事有人管。项目管理人员对施工进度进行科学管控，各工序互相穿插、全面开花，工作面流水移交，标段之间逐步开展平行施工、立面分层施工……最终工程圆满履约，确保了该大学宜宾校区 2018 年 9 月初开学迎接新生。

8 个月的日日夜夜，首先展示给我们的是五冶人敏锐捕捉市场对建筑产品及服务需求新动向的意识和能力，其次是五冶人快速适应这种新变化的能力，尤其大兵团作战的组织指挥和协调能力。这个项目刷新了五冶履约速度的纪录，创造了一次履约奇迹，充分展示了五冶集中集约和精细化经营管理的强大优势。在宜宾，“五冶速度”打出了威风与诚信，五冶品牌更加响亮，紧接着又续接到科教城等 15 个项目，该大学城项目也成为多地政府前来参观考察，甚至效仿的项目。

第二节　市场经济下的国企法治建设榜样

在一定意义上讲，市场经济就是法治经济，而法治化的市场经济必然要求法商融合，做到以法兴商。党的十八届四中全会通过的《中共中央关于全面推进依法治国若干重大问题的决定》指出：“社会主义市场经济本质上是法治经济。使市场在资源配置中起决定性作用和更好发挥政府作用，必须以保护产权、维护契约、统一市场、平等交换、公平竞争、有效监管为基本导向，完善社会主义市场经济法律制度。”依法治企是依法治国的重要组成与内容，作为国有企业，更要把依法治国的理念延伸到依法治企的工作实践中。

在这一方面，中国五冶不断提高运用法律思维、法治方式、法律手段解决问题的能力，突出创新发展与依法治企的紧密结合，创造性地运用法律于管理之中，把企业的全部工作纳入法治轨道，实现法商融合，从而推进企业生产经营健康快速发展。可以说，中国五冶不仅提升了自身依法治企的能力与水平，也为中国企业法商融合树立了标杆。

一、契约法则下的合作共赢之治

如何应对市场经营中的各种法律风险，构建完善的企业法治管理文化，使“依法治企”的观念内化于企业全体人员的群体思想，成为当下企业普遍面临的重要议题。中国五冶法商融合的企业管理模式，其精髓正在于市场与法治的深度融合，树立了新标杆，为当前企业树立了一个市场经济下的法治榜样。

近些年来，随着市场经济的深入发展，我国企业在经营管理过程中面临的法律问题日渐复杂。中国企业一方面经过市场经济的洗礼而愈加成熟，但另一方面随着改革进入“深水区”，企业面临的内外部经营环境更加复杂。从内部看，当前部分企业的法治化管理存在着一些问题，比如文化氛围相对薄弱、治理结构不明确、法律人才队伍严重不足、法治创新能力相对较弱、企业法治建设缺乏主动性等。从外部看，随着全球化的愈演愈烈，在“一带一路”倡议等时代背景下，企业又要肩负起“走出去”的艰巨使命。

在2015年“两会”期间接受采访时，全国人大代表程并强曾谈及当前我国企业的法治现状：“在各级国资委助推下，国有企业在依法治企的道路上取得了一定成绩，但运用法治思维和法治方式实施管理的程度还远远不够，有的企业差距还较大。”显然，程并强对依法治企的期望，不仅是出于自身的需要，也是出于对市场环境的研判。

就建筑行业而言，虽然改革开放以来我国建筑市场有了长足而快速的发展，但在发展过程中也出现了一些问题，其中主要问题是市场秩序混乱和法治意识不足。2002 年 7 月，时任建设部部长的汪光焘就曾公开指出建筑行业市场混乱主要表现在五个方面：一是建筑市场各方主体包括业主和勘察、设计、施工、监理等单位，有法不依、逃避监督。二是不执行工程建设强制性标准、偷工减料，工程质量状况令人担忧。三是地方保护、部门分割的问题仍未得到根本解决，统一开放、竞争有序的建筑市场尚未形成，严重妨碍了公平竞争和市场机制作用的充分发挥。四是个别领导干部滥用职权、干预工程发包承包的问题依然存在，行贿、受贿等腐败现象和经济犯罪案件时有发生。五是一些政府主管部门存在监管不力、执法不严的问题。这五个方面基本上都与法律问题有关，属于法商融合方面的问题。

面对建筑市场存在的诸多法商矛盾，需要研究解决的问题很多，涉及的承包方、供应方、监理方等各种主体也纷繁复杂，潜藏风险巨大。面对乱象和风险，中国五冶采取了一个最重要也是最简单的方法，就是契约管理。

契约关系是市场经济关系在法律层面上的最直观展现。尽管不能把市场中所有的经济关系都归结为契约关系，但是契约关系却最集中、最准确地表现出了市场经济关系的独特个性。因此，现阶段我国经济生活的市场价值取向，其法律实质就是使经济关系规范走向契约化。从中国五冶的实践来看，契约化具体表现为：

其一，契约成为经济交往的主要形式，成为实现资源配置的主要手段。交换的过程，对于市场主体双方而言，是一个相互为对方提供服务以满足自身利益需求的过程，是一个双赢互惠的过程；对于社会而言，则是一个实现资源配置的过程，而这种交换过程在法律上就表现为双方订立和履行契约的过程。通过契约的形式来建立经济关系和实现资源配置，是市场经济体制与其他经济体制最关键的区别所在。

其二，契约成为评价和规范经济行为最具体的标准。法律不能包办一切，而契约则不同，它是市场主体双方约定的具体而明确的行为标准，双方的权利和义务被高度精确化。由于契约依法订立之后就对双方的行为产生法律所承认的约束力，所以一个具体的行为是应当受到肯定和保护还是应当受到否定和制裁，其首要的标准就是依法订立的契约。通过合法的平等契约来引导经济行为，从而在经济生活中形成秩序，这正是中国五冶法商融合的独特之处。

其三，契约成为企业组织经营的基本依据。市场经济不能没有市场主体，而企业则是最重要的市场主体。在某种意义上说，市场经济的成长和发展过程，也就是各类企业成长和发展的过程。在成熟的市场经济中，企业的行为主要依据是契约而不是行政命令。因此，从法律的角度看，作为市场主体的企业实际上就是建立在契约关系之上并按照契约来分配权利义务、调整内部关系的经济组织。

成熟的企业和成熟的市场行为是高度尊重市场规律和市场价值取向的。应该说，这种尊重首先就体现在对契约的尊重上，尊重契约也就是尊重合作双方的正当权益，也就是持有诚信的态度，也就是尊重和建设和谐的公共秩序。这正是诚信和和谐的基点。

中国五冶意识到，合作不是零和博弈，合作是要实现共赢。一方面要牢固诚信理念，诚信是合作的前提，只有按照合同诚信履约，保证合作各方的权益，实现互利共赢，才能建立长期的合作关系。另一方面，要打造诚信品牌，品牌的打造不是一朝一夕之功，而是一个系统工程，需要经过长期的努力和积淀，只有自身具有品牌优势，才能把各行业最优秀的资源组合到自己名下，实现强强联合，互利共赢。中国五冶正是通过契约管理，把诚信品牌及其本质上的法商融合品牌打出去，从而一次次地打开新局面。

二、法商融合下的企业治理之道

市场经济是自由交易经济，但市场交易有效有序进行的一个基本条件就是法治。所谓市场经济是法治经济，就是倡导用法治思维和法律手段解决市场经济发展中的问题。当前，我国改革开放和社会主义市场经济发展进入新的阶段，需要进一步强化“市场经济是法治经济”的理念，自觉运用法治思维和法律手段解决市场经济发展中的深层次矛盾和突出问题。

对于依法治国来说，首先要重视和发挥立法作用，进一步健全社会主义市场经济法律体系。当然，每时每刻发生在不同空间的经济行为是千差万别的，法律规定得再详尽也不能不具有抽象性，甚至同一条法律规则也不能普遍地被适用于同一类行为。

随着依法治企原则日益受到我国企业重视，很多企业在生产经营过程中坚持贯彻法治经营以及依法治企原则，形成了独具特色的法治体系。例如，华为公司在1999年制定《华为基本法》作为企业管理大纲，它摒弃了以企业领导者的人为意志覆盖企业管理的过去模式，改从企业的实际状况出发，根据企业自身的业务特点制定和执行科学的管理制度和业务流程，从而将企业组织和人的行为规范化，形成一套决策科学化、流程标准化、考核系统化的管理模式，即“依法治企”模式。再例如，中国石油化工集团也十分重视法治体系的建设。2012年，中国石化专门制定了法治文化建设纲要和法律风险管理体系建设纲要，按照纲要的要求，中国石化将企业法治文化有机融入企业文化建设和企业发展战略，使企业法治文化发展成为中国石化的重要竞争力。

就国有企业发展而言，许多国企领导人员至今没有认清自己所在企业的地位属性，认为国有企业享有特殊的市场地位。一方面，在企业治理活动中，过分夸大灵活性的作用，认为这是市场生存的基础法则，并为此而对法律视而不顾。另一方面，一旦出了问题，面对“被告”责任的时候，往往会向司法机关申诉，义正辞严地要求保护国有资产的安全。这样的思维都是计划经济思维的惯性延续，与市场经济的法治环境格格不入，并终将事与愿违。对于身处于市场经济条件下的企业，面对法的规范与指引，如果有章不循、倒行逆施，必然无法持续和长久。

因此，为了强化自身的法治水平，中国五冶在长期的探索中，形成了法商融合、以法兴商的独特法治体系。五冶从机构、团队、制度、标准等方面来推动法治体系的建设与完善，建成了包括法律顾问管理、外聘律师管理、企业用工管理、合同管理、投资管理、印章管理、授权管理、项目管理、诉讼管理等在内的全方位法律事务管理制度体系以及企业全面风险控制标准体系，建立了从总部到二级单位再到项目部的三级法律事务管理组织体系。

可以说，中国五冶始终将法治化思维视为贯穿生产经营全过程、各环节的一种根本思维，不断完善相应的法治体系，不断强化全体员工的法治意识，并取得了显著的成效。这一方面确保了公司生产经营活动始终处于健康运行状态，另一方面也演化为公司重要而独特的管理创新、管理品牌和管理优势。

当前，我国仍处在社会主义初级阶段，而社会主义市场经济同样处在初级阶段，一个重要标志就是法治状况落后。我国建筑业是一个庞大的群体，在国家经济布局中具有举足轻重的地位。据统计，2018年，我国建筑业总产值为23.5万亿元，建筑业增加值占GDP的比重从1978年的3.8%增长到2017年的6.7%。如果中国的建筑企业都能做到像中国五冶一样依法治理，实现法商融合，那么整个建筑市场经济秩序就会大大改善，整个国家的市场经济水平也会大大提高。这正是中国五冶法商融合管理模式的意义所在。

第三节　高速度向高质量发展转型的标杆

2017年11月，党的十九大首次提出“高质量发展”这一新表述，表明中国经济由高速增长阶段转向高质量发展阶段。2018年3月，政府工作报告提出深度推进供给侧结构性改革等九方面的部署，并提出“国有企业要通过改革创新，走在高质量发展前列”的要求。中国五冶在2013年进一步提出了“提升发展质量”的工作指导思想，其本质上就是要求企业从高速度向高质量转型。可以这样认为，中国五冶近10年的发展史就是从高速度向高质量的转型史。

相对于大多数企业，中国五冶较早提出了高质量发展的思路。而经过多年的探索，他们建立了建筑业高质量发展的框架，全产业链服务经营模式与法商融合管理模式都形成于高质量发展时期，是高质量发展的标志性成果。他们的成功实践告诉我们，高质量发展的评价标准应涵盖商业模式优良、经营规模增长、发展的可持续性、产品与流程质量、风险防控效果等多个维度。

一、从治理高速度带来的高风险开始

无论对于国家宏观经济还是企业微观主体而言，高速度发展都有一定的历史必然性，也有着不可替代的积极意义。

改革开放以来，整个中国经济一直处于发展的快车道上。尤其是

进入21世纪以来，更是狂飙突进。以建筑行业为例，2001年至2010年期间，我国建筑业总产值保持快速增长态势，年平均增长率22.5%。而中国五冶在实现扭亏脱困目标后，一度以每年30%以上的速度快速扩张，似乎已走上平稳快速发展之路。

然而，企业在快速扩张时，五冶领导班子并没有盲目乐观，深有忧患意识。他们看到了国家高速发展的大背景下，市场出现了许多不规范现象，五冶自身管理也有不到位的情况，如果不及时加以防范和遏制，将对企业的长远发展带来严重影响。尽管当时市场形势尚好、五冶发展较顺，他们还是作出了从两个方面提早准备的决定：一个是企业必须从传统产业领域向更加广阔的市场转型，另一个就是必须强化依法经营，严防风险，尤其是在企业转型的过程中，管理要创新，跟上转型的步伐、适应新领域的管理要求，避免产生新的风险。于是他们将规范管理、风险管理放到了更加重要的议事日程。从根本上说，这种预判分析是因意识到了企业在高速度扩张，管理思维与管理方式也要随之及时更新，确保企业既要跑得快，又要跑得稳，还要储备足够的后劲。

彼时，不只是中国五冶，整个中国都处在转变之中。2006年12月，中央经济工作会议在总结几年来科学发展观的实践经验时指出，“又好又快发展是全面落实科学发展观的本质要求”。“又好又快”这一关键词，与过去“又快又好”的提法有两字之调的改变。“好”与“快”看似简单的移位，意义却很深远，反映了中国经济思路、中国经济发展理念的转变，即由过去更多地强调发展的速度，转为更注重发展的效益、增长的质量。

应该看到，速度与质量是辩证统一的，没有一定的发展速度就很难谈到发展的质量。高质量发展同时注重发展的“量”和“质”，其显著特征是：从关注经济规模和增长过程转向关注增长的结果和效益，从关注经济增长一个维度转向关注经济发展、社会公平、生态环境等多个维度，从片面重视高增长产业转向关注产业协同发展、构建现代化产业体系，从关注经济增长的要素投入转向关注要素生产率的提升和要素优化配置，从关注 GDP 转向关注以人为本的各项制度安排和城乡区域之间的协调发展。

应该说，高质量发展是适应经济发展新常态的主动选择。经济发展是一个螺旋式上升的过程，上升不是线性的，量积累到一定阶段，必须转向质的提升，这是经济发展的规律使然，也合乎唯物辩证法的基本原理。推动经济实现高质量发展，是适应我国发展新变化的必然要求，也是当前和今后一个时期谋划经济工作的根本方针。改革开放 40 余年的高速增长，成功解决了“有没有”的问题，现在强调高质量发展，根本在于解决“好不好”的问题。

面对高速度发展带来的高风险，中国五冶积极应战，揭开高质量发展的重要篇章。中国五冶的实践说明，在我国经济发展进入新常态的大背景下，企业要牢固树立正确的发展观，不能被短期经济指标的波动所左右，要坚定不移实施创新驱动发展战略。其高质量发展之路对全国国有企业的高质量发展有着鲜明的指导与借鉴意义。

二、五冶高质量发展的创新实践

高质量发展可以分宏观、中观与微观三个层面。理解微观层面上企业的高质量发展，有必要先从宏观、中观层面上加深对国家经济与产业经济的高质量发展的理解。

从国家的宏观层面来看，高质量发展有四方面的表现：

一是表现为增长的稳定性。高质量发展意味着必须保持经济增速稳定，不能出现大起大落的波动。

二是表现为发展的均衡性。国民经济重大比例关系要合理，需实现实体经济、科技创新、现代金融、人力资源协同发展，构建现代化产业体系。

三是表现为环境的可持续性。绿色发展理念为高质量发展提供了更加丰富、广泛的内涵。

四是表现为社会的公平性。高质量发展要兼顾生产、生活与生态，坚持发展为了人民、发展依靠人民、发展成果由人民共享。从产业的中观层面来看，高质量发展主要表现为产业规模不断壮大、产业结构不断优化、创新驱动转型升级、质量效益不断提升。

而从微观层面来看，所谓企业发展质量，就是企业发展的优劣程度。理解企业高质量发展，需要区分企业高质量发展作为状态性概念和过程性概念的差异。从前者来看，企业高质量发展可以认为是企业发展的一种新状态，即企业实现或处于高水平、高层次、卓越的企业发展质量的状态。从后者来看，企业高质量发展亦可看作企业发展的一种新范式，即企业以实现高水平、高层次、卓越的企业发展质量为目标，超越以往只重视企业规模扩张、仅仅依靠增加要素投入的粗放式发展方式，走提供高品质产品和服务、强调经济价值和社会价值创造效率与水平、重视塑造企业持续成长的素质能力的道路。

在企业经营层面，中国五冶的高质量发展为我们提供的启示是多方面的，大概可以总结为如下几个方面的经验与路径。

第一，以投入高质量要素、提高供给体系质量为主攻方向推动质量变革。

中国五冶在发展过程中注重人才、新技术、新材料、新能源、新工艺、新模式等方面的高质量要素的投入。其竞争力体现在企业能够跨越多个经济周期，在经济效益、风险防范、公司治理、管理水平、人才队伍建设等方面始终保持竞争优势，在激烈的市场竞争中不断胜出、持续发展、创造价值。2020 年一季度末国有净资产与 2003 年清产核资后的国有净资产相比，在不考虑可观潜在效益的情况下，仅报表反映就增长 105 倍，实现了国有资产的大幅增值；业务资质全面升级，实现了三特四甲等工程承包领域全覆盖；技术实力同步大幅增强，近 10 年获得了近 2000 项省部级以上工法、授权专利、科技成果、成套技术等；工程质量稳步提升，近 10 年获省部级以上优质工程奖近 400 项，其中“鲁班奖”和国优奖 23 项，这些都是发展质量变革最有说服力的证明。

第二，以强化集中集约、实施分级授权为动力推动管理变革。

在高速发展的过程中，中国五冶建立起了集中集约与分级授权相结合的管理体系。五冶的集中集约是以成本要素、履约与风险、投资和资金为核心内容，将生产经营管理的关键环节和核心要素集中到两级公司管控，从源头上控制成本、防范风险，提升经营质量。五冶的分级授权是建立从董事会向经营层，经营层向机关部门、分/子公司、项目部的授权体系，对每个岗位实行权责利的科学匹配，根据被授权对象的专业水平和管理能力确定授权范围和大小，并进行动态调整。集中集约与分级授权相结合，实现了集权和分权的辩证统一，授权有度、授权有方，激励与约束并举、规范与高效并重，提升了企业整体管控水平和经营质量，有效防止了高速度带来的高风险。

第三，以组合优势资源、提高全要素配置率为核心推动效率变革。

推动效率变革的重点是提高全要素生产率，使经济增长更多依靠全要素生产率来拉动。以往，像中国五冶这样的传统建筑企业，生产经营的盈利模式主要是在实现成本、工期、质量等目标过程中，依靠优化人力、材料、技术、工艺等方面来提升效益，从一定角度讲主要靠内部管理挖潜。随着市场经济的发展，五冶实施了“产品经营”“资本经营”“全产业链服务”的经营方式，并提出了“组合优势资源就是生产力”的行动方针，即通过发挥技术、管理、品牌以及综合实力优势，提升组合社会资源的能力，广泛汇聚社会优质资源“为我所用”、互相成就。这正是中国五冶要素配置效率的生动实践，其成效是显著的。

第四，以增值合同服务、转变合同经营理念为引领推动经营变革。

传统的施工总承包企业就是按合同履约和照图施工，某种程度上禁锢了施工企业发挥主观能动性的创新实践，限制了企业的经营发展空间。中国五冶在践行契约法则、经营合同价值的过程中，认为合同不仅是权利与义务的集合，在权利与义务之外还有更为广阔的法商管理价值空间，这些空间的开发利用，要在法商融合理念下，坚持诚信共赢、加强合作、延伸服务、创新驱动的方针，实施增值合同服务。这是对法商管理的深度诠释和重大创新，是对施工企业生产力的一次大解放。

三、全面提升内控体系的样板

中国五冶在高质量发展方面，起初最有特色的是其防风险能力。

高质量发展的根本在于经济的活力、创新力、竞争力与防风险能力，而企业的活力、创新力、竞争力与防风险能力，是能否实现高质量发展的关键。对于企业来说，高质量发展的目的就是通过创新驱动做出高质量、做出品牌，防风险能力是实现高质量发展的重要标志。

在中国五冶发展道路上，给人印象最为突出的是从风险防范开始的合同管理、契约管理，并终而形成的法商管理。这是中国五冶走上高质量发展道路的关键一步，也是他们高质量发展的最大亮点。防风险能力，是中国五冶对中国企业特别是中国建筑企业高质量发展的最大启示。

党的十九届四中全会对国有经济制度建设作出新部署，提出要增强国有经济竞争力、创新力、控制力、影响力、抗风险能力，做强做优做大国有资本，完善中国特色现代企业制度。“创新力”与“抗风险能力”都是最近几年作为标准提出的。而中国五冶在2003年便着手抓企业内控体系的建构，而且拿出了成套的做法。他们堪称国有企业防风险的先行者，也是高质量建设的带头者。

2019年11月，国务院国资委出台《关于加强中央企业内部控制体系建设与监督工作的实施意见》，强调推动企业内部控制制度建立、完备，特别是强调企业要通过梳理整合、外规内化、融合嵌入等措施进一步完善管理制度。该意见指出，要建立健全以风险管理为导向、合规管理监督为重点，严格、规范、全面、有效的内控体系。进一步树立和强化管理制度化、制度流程化、流程信息化的内控理念，通过“强监管、严问责”和加强信息化管理，严格落实各项规章制度，将风险管理和合规管理要求嵌入业务流程，促使企业依法合规开展各项经营活动，实现“强内控、防风险、促合规”的管控目标，形成全面、全员、全过程、全体系的风险防控机制，切实全面提升内控体系有效性，加快实现高质量发展。

显然，种种重大风险的存在，使得国资委决心以内部控制建设和监督为抓手，将推动中央企业内部控制制度建立完善和保障内部控制制度有效执行作为国资国企践行推动国家治理能力体系和治理能力现代化的一个重要手段。实际上，这一目标在中国五冶早已经实现，而且成绩突出。

在中国五冶内部控制的创新演进过程中，给人印象最为突出的是从当好市场主体、践行契约法则、防范市场风险的全面合同标准管理到全面风险标准控制管理，建立了涵盖企业所有经营行为先期风险特征的420项风险控制标准体系。这一体系以法律逻辑为先导，以全面风险管理控制标准为纽带，通过标准化制度管理和风险事前防范，实现风险处置能力持续增强，避免目标偏差、控制风险损耗，将一切可能流失的产品价值回归于企业利润平台。

中国五冶的内部控制创新并不止于全面风险标准控制管理，如今已提升为企业全面标准管理。风险管理标准是中国五冶管理活动的底线，企业管理标准是较风险标准更为严格、更为全面、更高要求的标准。全面风险标准控制升级为企业全面标准管理是中国五冶走上高质量发展道路的重要保证，也是其高质量发展的最大亮点，是中国五冶对中国企业特别是中国建筑企业高质量发展的最大启示。

可以说，中国五冶在内部控制体系建设上已经形成了成套的制度体系、标准体系与执行体系。10多年来企业稳健发展无重大风险的事实，已经说明了其内部控制体系的有效性。而从中国五冶发展过程来看，高质量发展是一场耐力赛，需要脚踏实地，打牢基础，一步一个台阶。向高质量发展转变的过程注定不会一帆风顺，必须守住不发生系统性风险的底线，有序排除长期积累的风险隐患，有效应对外部不确定性的冲击，为高质量发展创造有利条件和环境。

四、五冶高质量发展的特征

中国五冶推动高质量发展，在继续保持经济发展总体规模优势的同时，不断推动发展质量变革、效率变革、动力变革，坚持走新型发展道路。分析不同发展阶段的变化情况，可以发现中国五冶在向高质量发展的转换中呈现出了渐进性、系统性、稳定性三个鲜明的特征。

一是渐进性。高质量发展是一个不断变化、缓慢演进的过程，也是一个积小变为大变、从量变到质变的过程。在这个发展过程中，中国五冶的要素、产品和产业质量、产出效率、经济增长动力等均出现了渐进性变化。

仅从防控风险来说，五冶很早就开始有意识地进行管理创新。2006 年后，五冶提出“风险可控、经营稳健、全面提升”的经营理念；2008 年，按照集中集约管理的指导思想，重新研究制订了项目跟踪、项目投标、项目评审、项目管理、成本核算、审计监督等一套完整的管理流程；2009 年，公司重新梳理、发布市场营销与经营管理两方面的刚性条款，健全了风险评价与管理体系；自 2011 年起，中国五冶开始实施全面风险标准控制管理；2013 年以来，进一步升级建立起全面风险管理与内控管理相融合的企业全面管理标准，编制了“内控差异与风险评估对照列表”，实现了风险管理与内部控制一体化。

从上述内容可以看出，这是一个发现问题、提出问题、解决问题的过程。中国五冶防控风险机制作为高质量发展的组成部分，其渐进性是需求层次渐次提升的结果。这是一个首先满足低层次的需求，再向满足高层次需求转变的过程。

二是系统性。中国五冶高质量发展是一个全方位、系统性的变化过程，微观和宏观各领域都发生了系统性变化。例如：2006 年中国五冶在选择创新提升的转型发展方向后，改变几十年来单一的产业结构，改革长期以来低端的经营方式，把转型提升的要求具体为“两大转变”“三个目标”。所谓“两大转变”，一是由传统的施工企业向工程总承包企业转变，做优做强工程承包，向着“高、精、尖”和品牌经营方向发展，提升产品附加值；二是由一业为主向四大板块共同发展转变，大力拓展与本行业发展相关的有竞争优势的产业，增加经济增长点，提升抗风险能力。“三个目标”，一是要把公司建设成结构合理、治理完善的现代型企业；二是要把公司建设成管理密集、资金密集、技术密集的高效型企业；三是要把公司建设成文化先进、诚信和谐的品牌型企业。这些变化使得中国五冶的作战方略也发生系统性变化，从“游击战”变为打有准备的“阵地战”；由单兵作战变为团队作战；由“刮金式”经营变为“贴金式”服务；由传统的生产型企业变为现代管理型企业。

三是稳定性。经济高质量发展还应体现在企业保持一个相对高水平的稳定状态。从时间维度看，高稳定性短期表现为经济平稳运行在合理区间，中长期则表现为产出的可持续性强。从空间维度看，稳定性高既要求经济体系自身健康稳健，也要求经济体系与社会、环境相协调。同时，企业的经济发展要能够为全体社会成员提供发展机会，成果为全体员工共享。中国五冶从21世纪初营业收入只有10多亿元一路发展至2019年近500亿元的规模，从来没有大起大落，一直呈直线上升态势。简而言之，中国五冶经济发展的高稳定性就表现在经济运行平稳、重大风险可控、资源环境可承载、发展成果共享。

由图3－1和图3－2可以看出，2007年后，面对严重的金融危机和日益激烈的市场竞争，中国五冶的发展速度并没有减缓，一直处于稳步登高状态，重要的是同时实现了良好的经营效果，保持了高质量发展的势态。应该说，这样的长期快速、高位、稳健发展，与依法

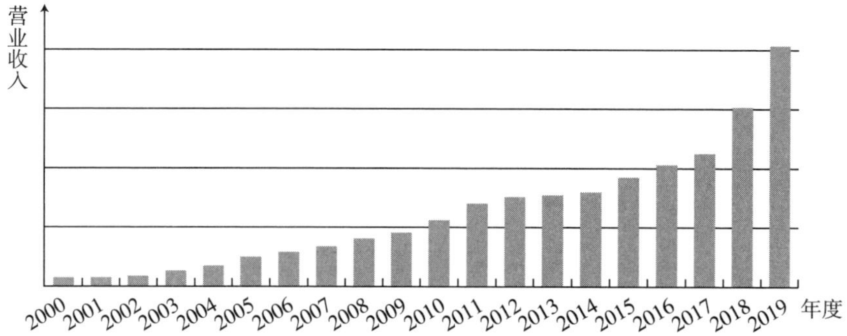

图 3－1　2000—2019 年公司营业收入

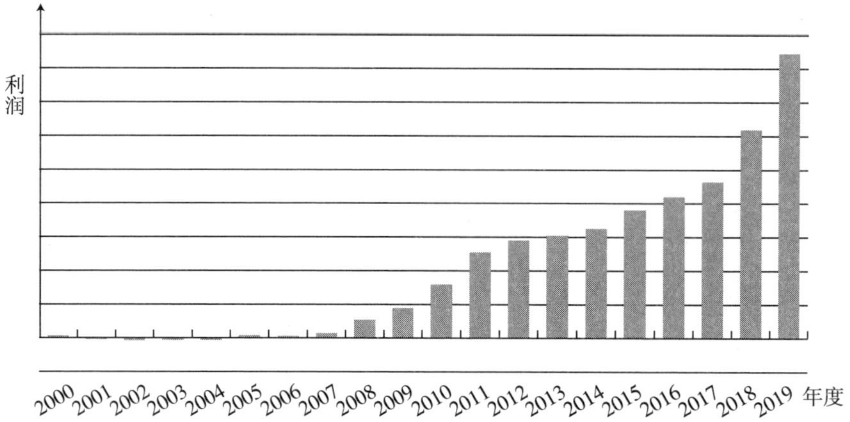

图 3－2　2000—2019 年公司利润

治企是分不开的，与法商融合是分不开的，风险可控、法商融合是他们的重要经验。

第四节　新时代国企与企业家管理的样本

推动国有企业高质量发展，增强国有经济竞争力、创新力、控制力、影响力、抗风险能力，已经成为一项具有战略性、全局性、时代性、现实性的紧迫任务。怎样提高国有企业经营管理水平？怎样围绕竞争力、创新力、控制力、影响力、抗风险能力发挥企业家作用？怎样大力推进企业组织形态变革，构建符合行业特征、有利于提升核心竞争力的企业管理模式？中国五冶的探索为我们提供了新的思路。中国五冶的企业家是企业的创新开拓者，他们既敢于创新又勇于承担风险。回顾这些年来中国五冶的发展道路，尤其需要从核心竞争力与企业抗风险能力方面汲取智慧，中国五冶的企业家们在全产业链服务经营模式与法商融合管理模式两大创新方面，为中国企业家树立了学习的榜样。

一、为国有企业家的成长与能力提升提供参考

国有企业到底有没有企业家？对于这一问题，长期以来莫衷一是。有的学者甚至曾提出一个所谓的“国家所有制下不可能出现企业家”的定律，认为国有企业存在政企不分、经营者行为短期化、预算约束弱化等问题，国有企业没有企业家。中国五冶的快速而稳健的发展史对这个问题给出了明确的回答：中国有国有企业家，而且中国五冶就有一批优秀的企业家，他们是一个开拓创新的群体。中国五冶的企业家发挥作用的过程，为国有企业家的成长与能力提升提供了重要参考。

衡量国有企业有没有企业家，其标准是企业有没有在实质上进入市场。在市场上，企业家是市场竞争打拼中的领军人才、灵魂人物，是打造国有企业市场主体地位的核心要素。新一轮国有企业改革的重要目标，就是要造就一大批德才兼备、善于经营、充满活力的优秀企业家。了解中国五冶以程并强为代表的企业家群体发挥作用的情况，对于进一步解放思想，充分认识企业家重要的地位和作用是有意义的。

中国五冶的企业家是企业的战略引领者，是企业的灵魂，具有不

凡的洞察力、创造力和统帅力，能够敏锐地发现市场机会，发现和消除市场的供需不均衡性，创造出更多的交易机会和效用，为发展指出未来方向。从中国五冶步入市场经济后的命运变迁可以发现，企业家是优化资源配置的调动者和组织资源的管理者。优秀的企业家一定要具备谋划全局的能力，能够从战略高度思考企业发展，通过把握国家宏观经济大势，掌握微观经济运行脉搏，在宏观和微观的结合中制定企业发展战略，把握企业发展方向，科学地作出战略性决断，赋予资源以生产财富的能力。程并强上任伊始，中国五冶的干部员工曾一次次抱怨新来的领导想法太新甚至“出格”，自己想不明白，也跟不上他的思维。然而，随着企业一次次的成功突围与创新提升，使他们终于相信，战略引领者是企业的灵魂，跟不上也要跟，慢慢地就跟上了。

熊彼特认为，一旦企业家停止了创新活动，他也就不再发挥企业家的功能了。可以说，企业家在企业发展中最核心的功能就是创新。企业家通过新技术、新产品、新市场、新模式、新人才等创新，为企业赢得更强大的竞争力。中国五冶从脱离困境后能够一直往前走、往上走，每一步都伴随着创新活动。所以，中国五冶的员工们对五冶领导班子持有的一个最突出看法就是“新”，观念新、项目新、思路新，效果也新。

中国五冶的企业家是企业的风险决策者，也是风险控制者。市场经济和市场竞争远远没有像所谓西方主流经济学所说的那样实现充分竞争形态、所有参与竞争的人一样聪明、每个人都有足够的信息。事实上，市场经济中存在着高度的信息不对称、信息不完全、发展不确定，可能成功也可能失败。企业家的职责就是去做充满风险的、不确定的决策。国有企业的企业家虽然在创办经营企业过程中没有直接的资本投入，然而承担着政治声誉、社会声誉、职业声誉的压力。

奈特曾指出，所谓企业家就是那些在极不确定的环境下作出决策并必须自己承担决策全部后果的人。中国五冶的决策者与执行者每向前迈出一步都战战兢兢，来不得丝毫的麻痹。“风险可控”这句话，五冶领导班子整整强调了10多年，他们总是走在风口浪尖上，总是在寻求风险控制的路径。

中国五冶的企业家是企业的业绩实干者。企业家做得好不好、企业发展得好不好，最终还要靠业绩说话、靠数字说话、靠实力说话。企业家要以实绩为导向，沉下心来，脚踏实地，以务实的心，创造实实在在的业绩。中国五冶作为国有企业，始终坚持“以政治论强弱，以业绩论英雄，以风险论成败，以质量论高低，以贡献论报酬”，为国家、社会、股东创造可持续增长价值。

中国五冶的企业家还是企业的责任担当者。履行企业责任，是企业家义不容辞的使命，也是企业家基本的职业道德素养。作为国有企业，中国五冶始终坚持“国计为重、民生为本、感恩为怀、责任为念、奉献为先”的责任理念，认真履行政治责任、经济责任和社会责任，积极打造“有责任”的企业，奉献国家、服务社会。

在中国五冶，有很多事例能够证明这是一群什么样的企业经营者。从彭郫路BT项目，就能看出五冶企业家们的风险担当与创新努力。在2004年前后，中国五冶实现了脱困，之后公司决定迅速做大规模来满足发展需要。但是由于刚刚从历史的低谷中走出来，家底很薄，资金紧张。前几年公司形势不好时一些骨干流失，管理力量也有差距。而且由于曾经的困难企业身份，银行贷款难度相当大。加之当时建筑行业群雄竞争十分激烈，五冶要开拓市场实现做大规模的计划显得十分困难。困局之下，公司决定突破传统思维，大胆尝试新办法，尝试用资金去撬动市场。

2006年接手的彭郫路项目就是他们勇于“吃螃蟹”的一次“冒险”。彭郫路项目是彭州市接入成都市区的快速通道和景观大道，经过与彭州市政府接洽，该项目拟采取BT方式进行。当时，行业内刚刚出现BT模式不久，尚未见成熟的经验推广。同时对于中国五冶来说，自筹资金和向银行贷款的难度都非常大，即便筹集到足够资金，第一次实行BT模式又该如何控制风险，干还是不干，怎么干才能确保成功，种种问题都变成巨大压力压在公司决策者身上。然而面对机遇，又不能因为有风险就放弃市场，放弃创新、提升的机会。

于是，以程并强为首的中国五冶领导班子决定大胆一试。董事会作出决定后，时任总经理蒙昌嘉便带领着经营层紧锣密鼓推动落实。当时的总会计师朱永繁带着资金部，与市场部人员一起不断与甲方深入研究商讨，务必把BT模式在该项目运用中的具体方式、流程，尤其是重要环节、风险节点研究深透，提出切实的解决措施。据当时的资金部经理回忆，甲方也是第一次做BT项目，因而双方都极为慎重，常常深夜还在电话沟通、坐在街边上讨论。他们的目的就是既要拿下这个项目，又要确保风险可控。

与此同时，总经理蒙昌嘉亲自抓另一项重要工作，即挑选五冶第一个BT项目经理人。因为拿下这个项目就意味着刚刚走出困境的五冶在经济上要押上全部家底，项目经理人选直接影响到履约和经营的成败，而且影响到公司创新经营模式的成败。当时的路桥分公司副经理袁弘毅对新事物敏感，他非常想“吃这个螃蟹”，几次偷偷跑到现场查看情况、测量数据，寻找有利和不利的因素，甚至惊喜地发现了一个可以降低成本的天然条件。他非常仔细地盘算如何履约并做到盈利，心里渐渐自信起来。袁弘毅是蒙昌嘉心中的候选人之一，蒙昌嘉几次与袁弘毅谈话暗中考察，最终选定袁弘毅担任该项目的项目经理。

经过深入研究、严密策划、认真履约，彭郫路项目顺利完成并实现了预期的收益。之后，中国五冶将项目投资等资金运作类项目作为资本经营模式明确起来。截至 2019 年年底，五冶在手的 70 余个投融建项目都正常运行，无一风险事项发生。

从中国五冶开拓彭郫路等资本经营项目的过程中可以看出，经营模式创新必须走在行业前面，必须勇担风险去抢得市场的先机。而在创新开拓的同时，各方面的管理也要相应创新、严控风险。这需要企业家们的胆识、智慧和勇于创新、担当的精神。正是在这样浓郁的干事创业的氛围里，一个个项目获得了好的收益，一批批企业家也随之成长了起来。

二、回答了国有企业核心竞争力形成路径

核心竞争力是企业竞争力中那些最基本的能使整个企业保持长期稳定的竞争优势、获得稳定超额利润的竞争力，是将技能资产和运作机制有机融合的企业自身组织能力，是企业推行内部管理性战略和外部交易性战略的结果。现代企业的核心竞争力是一个以知识、创新为基本内核的企业某种关键资源或关键能力的组合，是能够使企业、行业和国家在一定时期内保持现实或潜在竞争优势的动态平衡系统。

企业家在企业中的独特地位决定了企业的核心价值观必然受其重要影响，决定了企业的组织创新、管理创新、价值创新等冒险活动只能由企业家自身承担。同时，企业家也决定了企业经营发展的兴衰成败，从而也就决定了企业核心竞争力能否形成。因此可以说，企业家在其精神支撑下对企业核心竞争力起着关键性保障作用，企业家

精神通过企业家自身保障了企业核心竞争力的培育与提升。

企业在构建核心竞争力的时候，往往要从规范化管理、资源竞争分析、竞争对手分析、市场竞争分析、无差异竞争、技术竞争、目标竞争、人力资源竞争等方面展开。然而，上述种种都需要通过企业家组织起来。

很多企业的发展历程告诉我们，企业家精神是企业核心竞争力的重要来源。一个活跃的市场，以及土地、劳动者、资本、技术等要素，只有在具有企业家精神的人手中才能得以优化配置，在复杂多变的竞争环境中发展壮大起来，才会真正成为财富的源泉。我们在中国五冶调研时，随时都能感受到企业家精神在这家企业所发挥的巨大作用。

企业家精神是由诸多不同的精神要素构成的，大致上可以说：创新是企业家精神的灵魂，冒险是企业家精神的天性，合作是企业家精神的精华，敬业是企业家精神的动力，学习是企业家精神的关键，执着是企业家精神的本色，诚信是企业家精神的基石。那么，企业家主要是依靠什么样的企业精神来推动企业核心竞争力形成的？创新精神是最根本的。创新是企业家精神的灵魂，也是企业发展的灵魂。一个企业最大的隐患，就是创新精神的消亡。与一般的经营者相比，创新是企业家的主要特征。企业家的创新精神体现为一个成熟的企业家能够发现一般人所无法发现的机会，能够运用一般人所不能运用的资源，能够找到一般人所无法想象的办法。企业家创新精神主要体现在引入一种新的产品、实行一种新的管理模式、采用一种新的生产方法、开辟一个新的市场等。

中国五冶企业家的创新努力无处不在。通过了解中国五冶步入市场经济后走过的四个不同阶段，就可以看到企业曾面临无比严峻的市场生存环境。通过转型、提升，中国五冶不断创新经营模式，重构集中集约管理体系、新建法律风险防范体系，实施全面企业标准管理，终而形成中国五冶独特的法商融合企业哲学，形成“战略超前、法商融合、资源激活、文化聚力”的发展模式。

熊彼特曾指出，企业家是从事“创造性破坏”的创新者，这一观点凸显了企业家精神的实质和特征。而德鲁克继承并发扬了熊彼特的观点，他提出企业家精神中最主要的是创新，进而把企业家的领导能力与管理等同起来，认为“企业管理的核心内容，是企业家在经济上的冒险行为，企业就是企业家工作的组织”。

对于中国五冶而言，除了法商融合的管理模式，其全产业链服务的经营模式，以及其他的产品创新、技术创新、市场创新与组织形式创新等都是在持续不断的创新中探索而成的，都体现出企业家的“创造”与“冒险”，体现出企业家如何以深厚自觉的企业家精神努力推动国有企业核心竞争力的形成。

下　编

第四章

战略管理：引领企业走向“百年老店”

阅读提示 中国五冶以超前、登高、谋远的战略视野，立足于快速稳健发展，着眼于企业长富久安，敏锐预判形势，抢占先机，精准定策，挑战自我，不断超越，不断攀登发展高峰。

企业的战略管理，是企业确定其使命，根据外部环境和内部条件设定企业的战略目标，为保证目标的正确落实和实现进行谋划，并依靠企业内部能力将这种谋划和决策付诸实施，以及在实施过程中进行控制的一个动态管理过程。可以这样认为，企业的战略管理实际上是一种战略目标管理。企业的目标管理，则是指企业领导层根据战略规划，制定出一定时期内组织经营活动所要达到的总目标体系，然后层层分解，自上而下地确定工作目标，自下而上地保证目标实现的一种管理办法。可以这样认为，企业的目标管理实际上是一种为实现战略目标的分层次管理。

中国五冶在长期的实践中，逐渐形成了独特的战略管理体系。其中，在战略规划层面，有体现领导层超前、登高、谋远思维的“爬坡”理论和动态优化的“5+3”战略规划体系；在目标管理层面，有层次分明的目标体系、季度对标讲评会为代表的目标管控机制、

“看疗效”为代表的目标考核机制，等等。这些内容构筑起了一个经过实践检验的战略目标管理体系，生动深刻地展示了中国五冶不断自我加压、持续登高发展的战略管理意识。

第一节 “爬坡”理论的战略目光

企业管理者的最大任务是使企业在多变的市场中始终走在清晰、科学的发展道路上，作出正确的发展规划，不断明确与提出新的目标，为企业未来发展提供方向。在中国五冶“战略超前、法商融合、资源激活、文化聚力”的发展模式中，“战略超前”4个字处于首位，它是五冶管理中的深层思维与行动模式，起着引领作用，鲜明地体现出五冶人对于战略目标管理的重视。中国五冶的战略规划意识，着重体现在以“爬坡”理论为指引，随着内外变化不断锚定新的战略定位，并最终形成具有引领性与可行性的战略规划体系。

一、从30度开始的“爬坡”理论

在竞争愈演愈烈的经济全球化时代，现代企业的发展离不开有效的战略管理。《孙子兵法·谋攻篇》有言：“上兵伐谋，其次伐交，其次伐兵，其下攻城。”治企如同治军，谋略乃根本之道。纵观中外企业发展史，企业管理大致经历了从生产管理到经营管理，再到战略管理三个阶段的发展。战略管理考虑更多的是企业未来的生存和发展，而不是将目光盯在眼前的业绩和盈利上。

对于战略的重要性，五冶领导人有着清晰的认识：“正确的战略是企业发展的航标。”随着全球经济化进程的加快，越来越多的企业意识到，在激烈的国际市场竞争和复杂多变的外部环境中，要想求得生存和长远发展，就必须站在全局的高度去把握未来，通过强化自身优势，取得内部资源与外部环境的动态平衡，从而保证企业持续发展。

企业的战略规划，首先依赖于企业领导层的战略思维。所谓战略思维，就是一种超前意识，一种谋划久远的能力。企业要想有更好发展，就必须看清潮流，掌握发展趋势，确保企业决策的前瞻性。假如企业管理者对发展思路、目标不明确，对发展趋势不敏感，不善于长远思考、规划未来，那么这样的企业就可能会从走弯路到走下坡路，更谈不上健康可持续发展。

五冶领导人将企业管理者的这种战略思维称为“洞察力”。在他们看来，洞察力就是随时研究现有实际和未来预期，随时与国内外和同行业的先进企业对标，积极寻找共同点和不同点，寻找差距和不足，了解掌握已有的或将有的变化，及时制订适应变化的对策，知变善变，不断创新。

中国五冶领导班子的洞察力充分体现在自觉的“爬坡”意识上。在中国五冶，有一套家喻户晓的“爬坡”理论，理论的提出者正是程并强。他将爬坡拿来与企业发展相对照。在他看来，爬坡目标向上的展示，是自信与意志的展示，也是对企业自身的科学考量，而爬什么坡折射出前行的方向与努力登高的目标。初期的脱困阶段好比是爬了一个 30 米长、30 度的坡，而实现创新提升、转型发展，好比是要爬一个 60 米长、60 度的坡。新的高度、新的难度，自然产生新的目标、新的能力与新的办法。

这套“爬坡”理论看上去并不深奥玄妙，反而有些太过通俗，太“接地气”。这其实是中国五冶企业管理思想与战略思维的一大特点：擅长将闪烁着真知灼见的管理思想融于朴实的话语和通俗的比喻中。

当前，由于企业经营环境的不确定性，企业间竞争加剧，企业的发展存在着很大的变数。因此，战略管理者在制定战略时必须审慎从事，以免一着不慎，满盘皆输。这就对我们的战略管理者提出了很高的要求。战略管理者要能够驾驭全局，运筹帷幄，必须具有战略性思维。战略性思维是指战略管理者能着眼于企业的长远发展，站在全局的高度来进行决策和实施管理，能灵活应对多变的企业经营环境，而且具有强烈的开拓意识。战略思维具有导向性、谋略性、长期性、整体性等特点。“爬坡”理论的提出，正体现了程并强前瞻的战略思维。

首先，“爬坡”理论体现出战略思维的导向性。

战略思维是面向未来的，思考的是组织未来发展的方向。由于未来是不确定的，发展的方向有多种可能，所以就需要通过战略思维，对未来的不确定性作出预测和判断，预见未来发展的可能性，并在其中作出选择，以引导组织未来的发展方向。“爬坡”理论预示着企业未来发展所面临的种种严峻考验，并引导企业员工做好负重爬坡的准备。

其次，“爬坡”理论体现出战略思维的谋略性。

战略思维是对达成目标行动方案的谋划，既有对组织目标的谋划，又有对实现目标的筹措，是目标与手段的统一。而企业的战略往往可以划分为三个重要的层次：企业总体战略（也称为公司战略）、经营单位战略（也称为竞争战略）和职能部门战略（也称为职能层战略）。企业总体战略是企业战略中最高层次的战略，主要是决定企业的长期经营目标，提出协调各项事业和各项职能的经营单位战略，以及企业应建立何种竞争优势，如何发挥这些优势。职能部门战略是为贯彻、实施和支持总体战略与竞争战略而在职能管理领域制定的战略。中国五冶的“爬坡”理论正是一种总体战略与职能战略的结合。“爬坡”既是对企业总体发展的思考，也是对企业中具体执行层面的一种形象比喻。由此可以说，“爬坡”理论既是一种认识论，也是一种方法论；既是一种目标，又是一种手段。

再次，“爬坡”理论体现出战略思维的长期性。

战略思维考虑的是组织长期发展目标、路径和举措。企业在编制战略规划时一般考虑3～5年的发展目标，也有企业往往还要考虑更长时间的目标，如未来发展愿景等。“爬坡”理论中从30米、30度到60米、60度的变化，说明企业爬完这道坡，还要经受下一道坡的考验，这正是一种着眼于企业长期发展的目标。

最后，“爬坡”理论体现出战略思维的整体性。

战略思维是从组织全局视角来看问题，而不是从局部进行分析。当然整体可以分解为各个不同的部分，整体是由部分有机联系组成的。战略思维的全局性，要求从组织的整体来思考，并把组织放在环境中全面考虑。“爬坡”理论将企业发展视为一个不断爬坡的过程，且爬坡过程中的长度、高度、陡度与力度又会随着企业自身发展和外部环境的变化而有所变化，这正是以整体性的目光将企业放到外部环境中去考察。

中国五冶曾制定《中国五冶集团有限公司发展战略管理制度》，并开宗明义地指出这一制度意在“提高发展战略的科学性、适用性和有效性，确保公司战略目标的实现”，可以说是“爬坡”理论的一种落实。值得思考的是，其中“总则”第三条指出，“制定本制度主要为了防控以下风险：①缺乏明确的发展战略或发展战略实施不到位，可能导致企业盲目发展，难以形成竞争优势，丧失发展机遇和动力；②发展战略过于激进，脱离企业实际能力或偏离主业，可能导致企业过度扩张，甚至经营失败；③发展战略因主观原因频繁变动，可能导致资源浪费，甚至危及企业的生存和持续发展。”

从中国五冶的发展可以看到中国五冶领导班子清醒的战略头脑。“爬坡”不仅是战略超前、登高、谋远的愿景表达与标准设定，还包括“爬坡”的导向性、整体性与谋略性。中国五冶的利润率一直保持行业高位运行，2003 年从低谷中走出来后，长期处在爬坡过程中。建筑行业是一个利润率较低的行业，在激烈的市场竞争中，能够长期保持较高的利润率，实为不易。这与中国五冶保持清醒的头脑、正确的决策、严密的制度与精细的管理是分不开的。

二、“百年老店”的发展观

中国五冶“爬坡”的终极目标是“百年老店”。不仅要建设一流五冶，而且要建设百年五冶。中国五冶领导人经常挂在嘴边的一个说法，就是建成“百年老店”，实际上是稳健发展、持续发展、长期发展的一种发展观。“爬坡”理论是实现这个理论的“奋斗观”。

持续发展是既要考虑当前发展的需要，又要考虑未来发展的需要；不能以牺牲后期的利益为代价，来换取当前发展，满足眼前利益。同时持续发展也包括面对不可预期的环境震荡时仍能保持持续发展趋势。企业可持续发展战略非常繁杂，然而众多理论都是从企业内部某一方面的特性来论述的。根据中国五冶的实践，通过对“百年老店”的终极价值的追问，我们可以看到，“百年老店”是他们长期的价值追求。程并强董事长早在 2005 年内部的经济活动分析会上就要求所属单位负责人树立“做企业”的观念，考虑长久发展，而不是做投机生意；要树立“企业家”的观念，而不是当车间主任或厂长，只管当期任务和指标。他们在制定战略的时候会考虑将当期目标与长远目标相结合。从2007年开始设立EPC项目、施工总承包项目、资金类项目、非冶金项目等影响企业长期发展的战略考核目标。从2014年开始全面地将战略目标纳入年度考核，涵盖高端发展提升类产品、技术创新、领军人才建设、创优创奖、信息化建设等多个维度，实行奖励性、约束性等多种考核方式，等等，都集中体现了长富久安的思想。

他们追求的企业持续发展战略主要有务实创新的持续发展战略、目标管理的持续发展战略、法制制度的持续发展战略、科技与要素核心竞争力的持续发展战略、企业文化的持续发展战略、员工队伍的持续发展战略。

（1）务实创新的持续发展战略。即企业持续发展的核心是务实创新，这也是中国五冶的企业精神内核。快速适应市场，务实展开行动，不断创新机制、管理、技术、文化等，从30度30米到60度60米，从解一元一次方程，到解多元多次方程，始终在创新中登高，在挑战中成长。

（2）目标管理的持续发展战略。做到长短期目标管理相结合，着眼于未来的发展能力提升，综合运用规划、法制、行政、经济等手段，建立和完善可持续发展目标管理体系，构筑相适应的组织结构，制定促进发展的政策机制，为目标实现提供动力、活力。

（3）法制制度的持续发展战略。即企业获得持续发展主要源于企业制度。建立可持续发展的法制体系是持续发展能力建设的重要方面，要求通过法制制度体系的建立与实施，实现资源的合理利用，并且不断排除风险，保障稳健发展。中国五冶建立的法商融合管理模式，正是这一战略的集中体现。

（4）科技与要素核心竞争力的持续发展战略。科技与要素核心竞争力持续发展战略取决于以下几种要素：人力、知识、信息、技术、领导、资金、营销。科学技术是持续发展的主要基础之一。没有较高水平的科学技术支持，可持续发展的目标就不能实现。科学技术对可持续发展的作用是多方面的，中国五冶从总结创新施工技术，到组合提升产品技术，不仅成为国家高新技术企业，还有力促进了可持续发展能力的提高。

（5）企业文化的持续发展战略。企业发展的核心是企业文化。面对纷繁变化的内外部环境，企业发展要靠企业文化的主导。未来需要的文化，对一个民族而言，是血脉的传承、复兴的源泉；对一家企业而言，是价值的引领、精神的纽带，是重要的软实力与核心竞争力。

（6）员工队伍的持续发展战略。企业是没有生命体征的，但是企业是由有生命的人组成的。企业要想持续发展，就要有永恒的动力，而动力来源于新生的血液，而不能板结化、结构老化，新生血液包括那些有创新力的人，自身愿意接受新事物、新观点、能保持持续学习能力的人，也包括愿意到五冶施展抱负的社会高端人才。

随着时间的推移和社会的不断发展，企业的需求内容和层次将不断增加和提高，所以，“百年老店”发展观就是一个本身隐含着不断地从较低层次向较高层次的阶跃性过程，也是一个长期爬坡的过程。理解了“百年老店”发展观，就理解了“爬坡理论”的真谛，为什么要爬坡，爬什么坡，怎样爬坡，这也是五冶人的世界观与价值观。

三、不断在市场中锚定新坐标

中国五冶有一本企业刊物，名为《新坐标》。“新坐标”这三个字刚好体现了中国五冶发展中的一大特色：向着“百年老店”的目标，不断在市场中锚定新坐标，抵达新坐标。中国五冶战略规划的建构，总是在结合自身特色、跟随市场环境的变化应时而动，不断确定新的战略方位的。

如若分析诸多名优企业成功的主要原因，那就是这些企业的决策者能够为企业制定科学、正确的发展战略。一些企业失败的主要原因，就是这些企业的决策者战略决策失误。美国兰德公司的专家曾一针见血地指出：“世界上每破产 1000 家大企业，其中 85% 都是因为企业管理者决策不慎造成的。”①

制定战略目标的过程，就是为企业未来发展进行选择和定位的过程。战略确定企业有所为，有所不为，战略代表着企业未来的发展重点。结合企业自身资源以及外部环境，优秀的战略选择可以为企业的持续竞争优势赢得空间。在这一空间中，企业具有对手所不具备的能力，并通过努力经营不断强化这一优势，最终积淀为企业的核心竞争力。成功的企业在经营领域的选择上，都是首先确定自己的主营业务，积极培养核心竞争力，再以此为基础考虑下一步发展方向。中国五冶正是在制定战略目标的过程中明智地进行了有所为有所不为的选择，及时探索和锚定适合自身发展的战略新坐标，引导整个公司不断地“爬坡”。

新坐标体现在冶金产品由中低端向高端的再拔尖、再提升上。中国五冶是中冶集团冶金国家队的主力军，素有“全国焦炉之冠”的美誉。随着国家冶金行业的不断发展，他们在已有的焦化、烧结等传统拳头产品的技术上攀登新的高峰，承建了世界上最大顶装焦炉、最大捣固焦炉、最大带式焙烧球团及最大烧结工程。同时向冷轧、硅钢

---

① 于秀娥，赵青．企业战略管理[M]．北京：中国商业出版社，2014：7.

等冶金行业的高精尖产品进军，参与了宝钢、首钢、太刚、本钢、包钢、柳钢等企业高端冶金项目的建设，承接了世界性能工艺最先进的取向硅钢、国内最高强度的超高强冷轧带钢等一批重点项目，冶金建设国家队的实力登上了新的台阶。

新坐标体现在从冶金向非冶金的转型升级上。2005 年，中国五冶从亏损低谷迅速崛起，步入快速发展轨道，然而其中并非没有隐忧——长期依赖冶金及工业建设，企业产业结构单一，随着行业产能过剩及国家经济结构调整，将面临巨大的风险。在许多五冶人还沉浸在快速发展的喜悦时，五冶领导班子在制定 2006—2010 年的“二五”规划过程中，确定了“创新提升，转型发展”的战略目标，明确既要守住冶金，保持恒量发展，又要坚决、快速向民建、市政、交通等领域转型，实现增量发展。一个做“恒量”，一个做“增量”，既要把传统主业优势守住，同时还要进军更广阔的市场。多年来，冶金板块保持了恒量发展，但在五冶产业结构中的占比大幅度减少，由 2008 年占营业收入的 64%，降低到 2019 年仅占不足 8%。同时，五冶紧紧抓住城镇化建设的机遇，加速拓展民建、市政、交通等市场，打造一大批优质产品，形成了良性滚动发展的大好局面。

从这个新坐标锚定到实现的过程中，可以看出中国五冶的战略规划对于自身经营状态的准确认知，也体现出对于市场发展趋势的洞察力。这种以对市场形势的准确把握为基点来制定战略规划的特色贯穿于中国五冶的长期发展过程中。

新坐标体现在由生产型向服务型的蜕变升级上。2013 年后，新的市场趋势出现，“经济新常态”成为热词，中国经济由高速增长向中高速增长转变。我国经济正处于结构调整阵痛期、增长速度换挡期，不确定、不稳定因素明显增多，相当一部分行业产能过剩，以钢铁为主的传统冶金市场需求不断萎缩，房地产行业进入调整期，稳增长面临较大挑战。

中国五冶领导班子准确把握了新的市场形势，他们意识到“建筑行业竞争白热化，赢利水平不断降低，倒逼我们必须寻求新的增长方式”。中国五冶积极探索新的发展方式和盈利模式，提出“转型提升，全产业链服务”发展战略，明确全产业链服务的经营模式。传统的建筑企业就是照图施工、仅对施工阶段负责的生产型企业。而国外一般推行 EPC 总承包模式，建筑承包商的定位是服务商，对整个产品结果负责。程并强董事长对此有自己的见解：建筑企业转型升级的方向就是由生产型向生产服务型企业转变。中国五冶在 2010 年左右就开始实施产品经营，2014 年前后加快步伐加大力度推进，逐步发展成为客户提供项目咨询、可研论证、规划方案、勘察设计、项目融资、项目施工、售后服务等全产业链、全生命周期服务，真正体现了服务型企业的特点。

为了保证战略目标实现，他们还对组织机构、政策机制等方面进行适时调整：为了鼓励二级单位做强做大做优，对一些发展较慢、管理有差距的单位进行整合；为了强化集中采购，建立了一体化的经营采购体系；在一些事关企业长远发展的战略产品优势打造上，从政策上进行支持和鼓励，如放宽这类产品的收益要求、给予资金支持、帮助打造相应的产品团队、加大考核力度等。

新坐标体现在谋划未来的发展蓝图上。2017 年年底，五冶“四五”规划实施进入关键时期，五冶党员代表大会召开，根据内外环境的诸多新变化，提出“打造一流五冶、建设幸福五冶”的宏伟愿景，再次锚定了企业发展新坐标。

首先是到 2021 年，即中国共产党建党 100 周年时，五冶继续保持中冶集团排头兵地位，成为核心市场同行业一流企业。核心技术、商业模式、管理水平、经营质量、文化建设在同地区具有明显比较竞争优势；员工素质能力及待遇处于同地区、同行业前列；工程总承包、地产开发、装备制造、项目投资四大主业齐头并进；成为位居建筑业发展前沿、区域品牌响亮的全产业链综合服务商。

其次是到2028年，即五冶建厂80周年时，继续保持中冶集团排头兵地位，成为行业领军企业。技术创新行业领先，管理水平、商业模式、经营质量、文化建设国内领先，成为全产业链服务一流、行业最具品牌价值、员工幸福指数高、国内著名国际知名的综合服务商。

从位居建筑业发展前沿到国内著名国际知名，从短期目标到长期目标，可以看到中国五冶不断锚定新坐标的战略目光。可以说，在21世纪初解决生存问题之后，中国五冶一直着力练内功、转方式，并根据国家政策导向和市场变化及时作出战略调整，从而使其得以快速稳健发展。最终，中国五冶在不同历史发展阶段形成了一个个新的战略坐标，如同一个个新的灯塔，指引、领导、组织着五冶人不断向新的高度跃进。

四、“5 +3”战略规划体系的形成

企业战略要随着市场形势、国家政策与自身发展而不断调整，因而战略管理是一个兼具稳定性与动态化的过程。最终，中国五冶在长期的战略管理中，逐渐形成了包括战略定位、战略目标等内容在内的“5 +3”战略规划体系，体现出了长期战略与短期战略的结合，稳定性与动态性的结合，持续性与创新性的结合。

首先，“5 +3”战略规划体系中的“5”，指的是中国五冶每5年制定一个发展规划，体现出五冶战略规划体系中稳定性、持续性的一面。

2006年，中国五冶制定了“二五”规划。主要发展任务和目标是：实施“创新提升，转型发展”战略，以转变经营方式、调整经营结构、完善经营机制、增值人力资本、提升企业素质为主要任务，增强企业核心竞争力。于2010年以前，形成完全适应市场的经营体制和机制，成为以工程总承包、钢结构及装备制造、房地产开发、资源开发为主业的，集生产经营和资本经营为一体的，技术密集、管理密集、资金密集的大型企业集团。到2010年，年营业收入达到100亿元。

2010年年底，中国五冶制定了“三五”规划。主要发展任务和目标是：实施“转型提升，又好又快发展”战略，以转型提升为工作主线，创新经营模式、优化资源配置、严控经营风险、加速提高经营质量、大幅增值人力资本、增强企业核心竞争力，确保又好又快地发展，成为工程承包、钢结构及装备制造、房地产开发协调发展，产业和产品结构合理，集生产经营、技术经营、品牌经营和资本经营为一体的，人才密集、技术密集、管理密集，国内知名的，创新型、集约型、效益型、又强又大的现代企业。到2015年，年营业收入达到200亿元，员工收入与企业发展同步增长。

2016年，中国五冶制定了“四五”规划。主要发展任务和目标是：实施“转型提升，全产业链服务”战略，以推动生产型企业向生产服务型企业转变为主线，以风险可控为前提，以商业模式创新和经营机制创新为动力，以提升团队素质能力为支撑，以加强党的建设为保障，着力打造资金、技术、人才、市场等资源整合优势、全过程精细化经营优势、“严细新实”管理优势、全产业链综合服务优势、吸纳集聚社会力量和激发内部动力的机制优势，成为集工程总承包、钢结构及装备制造、房地产开发及项目投资为一体的服务一流、管理一流、品牌一流、充满活力的一流大型综合企业集团。到2020年，实现营业收入350亿元。

从100亿元到200亿元再到350亿元，从“转变经营方式”到“创新经营模式”再到“打造全产业链综合服务优势”，从“大型企业集团”到“国内知名的现代企业”再到“一流的大型综合企业集团”，在这些不同的表述中，可以看到五冶战略目标的稳健升级，还可以看到产业及产品结构、经营方式的转型、创新与提升。

其次，“5+3”战略规划体系中的“3”，指3年滚动发展规划。中国五冶每年会根据外部环境和内部情况的变化发展，把5年战略发展总目标与实际实施情况进行对照分析，适时滚动修订未来3年的发展目标、实施路径和具体措施，使公司的发展战略规划更具有科学性、可行性。3年滚动发展规划是5年战略发展规划的落实性抓手，也是战略规划与年度预算、经营计划衔接的纽带和桥梁。这反映了五冶战略规划体系中动态性、创新性的一面。

另外，在形成“5+3”战略规划体系的同时，中国五冶还越来越注重企业愿景的设定，尤其体现在“打造一流五冶，建设幸福五冶”的发展愿景上。

企业愿景是在汇集每个员工个人心愿基础上形成的全体员工的共同心愿。它能激发出强大的力量，使每个员工都渴望自己能够归属于一项重要的任务和事业，它是企业战略的重要组成部分。企业愿景实际上是为企业描述未来的发展方向，描述企业在实现自己的使命时喜欢怎么做，愿景是个人或群体所渴望的未来的“状态”。正如有论者所言：“一个企业的愿景应具备四个基本特征：清晰、持久、独特、服务。”①

① 刘辉. 企业战略管理理论与实务[M]. 北京:北京理工大学出版社,2016:53.

“打造一流五冶，建设幸福五冶”的发展愿景是清晰而持久的，它用“一流”“幸福”指明了五冶发展的方向；它也是独特和具有服务性的，它关注企业的未来发展，也关注员工的归属感，指明了企业与员工的相互成就。加里·胡佛对企业愿景的注解是：愿景是企业成功的真正原因。愿景就像灯塔一样，始终为企业指明前进的方向，指导着企业的经营策略、产品技术、福利待遇等所有细节，是企业的灵魂。而中国五冶的企业愿景正是这样一个具有导向性与凝聚性的目标。

更重要的是，“打造一流五冶，建设幸福五冶”是在独特的历史方位下形成的企业愿景，它是新时代共筑“中国梦”的体现，也是中冶集团“聚焦中冶主业、建设美好中冶”的发展愿景的彰显。

管理大师亨利·明茨伯格曾指出：“我们对战略形成的认识就如同盲人摸象，没有人具有审视整个大象的眼光，每个人都只是紧紧抓住了战略形成过程的一个局部，而对其他难于触及的部分一无所知。”[①] 由此，他将形形色色的战略管理思想理论概括为设计学派、计划学派、定位学派、企业家学派、认识学派、学习学派、权力学派、文化学派、环境学派和结构学派等十大学派。这十大学派分别从各个角度或层次反映了战略形成的客观规律，都对战略管理理论作出了贡献，它们互相补充，共同构成了完整的战略管理理论体系。

如果从这一角度来看，中国五冶的战略规划显著地体现为设计学派、定位学派与企业家学派的结合。它强调战略形成是一个寻求内部能力和外部环境相匹配的有意识设计过程，是一个分析定位的过程，且企业家在战略制定中占据着引领地位。

---

① 明茨伯格 H,阿尔斯特兰德 B,兰佩尔 J. 战略历程[M]. 刘瑞红,徐佳宾,郭武文,译. 北京:机械工业出版社,2001:3.

第二节　“大户人家”的央企担当

中国五冶时刻牢记国有企业的历史使命与责任，其战略目标的设定与调整，都是根据国家政策的变化、上级要求的变化、市场形势的变化而快速作出的，使企业始终坚持正确的发展方向。

国有企业是推进国家现代化、保障人民共同利益的重要力量，是中国经济的支柱力量。因此，国有企业的发展与高度的政治觉悟和党性密不可分，与国家战略密不可分。中国五冶的领导班子深知，“忠诚为先、业绩为重”的责任文化是时刻不能忘记的。近些年来，构筑“大户人家”成为中国五冶的一大追求。

所谓“大户人家”，不仅是指综合实力和品牌形象强大，而且意味着国有企业的使命和责任重大、眼光和胸怀远大。其实质是国有企业时刻把国家放在心中，能够代表国家形象。具体来说，中国五冶的“大户人家”形象是通过响应国家战略、落实上级部署、协同地方发展三个维度树立起来的。

一、主动响应国家战略

企业社会责任是指企业在其商业运作中对其利害关系人应负的责任。企业社会责任的概念是基于商业运作必须符合可持续发展的想法，企业除了考虑自身的财政和经营状况外，也要加入其对社会和自然环境所造成的影响的考量。利害关系人是指所有可以影响，或会被企业的决策和行动所影响的个体或群体，包括员工、顾客、供应商、社区团体、母公司或附属公司、合作伙伴、投资者和股东。

中国的国有企业因为其出资人是国家，因此既要承担经济责任，也要承担政治责任，还要承担社会责任。企业要在承担责任中发展，在发展中更好地履行责任，最终目标是实现员工价值、企业利益和社会效益三者综合效应的最大化。

在西方资本主义国家，国有企业主要是国家调节与控制经济的一个基本工具。在中国，国有企业本质上是社会主义公有制的主要实现形式，是国家引导、推动、调控经济和社会发展的基本力量，是实现广大人民群众利益的重要保证。

对中国国有企业而言，其经济属性要求它不断提高经济效益和劳动生产率，实现国有资产的保值增值；其特殊的政治属性和社会属性要求它承担起扩大就业、维护稳定、发展先进文化等方面的责任。

中国国有企业的特殊性使得它承担的责任比外资企业、民营企业有着更高层次的标准，就是一为国家，二为社会，三为员工。也就是说，中国国有企业作为国有的经济组织，要承担经济、政治、社会等多重责任。

国有企业是经济组织，是国民经济的支柱，首先必须承担经济责任。这个经济责任不仅要多创收、多交税，随着我国经济发展进入新常态，处于转方式调结构、跨越“中等收入陷阱”的紧要关头，国有企业的各级管理者需要及时掌握当前国家战略的新特点，主动适应国家战略需求。

中国五冶发展的一个显著特征，就是快速跟随国家战略的调整，应时而动。他们迅速适应宏观经济的新趋势与新动向，在国家倡导鼓励的领域内寻求发展机遇，积极将国家宏观战略在微观上落地。五冶每一个阶段的经营活动与管理实践，都与彼时的国家政策与宏观经济走向紧密相关。例如：在 2007 年，党的十七大报告提出，走中国特色城镇化道路，以特大城市为依托，形成辐射作用大的城市群，促进大中小城市和小城镇协调发展。我国城镇化建设由此不断加快，国家主体功能区规划、国家级创新试点城市规划、新农村建设等政策措施密集出台，大中小城市和小城镇建设全面铺开。面对这一新动向，五冶便及时调整主攻策略，把大型公共建筑、道路桥梁、城市重大基础设施、保障性住房、商品房等民用建筑作为市场开发的重点，取得了新突破。

2015 年，在《主动适应新常态　实现发展新跨越》的讲话中，程并强清晰地指出了企业所处的新的时代方位："中国经济总体形势向好，随着改革进程的不断深化，经济发展活力的逐步释放，城镇化进程的深入推进，一系列稳投资、促消费、扩外需的政策相继出台，尤其是'一带一路'、京津冀协同发展、长江经济带三大国家倡议和战略的提出，西部开发、东北振兴、中部崛起、东部率先四大板块的持续推进，都为我们实现发展新跨越提供了广阔的舞台和有利的空间。"从这段讲话中可见，中国五冶的领导班子是把自己置于国家战略空间上的。

在这种战略思维的引导下，中国五冶立足四川和上海，辐射全国，做出了一系列卓有成效的实践。例如：五冶积极投资近百亿元建设成都市"一带一路"重点项目欧洲产业城，建设面积近 10 平方千米。为早日建成产业城，五冶组织 200 人的管理团队，形成一个有效的指挥部和 5 个子项目部，进行全面协调的分区管理和无缝衔接的过程控制，在最短的时间、以最好的质量服务于项目。随着产业城的基础设施建设稳步推进，已有总投资高达 220 亿元的高新项目纷纷落地，为"一带一路"建设贡献五冶力量。

装配式建筑是建筑业转型升级的重点，国家从政策层面大力推动。2016 年 2 月 22 日国务院出台《关于大力发展装配式建筑的指导意见》，要求因地制宜发展装配式混凝土结构、钢结构和现代木结构等装配式建筑。2016 年 3 月 5 日政府工作报告提出要大力发展钢结构和装配式建筑，提高建筑工程标准和质量。为此，中国五冶迅速响应国家战略，对内部有关机构和资源进行整合，作为四川省装配式钢结构工程技术中心、中国钢结构协会副会长单位，他们与国家钢结构工程技术研究中心、中国建筑设计院、中国建筑技术集团、西南交通大学等科研机构和高校，及一批知名专家团队建立合作关系，大力开展研发活动，取得显著成绩，走在了西部地区装配式建筑产业的前沿。2018 年 8 月，他们在凉山州开发实施的扶贫装配式农房，成为四川省扶贫暨装配式建筑现场会的参观样板。同时在成都简阳投资近 20 亿元打造占地 800 亩，西部第一、国内一流、集“产、研、培”为一体，生产智能化、自动化、信息化，绿色制造、节能环保的装配式建筑科技示范园区。

二、认真落实上级战略部署

中国中冶以“聚焦中冶主业，建设美好中冶”为发展愿景，在新常态下进一步提出了“做冶金建设国家队、基本建设主力军、新兴产业领跑者，长期坚持走高技术高质量发展之路”的战略新定位。在这一定位之下，中国五冶努力践行“国家队、主力军、领跑者”的新身份与新目标。

作为冶金建设国家队的主力之一，中国五冶南征北战几十年，先后参加了宝钢、鞍钢、武钢、太钢、马钢、包钢、首钢、攀钢、湛钢等国内绝大多数大型钢铁企业的建设，为国家冶金建设事业作出了重要贡献。特别是在焦化产品领域，共承建焦炉工程上百座，被誉为“全国焦炉之冠”。2000 年以后，随着冶金行业阶段性的大发展，五冶承建了国内60%以上的大型顶装煤焦炉和捣固焦焦炉项目，包括目前国内最大的首钢7.65米顶装煤焦炉及国内最大的6.78米捣固焦焦炉工程。与此同时，承担冶金产品发展重任的五冶上海有限公司，在时任中国五冶副董事长、五冶上海有限公司党委书记刘敬武和时任中国五冶副总经理、上海有限公司总经理周青的带领下，全力推动冶金产品做精做专，着力打造烧结、硅钢、冷轧等冶金高端产品的新优势，用能力和口碑巩固扩大冶金产品市场，承接了宝钢取向硅钢等一批高技术含量的冶金项目。

近些年，中国五冶不断践行全产业链服务理念，着力推进“智能建造”“绿色建造”，并通过不断磨砺技术水平、提升服务质量，促进了冶金产品打造水平再拔尖、再拔高。五冶不仅参加了湛钢、宝钢等国内冶金项目建设，而且紧跟中冶集团发展战略和“一带一路”倡议，参与建设了台塑越南河静钢铁基地等海外项目。在代表着世界一流水平的国家重大冶金项目湛江钢铁的建设中，五冶取得了一大批技术创新成果，获得国家优质工程奖。

2018年投产的宝钢股份一、二期烧结整合大修改造工程，是我国目前规模最大、最绿色环保、设备最先进的烧结机组。在建设过程中，中国五冶通过实施新技术和新工艺，努力革新传统施工与设备安装方式，针对本项目特点展开针对性优化与攻关，实现了机电设备与土建施工的同步高效推进。该项目的建成投产，有力地推动了“城市钢厂”的发展步伐。

台塑越南河静钢厂是东南亚最大的钢铁联合企业，是海外近20年来唯一一座新建的千万吨级钢铁联合企业，是我国在海外建成的首个智能化超大型钢铁基地，为“一带一路”国际产能与装备合作建树了冶金建设样板工程，在世界钢铁版图上镌刻了新的坐标。中国五冶分别承建烧结项目、制罐项目、热轧成品库项目、台塑钢渣安定化处理线工程等，其中承建的2座500平方米大型烧结工程，年产烧结矿1000万立方米，为东南亚最大烧结工程，它的成功建成投产，大大提升了中国在世界冶金行业的“智”造能力，增强了中冶集团大型环保烧结工程的设计与施工在海外市场的影响力。五冶在项目建设过程中形成了“受限空间下大型设备安装综合技术”“管道三维设计预制、预拼装技术”等科技成果，为越南台塑项目顺利履约作出了较大贡献。

中国五冶在冶金项目上已获得“鲁班奖”、国优奖共计20个。仅近5年，在冶金工程建设技术方面，取得科技成果、授权专利、省部级工法、主编国家标准等近500项。他们自主研发和应用大型焦炉成套施工技术，在引领我国焦炉行业发展的同时，实现向海外冶金技术强国的成套输出；国内首创干熄焦工程成套施工技术，实现了我国干熄焦工程技术全面国产化；攻克取向硅钢机组工程成套施工技术重大难题，为我国高端钢铁产品技术发展作出了重要贡献。中国五冶传承“全国焦炉之冠”的美誉，在产能置换、转型升级、节能环保的大背景下积极行动，以领先的全产业链服务理念和服务能力，进一步夯实质量，做优品牌，从而进一步巩固和提升在焦炉、烧结、冷轧、球团重点产品领域的品牌影响力。

作为基本建设主力军，中国五冶在巩固冶金优势的前提下，坚定实施“转型提升，全产业链服务”战略，以不断增强的全产业链综合服务能力，在川沪两个核心市场取得显著成效的同时，快速向全国各地基本建设的广阔市场挺进，打造了一大批具有社会影响力的大型现代工业厂房、大型房建、市政、交通项目等产品。如：德阳东汽总装厂房、厦门天马微电子厂房、厦门国际金融中心、湖南粮仓、南充博物馆、汝州科教园、宜宾平山县城整体迁建、江苏丹阳练湖集中安置小区、沈阳浑南新城市政基础设施道路、渠江特大桥、张花高速公路、“中国天眼”FAST 配套系列高端酒店等。

作为新兴产业领跑者，为了满足人民日益增长的美好生活需要以及城市品质提升需要，适应国家绿色、创新发展战略以及供给侧改革、防治污染攻坚战等战略要求，中国五冶集中力量发展轨道交通、城市综合管廊、美好城市、智慧城市、美丽乡村、水资源综合治理、装配式、节能环保等新兴产品，承接了成都环城生态区修复、南充滨江路改造提升及光亮工程、低速磁悬浮综合实验线项目、广州管廊、惠东县高潭革命老区红色小镇、成都特色文化街区枣子巷、宝兴县五龙乡美丽乡村等重点项目，近 3 年签订新兴产品合同额近 900 亿元。

三、与地方发展战略协同共振

长期以来，中国五冶积极响应各地政府发展战略需求，与地方发展同频共振，先后承建了一大批涉及经济发展、民生保障、城市品质升级的重点项目以及政府急难险项目，以投资省、工期短、质量优、服务好赢得地方政府及社会各界的好评。其中，尤以与四川发展战略的配合最为密切，与省内各级政府建立了信任、和谐的合作关系。2019 年四川核心市场订单占比 61%。仅以成都为例，近 5 年来就投资建设了 234 个项目，一直保持诚信排名第一的地位。

2006 年，成都市提出建设“两枢纽、三中心、四基地”，中国五冶紧紧抓住打造先进制造业基地的战略机遇，建设了仁宝、富士康等项目。富士康项目是当时成都的“一号工程”，牵涉成都的经济发展与就业问题，市委市政府寄予重望。工程总建筑面积约 36 万平方米，工期仅有 9 个月，时间紧迫。五冶迎难而上，充分发挥工程组织管理优势，创新采用矩阵式管理组织机构，最终确保了成都市一号工程的圆满完成。

2012 年，成都实施“两快两射两环”“三纵一横”缓堵保畅重大交通网路建设，中国五冶承担了元华路、成温路射线等骨干项目。其中，元华路是四川省成都天府新区总体规划确定的“三纵一横”重点基础设施建设项目，起于双流高新界，止于第二绕城高速，全长 10.1 千米，于 2012 年建成通车，它的建成为天府新区交通通行与产业发展奠定了基础，为成都市全面建设宜业、宜商、宜居新城带来了发展机遇。

2017 年，中共成都市委提出坚持“东进、南拓、西控、北改、中优”的区域发展战略，促进城市可持续发展。五冶快速响应这一区域发展战略，先后投资建设了新机场道路及安置房、川航和国航基地配套设施、简阳高铁新城、天府新区文化中心、创意路、嘉州路宝塘路、龙泉山森林绿道等一大批重点项目，成为推动成都社会经济发展的一支重要支撑。

2018 年 2 月，习近平总书记在四川视察时，在天府新区强调“要突出公园城市特点，把生态价值考虑进去，努力打造新的增长极，建设内陆开放经济高地”，这是对成都加快建设全面体现新发展理念城市的重大要求。于是，成都市以全球视野、国际标准、时代要求加快建设成为全国公园城市示范区，当好“试验田”、走出新路子。中国五冶通过学习，认识到习近平总书记关于建设公园城市的指示是城市规划建设理念的升华，蕴含大历史观，体现哲学辩证思维，充满为民情怀，内涵极其丰富，于是紧跟这一地方战略创新方向，助力美丽宜居公园城市建设。

成都露天音乐公园是成都市公园城市建设重点项目。作为项目 EPC 总承包方，中国五冶发挥自身优势，组合行业先进力量，以

"国际一流、国内领先"的高规格高标准，精心打造产品，多次创造建筑技术新高度。整个公园依托凤凰山原有自然地貌进行规划设计，以凤凰文化为主题，各建筑群随坡就势、布局精巧，与景观绿化共同构建出凤舞九天的整体形象。主舞台是采用钢结构与索膜结构构建的双面观演舞台，采用全景声系统并预留视觉特效天幕的实施条件，朝室内能容纳5000人观演，朝室外能容纳4万人观演，是迄今为止世界最大的全景声半露天半室内双面剧场。

成都市市长罗强在音乐公园建成时，不时拿出手机拍摄美景，并对中国五冶打造出的独特异形钢结构主舞台表示赞赏，连声说"这是成都新地标"。如今，该公园已经成为成都一大网红打卡地。

长期以来，中国五冶正是依托强大的建筑全产业链服务能力，深度对接省内各地重大项目建设需求，勇担重任，助推四川各地经济社会发展，努力成为地方经济的"筑梦者"。2018年9月18日，《四川日报》刊登题为《中国五冶：做四川经济发展的筑梦者》的报道称："在各市州，中国五冶积极响应省委、省政府决策部署，践行央企社会责任，主动对接地方发展需求，争当市州重点项目建设'主力军'，为打造各具特色的区域经济板块，形成四川区域发展多个支点支撑的局面贡献智慧与力量。"

此外，在上海、贵州、云南、浙江、江苏、河南、重庆等地，中国五冶与地方发展战略同频共振。如在贵州，积极响应当地加快国家大数据综合实验区、国家生态文明试验区和国家内陆开放型经济试验区三大国家试验区建设，主动参与国家级贵安新区的投资与建设，打造FAST天眼项目配套项目、五星级酒店、樱花园等一大批重点项目，助力地方经济发展。

第三节 “看疗效”的目标管控过程

企业要制定正确的战略规划，仅有明确的战略定位、总战略目标和发展愿景还远远不够，必须把总体性的战略目标转化成各种具体性的战略目标。战略目标“反映了企业在一定时期内经营活动的方向和所要达到的水平，既可以是定性的，也可以是定量的，比如竞争地位、业绩水平等”。[①] 中国五冶战略管理的一大突出特色，就是善于在发展战略的引领下设立总体性的战略目标，并围绕总体性的战略目标展开极为严细科学、看重疗效的目标管理。

一、建立层次分明的目标责任体系

企业的战略目标不止一个，而是由若干目标组成的一个战略目标体系。从纵向上看，企业的战略目标体系可以分解成一个树形图。在企业使命和企业宗旨的基础上制定企业的总战略，为了保证总目标的实现，必须将其层层分解，规定保证性职能战略目标。也就是说，总战略目标是企业的主体目标，职能性战略目标是保证性的目标。

作为德鲁克提出并倡导的一种科学的管理模式，目标管理是根据注重结果的思想，先由组织最高管理者提出组织在一定时期的总目标，然后由组织内各部门和员工根据总目标确定各自的分目标，并在获得适当资源配置和授权的前提下积极主动为各自的分目标而奋斗，从而使组织的总目标得以实现的一种管理模式。

① 唐拥军，陆善勇．精编战略管理［M］．武汉：武汉理工大学出版社，2018：96.

实施目标管理，首先要建立一套完整的目标体系。对于企业来说，正确地制订企业目标需要满足四个要求：第一是方向明确，要根据企业的目的和使命，明确市场方向；第二是总分结合，要有总目标和分目标，形成上下结合、左右协调的目标系统；第三是具体定量，目标凡能量化的要全部量化，保障目标的科学性；第四是分台阶，正确划定目标的时间跨度，充分注意在长期目标导向下短期目标的阶段性和连续性，有效地把握长期目标和短期目标的相互关系。

从规划“二五”开始，中国五冶便不断根据内外部因素的变化而升级总战略目标，并着力构筑战略目标体系。在战略目标分解过程中，按照企业发展战略，制订责任目标，分解责任内容，细划责任要求，落实岗位职责，充分体现“忠诚为先、业绩为重”的原则。对此，程并强曾指出：“根据公司规划目标和发展定位，各单位要细化、分解、落实子规划，各系统要细化、分解、落实各项业务指标，以保证公司发展目标的如期实现。同时，还要提高组织能力。有战略决策，有工作目标，也分解细化了，但若组织不上去，一切都是空谈。不管你有多努力，最终还得‘看疗效’。”

对于5年发展规划总战略目标，五冶按分管业务对领导班子成员进行分工落实，同时分解到各单位、各系统，形成层层分解指标、落实责任的格局。

第一，对领导层落实战略目标管控及推动分/子公司发展责任，不仅实现分管工作战略目标，还要负责战略产品打造、二级单位帮扶以及重点专项工作。

第二，对分/子公司落实各自的产品发展目标和经济指标及管理目标责任，突出产品提升、科技创新、团队建设等战略目标。

第三，对机关部门落实战略目标过程管控责任，强调对分/子公司战略发展目标及经营目标的管控、支撑和帮扶，上下联动。

第四，对项目部主要落实战略产品的执行责任、打造产品团队责任、项目经营创效责任，不断学习提升做精做专产品的能力、全产业链服务的能力。

第五，对员工实行岗位责任制。各单位、各部门将下达的战略目标层层落实到每一个岗位，真正做到人人肩上有目标、有责任。

可以看出，中国五冶的目标分解真正做到了体系的科学规范。整体来看，形成了以公司总体层的发展目标、分/子公司业务层的产品目标、部门职能层管理目标三个层次为主的目标体系。

首先是总体层目标。总体层目标又称总战略目标，是企业最高层次的目标，是企业整体的目标总纲。它主要强调两方面的问题：一是从公司全局出发，根据外部环境的变化及企业的内部条件，确定企业的使命与任务、产品与市场领域；二是在企业不同的部门单位之间如何分配资源以及采取何种竞争策略，以实现公司整体的目标意图。

其次是业务层目标。业务层目标又称经营单位目标。由于各个经营单位的产品或服务不同，所面对的外部环境也不相同，企业能够对各经营单位提供的资源及政策支持也不同，因此业务层目标是企业的一种局部目标，也是公司目标的子目标，它处于目标结构体系中的第二层次。业务层目标主要回答在确定的经营业务领域内，如何展开经营活动；在一个具体的、可识别的市场上，如何构建持续优势等问题。其侧重点在于以下几个方面：贯彻使命、业务发展的机会和威胁分析、业务发展的内在条件分析、业务发展的目标和要求等。

最后是职能层目标。职能层目标是为贯彻、实施和支持总体层目标与业务目标而在企业特定的职能管理领域制定的目标。其内容更为详细、具体，其作用是使总体目标与业务目标的内容得到具体落实，并使各项职能之间协调一致，通常包括营销目标、财务目标、人事目标、生产目标、研发目标等。在中国五冶，包括党群工作也有自己的目标，而且这种目标能够科学量化。

总体层的发展目标、分/子公司业务层的产品目标、部门职能层管理目标构成了中国五冶的战略目标体系，这三个层次之间是相互联系、相互支撑的。每一层次的目标都为下一层次目标提供方向，并构成下一层次的目标环境；每层目标又为上一级目标的实现提供保障和支持。这样一来，通过逐层分解战略目标，最后转化为员工日常执行，最终将发展责任逐层传递到基层岗位。在中国五冶，目标仿佛就是企业的动脉，纵横交错，却秩序井然，最终形成了立体的战略目标体系。

二、战略目标的层层宣讲贯彻

在中国五冶领导班子看来，把企业发展战略具体为战略目标并层层分解落实，宣讲贯彻是其中一个必不可少的过程。战略目标的宣贯与发展战略的制定一样，具有同样重要的作用。宣讲贯彻，实际上是把愿景、思想、方法交给基层，交给群众，是一场思想发动与组织教育活动。

在宣讲贯彻活动中，五冶党政工团齐抓共管，多种形式立体渗透，尽可能让上上下下形成思想、认识、观念的统一。重点是针对两级经营管理团队和骨干员工，围绕发展战略的要点和目标，进行反复、深入的研讨，直至深入领会、统一认识。

作为董事长，程并强定期亲自进行解读宣讲，促使两级经营管理团队充分理解公司的战略思想、战略目标以及实现目标的措施。

五冶班子成员、各单位和各部门负责人对自己分管的团队进行层层培训研讨，促进各级管理人员明确本单位、本部门的具体战略目标、完成任务的途径和措施，以及本岗位所承担的具体责任。

中冶五冶党委在每年的工作安排中，都要专门针对公司发展战略的宣传工作进行部署和要求，安排相应的主题活动，发动广大党员带头学习、理解、执行好公司的发展要求。通过广泛、深入、细致的宣贯活动，较好地统一了全体员工特别是两级经营管理团队的思想，为确保战略规划有效实施打下了重要的思想基础。

在中国五冶领导班子看来，目标的制订过程就是上下联动、管理互动、明确目标、明确责任的过程。因此中国五冶每年年初都召开机关部门工作目标发布会，把发布会开成一次目标培训会、目标互动会。各部门目标发布时，部门负责人要对本部门当年的必保目标、主要目标，以及对二级单位的主要帮扶目标进行重点讲解阐述，让参会的二级单位更加明晰本单位的主要提升发展目标、重点管理目标、发展瓶颈及管理短板、被帮扶的重点事项等，形成互动，目标一致。一个目标发布会，就变成了五冶领导班子与分/子公司、机关部门负责人的培训会。

从中可以看出，中国五冶目标管理有一个鲜明特色，那就是从目标制订开始，全员参加，管理者与被管理者一起参与到目标的管理中。这是一场自我参与、自我教育、自我提升、自我实现的过程，是一场管理教育活动。从策略上说，这是中国五冶以目标和期望组织发动员工的管理活动。

美国心理学家弗鲁姆在 1964 年提出“期望理论”。该理论主要研究需要与目标之间的规律。弗鲁姆认为，人总是渴求满足一定的需要和达到一定的目标，此目标又对激发人的动机有影响。这个激发力量的大小，取决于目标价值和期望概率。期望理论揭示了这一规律：

个人对目标的理解和重视程度直接影响到他实现目标的动机和行为，可以说个人的这种理解和重视程度要比管理者、设计者的理解和重视程度重要得多。

中国五冶发动全员参与到目标管理中，正暗合了“期望理论”对于个体行为动机的揭示。目标是靠每个成员去达成的，从目标管理的特点来看，由于对目标进行了广泛的宣贯，员工对其有充分的理解，主观上就会认为达到目标的概率很高，同时也会足够重视。这样，员工个人总是希望通过一定的努力达到预期的目标，并激发出很强的信心和动力。每一次五冶下达制订的“爬坡”目标时，起初一些管理者和员工还抱怨目标太高达不到，但是经过努力后总是能达成期望，这正体现了中国五冶领导班子对于目标管理的深刻认知与运用。

三、战略目标的动态管理

中国五冶在目标管理中并没有因为目标、责任、权利与利益的明确而放手不管，而是把目标管理视为一个动态过程，一管到底。在目标制订、组织结构优化、管理运行、协调控制等一系列的动态过程中，其管理内容在期初、期中、期末三个阶段都各不相同。

一般来说，目标管理要取得成效，就必须保持目标的明确性和肯定性。因此，目标管理往往存在着难以权变的一面。企业在执行过程中往往不可以改变目标，因为这样做会导致组织的混乱。事实上，目标一旦确定就不能轻易改变，从而使得组织运作缺乏弹性，无法通过权变来适应变化多端的外部环境。换言之，如果目标经常改变，说明计划没有经过深思熟虑，所确定的目标是没有意义的。

不过，如果目标管理过程中，环境发生了重大变化，特别是上级部门的目标已经修改，计划的前提条件或政策已变化的情况下，还要求各级管理人员继续为原有的目标而奋斗，显然是愚蠢的。然而，由于目标是经过多方磋商确定的，要改变它就不是轻而易举的事，常常修订一个目标体系与制订一个目标体系所花费的精力和时间都差不多，修订的结果很可能是不得不中途停止目标管理的进程。

但实际上，所谓不变的不是组织本身，而是客观规律，掌握了客观规律就能应万变，这才是真正的更高层次的权变观。而如何把握好目标的稳定持续与动态调整的尺度和张力，就是企业管理者必须思考的重要问题。在这一方面，中国五冶体现出对于目标管理动态性的深刻认知与准确把握。

2007 年中国五冶对于战略目标的调整就是一则很好的案例。2006 年，中国五冶制定了“二五”计划，原定于 2010 年确保完成 100 亿元的目标。2007 年，中国五冶在认真分析内外形势，研究同行业、集团内兄弟单位的发展态势后，在 7 月 29 日召开的董事会上修订了公司“二五”发展规划，提出了 2009 年确保实现营业收入 100 亿元、2010 年实现 118 亿元的目标，按照更高的标准对二级单位的发展定位和奋斗目标进行了调整，提高了钢结构及装备制造、房地产开发等非工程板块的比重，要求工程承包板块中的 EPC 项目、BT 项目、资金运作型项目以及技术承包项目等创新提升类项目不低于 30%。

当时，正是中国五冶改制运行的第一年，是股东期待回报的第一年，也是企业转换经营机制，实施新的经济承包责任制、薪酬体制、考核机制的第一年。改制后经过 9 个月的运行，证明了改制在带给企业变化的同时，更为企业注入了生机与活力，为企业加快发展创造了条件。在对企业面临的内外形势分析中，五冶领导班子意识到，环境是机遇与挑战并存，市场总是青睐有准备、有实力的竞争者。企业要保持行业的领先地位，必须在科学发展观的统领下，又好又快地加速发展。因此他们适时地调整规划，就是要实现公司创新提升、转型发展的目标。这次调整不是简单意义上的总量增加。118 亿元背后是中国五冶自我加压、奋勇前行的信念与勇气，是公司创新提升、转型发展的量化指标和质量要求，是保证实现目标的有力措施。

第四节　季度“体检”的对标讲评会

企业发展战略分解为权责分明、科学量化、总分结合的战略目标体系后，还需要建构实现战略目标的管控机制。在中国五冶的管控机制中，“对标讲评会”是一大不可绕过的特色和亮点，这是他们实现目标管控的绝招。目标管控，是将目标执行过程中实际取得的成效与预期的战略目标进行比较，评价达标程度，分析其原因，及时采取有力措施纠正偏差，以保证目标的实现。而对标管理是一种以人为中心，企业内部组织机构为基础框架，从发挥全体员工的积极性、主动性和创造性出发，采用经济技术指标和管理目标对比的方式，“具有现实可比性、可操作性、可学习性、可信性、激励性等特点”。① 中国五冶采用季度对标讲评的方法，在企业内部进行常态化的、严细科学的对标管理，将目标管控搞得有声有色。

一、从川沪交叉检查开始

中国五冶季度对标讲评管理机制的形成，最早始于川沪两地的交叉检查。

① 黄贵庭．新编现代管理学[M]．北京:企业管理出版社,2011:285.

2011 年，为了更好地促进川沪两地各单位之间的相互交流、相互监督与相互促进，中国五冶开展了川沪两地生产经营交叉检查和对标管理。对标管理的内容主要是成本、费用对标。即每季度对川沪两地、同类型分/子公司以及同地区、同类型项目部进行直接费、间接费、管理费对标，重点对标管理费与利润的比值、间接费与项目收益的比值、营销费与合同额的比值，并将对标结果在一定范围内公布，促进大家学习先进，找出自身管理偏差，分析产生差异原因，及时纠偏。

川沪两地交叉检查是卓有成效的。例如：在中国五冶 2011 年年中工作会上，就对检查中发现的管理费用过高的个别项目部及所属单位进行了曝光、批评、分析、警示，要求各单位举一反三，杜绝此类情况再次发生，并就此迅速构建与完善了川沪两地对标管理的机制。

从 2011 年下半年开始，川沪两地进行以成本费用为主的对标管理，对标情况每月在一定范围内进行公示。同时对川沪两地交叉检查的重要事项进行了详细规定：“一是要建立对标体系，包括公司内部、外部两个对标体系。二是要确定对标内容与对标标准，确定需要对标的具体事项，明确公司内部的先进管理标准，清楚行业的先进管理标准。三是建立常规的对标管理工作程序，并对对标后的纠偏效果进行检查。总之，通过对标促进公司各项管理制度的有效执行和战略目标的实现，通过对标来公开管理、规范管理、监督管理、提升管理，从而提升精细化管理水平。”

紧接着，财务系统率先大力推行对标管理工作。当时，主要从“百元产值负担间接费用”“项目收益间接费用比”指标展开对标，揭示工程项目完成产值所花费用的程度、费用开支所实现项目收益的程度；两级公司管理费用对标，主要是从“百元产值负担管理费用”“管理费用利润比”两个方面展开对标，揭示管理人员劳动效率的实现状况；营销费用对标，主要是将营销费用与订单进行比较，形成“营销费用订单比”指标，揭示营销人员的劳动效率。

财务系统运用上述费用对标指标，按月编制形成全公司间接费用、管理费用、营销费用对标管理表，实施对标分析，定期提交对标分析报告及管控建议，并发布季度对标结果及整改通知。根据对标结果，中国五冶实施标准偏差预警机制和谈话机制，针对偏差问题下达整改通知书，要求限期整改。按照公司管理程序要求，对于费用控制力度不够、超年度预算指标的单位，提升其资金计划审批级次。

财务对标管理实施一年后，中国五冶各级单位对标意识和全面预算意识增强，认真分析费用开支、查找管控短板，提升管理能力的主观能动性增强，成本费用处于全面受控状态，夯实了基础管理工作。同时也促进了管理部门思考费用控制方式，改变工作方法，拓宽了管理人员的工作思路。通过费用对标，企业内部先进管控经验得以推广，潜能得以充分挖掘，成本费用全面受控，企业盈利能力不断增强。

2012 年，在财务、经管等主要生产经营系统交叉检查的基础上，中国五冶的川沪两地交叉检查内容又进一步扩大到工程、人力、企管、党群、纪检监察等综合管理系统，进行全方位对标管理与交流。通过交叉检查，进一步梳理了各项管理存在的盲点、短板，进一步明确了业务管理标准，达到了取长补短、共同提高的目的。

二、“成绩不说跑不了，问题不说不得了”

2013 年，川沪两地交叉检查的经验被进一步提升为中国五冶的常态化管理机制。

那一年，五冶正式开展季度对标管理讲评工作，即改进对标方式，每季度召开一次对标管理讲评大会，由公司生产经营部门根据年度总目标以及同行业先进指标，进行季度对标“体检”，“会诊”两级公司季度阶段性目标的完成情况，客观真实地反映两级公司的经营与管理现状。通过大量的数据对比、案例分析，总结、分享、推广亮点，分析、暴露、警示存在问题，提出针对性的改进措施。

2013 年 4 月，中国五冶召开首次管理对标讲评会。讲评会上，来自川沪两地 10 个部门的负责人以视频的形式，对照中冶、五冶下达的年度经济指标和管理目标，就本系统一季度的完成情况进行总结与梳理，将公司整体完成情况与中冶下达指标进行对比，将各单位完成的结果进行公布排序，逐项对比，深入剖析，介绍典型案例，分享具体措施、经验和教训，明确指出存在的差距和问题，提出针对性改进措施。

起初，一些管理人员对于这种“对簿公堂”式的对标方式多少有些不太适应，有些单位负责人常常因指标完成不好而感到难堪、下不来台。程并强有一句几十年来经常挂在嘴边的话，叫作“成绩不说跑不了，问题不说不得了”，鼓励大家敢于直面自己工作中存在的问题和差距，不要怕丢脸，同时要敢于指出别人工作中存在的问题和差距，不要怕得罪人。要多说问题、多找差距，才能取得更好成绩。

随着企业的发展，五冶季度对标讲评工作不断完善和提升。将对标的范围扩大到包括党群工作在内的所有业务系统；对标内容扩大到对国家新政策、上级新要求、公司新制度的理解分析上，还有管理思路的交流；对标方式更加注重使用鲜活案例，分享“过五关”的成功经验和“走麦城”的失败教训，强化借鉴和警示；注重对标讲评质量，讲评中不留情面，五冶领导照样在会上被点名提醒，同时各部门的讲评及交流都要接受现场打分评比，并公布名次。对五冶人来说，每一次对标讲评会都是一次“体检”结果公布会，既选优晒优又揭短亮丑，既是压力又是鞭策，参会就是一次忐忑紧张的过程。

五冶机电分公司的一次经历，是对标讲评的一个典型案例。在2019年二季度对标讲评会上，五冶工程系统对项目履约情况进行了对标讲评，机电分公司实施的成都市血液中心迁建一期工程项目排名倒数第二。这一结果让会场上的机电分公司党委书记、经理吴忠如坐针毡，当晚就只身前往项目现场实地查看，第二天一早立即组织机关负责履约的管理部门召开专题会议。

会议主要针对对标讲评中指出的问题分析原因、厘清责任。刚开始，工程、安全、质量部门想不通，认为在管理过程中多次到项目检查，指出了问题并将整改措施做了交底，部门的职责已经尽到了，没有责任。吴忠带领大家对问题一一进行深入分析，透过问题看本质，几个管理部门最终认识到自己在督促执行上是不到位的，履职应该对履职结果负责，而不是仅仅对履职行为负责。如果项目部能力不足，必须指导、服务、督促到位，确保有好结果。

接着，吴忠经理带领机关履约管理部门负责人及分管领导，到项目部召开现场会。刚开始，项目部也说自己很委屈，他们认为检查出来的都不是大问题，项目团队辛辛苦苦工作，纳闷为什么还排名靠后。经过现场分析，项目部最终也认识到项目履约必须全面、严格执行规范，能力不足就要尽快组织学习，提升能力，确保全面履约结果是好的。

两次会议后，认识问题解决了，职能部门和项目部共同逐项制订整改措施，确定整改时限，明确责任领导、责任部门和具体的责任人员。他们以“零容忍”的态度，以不解决问题决不罢休的作风，老老实实整改问题。经过一周的整改落实，从意识到行动、从资料到实体，所有问题均圆满解决。该项目也在2019年10月19日通过检查，成功创建了四川省绿色示范工地。

从这一案例可以看到五冶对标讲评会发挥的重要作用。2013年以来，季度对标管理讲评已成为中国五冶的一项常规管理“体检”工作，对标讲评管理是一种参与的、民主的、自我控制的管理方法，也是一种把眼前工作和长远目标结合起来、把个人需求和组织目标结合起来的管理方法。

这种管理方式凸显出中国五冶目标管理的几大鲜明特色：第一是员工参与管理；第二是以自我管理为中心，通过自身监督与衡量，不断修正自己的行为，以达到目标的实现；第三，突出问题导向，指出差距和短板，提出具建设性的整改意见；第四，突出“看疗效”，按目标实现程度将管理重点放在工作成效上，重视最终结果；放在改进提高的成效上，放在难点上，放在措施整改上。

中国五冶这种以对标讲评会为代表的目标管理体现了其管理链条中的两个关键性原则：第一个是全程管理原则。战略目标实现是一个过程，包括战略目标的制定、实施、控制与评价。在这个过程中，各个阶段互为支持、互为补充，忽略其中任何一个阶段，企业战略管理都不可能成功。第二个为反馈修正原则。目标管理涉及的时间跨度较大，而战略目标一般在5年以上。战略目标的实施过程通常分为多个阶段，因此必须分步骤地实施整体战略目标。在战略目标实施过程中，环境因素可能会发生变化，企业只有不断地跟踪反馈，方能保证战略的适应性。

可以看出，中国五冶运用对标讲评会等方式紧紧抓住了全程管理与反馈修正这两个原则，目标管理由此变得卓有成效，从中我们也更深入地领略到了中国五冶“严细新实”的作风与精神风貌。

第五节　考评表上的奥密

对战略目标进行过程管控与考核是实现目标的必然要求，目标考核责任制是企业经营机制的重要组成部分。企业经营目标与管理目标制定以后，就要对实现目标的过程进行管控，并对目标的实现情况进行考核与评价，这样才能构成目标管理的完整过程。中国五冶对战略规划的推进实施有着清晰的分工和实施路线图，同时建立了一套权责并重、激励与约束并重的管控机制和制度，并形成了一套特色鲜明的目标考核机制。

一、一张考核表的奥秘

目标考核或绩效考核本质上是一种过程管理，其有助于企业达成目标，有助于企业发现问题、改进问题，有助于企业分配利益，也有助于企业激励员工。而考核表的直接作用就是用来证明劳动者业绩的好坏，从而使得管理者可以据此实施奖优惩劣的机制。一张考核表不仅是目标完成的度量，而且常常能反映出一家企业的目标考核机制，以及背后的经营结构与状况，甚至发展方向。中国五冶对于二级单位的考核，就是独特的机制。

在中国五冶，我们看到一张考核表，记录着各二级单位全年考核情况。一表在手，情况尽知。细看这张考核表，可发现其中许多奥秘。

在对二级单位的考核表中，中国五冶主要从经济指标、管理目标、发展目标三部分出发，科学考察三者之间的关系，并最终确定考核打分的权重。所谓经济指标，指的是新签订单、营业收入、利润等主要经济指标，体现鼓励二级单位做强做大做优。所谓管理目标，主要分为两类：一类是基础管理目标，体现企业经营的基本管理要求；一类是体现经营质量的目标，包括收入利润率、净资产收益率、人均创利、结算率、清欠率、风险处置率等，引导二级单位靠人才、靠技术、靠管理赢利，提高资产回报，确保国有资产保值增值。

而在对二级单位的考核中，发展目标的设定无疑是五冶目标管理中的一大亮色。发展目标就是把战略发展产品、区域市场开发以及科技创新、领军人才打造、信息化建设、国家级创优创奖等目标，作为二级单位年度重要考核事项，建立相应的激励约束机制。例如，根据各自不同的战略定位，将“转型提升”产品分解至各二级单位，包括大型工业、高端民建、市政交通等20余项产品子目录。

除了对二级单位的目标考核，五冶的目标考核体系还包括以下几个方面。

对机关管理部门，主要分为必保目标、重点目标和对二级单位的帮扶目标。必保目标，顾名思义就是底线目标，没有基本分，完不成就严格扣分，而且是大幅扣分。例如，责任死亡事故为零、不发生较大环境污染事件就是安全环保部的必保目标，合同全面履约就是工程部的必保目标，无论压力多大，只要未完成目标，得分可以为零。所有部门的必保目标中都有严格执行八项规定精神、执行“三重一大”决策制度、遵守财经纪律、党建工作要求等，确保本部门不出现违规违纪违法问题，这些都是不可逾越的红线。第二类目标为重点目标，就是本部门的年度工作重点，要围绕战略发展要求及企业年度主要目标，明确做好哪几件具有挑战性的工作，有可量化的经济指标，也有可评价的管理目标。第三类目标就是对二级单位的帮扶重点目标，即根据各二级单位的战略目标和管理短板确定的、有针对性的指导、帮助和服务目标，上下联动考核。

对项目部，实行经营分成型责任制、抵押承包型责任制等多种项目经营责任制，根据签订的承包责任书以及项目经营成果进行目标考核。亮点在于根据项目的具体特点和项目团队的实际能力，实施有针对性的经营责任政策，实现对所有项目经营的管控到位，同时尽可能调动积极性，鼓励项目团队为公司创利，实现个人价值。

对员工，实行年度全员业绩考核机制。建立定量与定性考核、多维度评价的各级各类人员年度业绩考核办法，考核维度包括团队目标、岗位目标、管理评价、民主评议，各维度下设若干具体指标及权重。考核机制的亮点在于，每一类人员根据岗位责任不同，各指标的权重不同。比如“团队目标”这一考核项，在二级单位经理的个人业绩考核中所占权重就大于其他班子成员，在机关部门正职的个人业绩考核中所占权重就大于副职等其他人员。个人业绩考核结果是薪酬兑现、职级升降、评优评奖的依据。

通过一张考核表，我们看到了中国五冶目标考核体系的匠心独运，它与五冶的战略发展目标、责任体系环环紧扣。

二、“看疗效”的严格“打表”

一种制度机制好坏与否，不能仅从条条框框的文字内容来看，关键还得看落实成效如何。在中国五冶，“疗效”二字是程并强经常挂在嘴上的口头禅，也是五冶人耳熟能详的字眼，它体现出的是五冶经营管理中的目标导向与效果导向。

程并强针对目标的管控和考核说过如下一段话：“‘看疗效’就是要求各位实现目标，如果觉得目标高了，承担不了这个责任，可以提出来，甚至可以进行岗位调整。但是一旦签订了责任书、承诺了这个目标，就要做‘拼命三郎’，全力完成目标。完不成目标的，就是不适应岗位要求，应该退出这个岗位，无功就是过。”从这段话中，可以看出程并强正色直言的管理风格，看到中国五冶目标导向的管理特色。

比如依据考核表进行严格“打表”考核的结果，对于员工个人来说最直观的体现是与薪酬挂钩，业绩升、薪酬升，业绩降、薪酬降。随着五冶经营质量大幅度跃升，员工人均薪酬水平同步跃升，数年来保持着同地区、同行业先进水平，尤其是经营业绩好的二级公司班子成员的收入连年大幅增长。与此同时，也有个别二级单位因业绩不理想，班子成员只能拿到最低保障年薪。10 多年前，甚至有个别二级单位因亏损，班子成员抵押的风险金全部扣除。

实际上，五冶严格考核不仅限于个人薪酬兑现，考核结果还有更多方面的运用。例如，他们实行一个特别“残酷”的规定，即二级单位经理在本单位连续 2 年综合完成下达指标不足 80% 的原则上要退出经理岗位，连续 3 年综合完成下达指标不足 80% 的要退出经理岗位。五冶还从严实施责任追究制度。在实现目标的过程中，加大纪检监察力度，一旦发现失职渎职、违规违纪等行为，以及其他给企业带来损失的情况，都要严肃追究责任，并坚持责任可追溯制，无论时间长短、职务高低，一旦确定其违规违纪事实，都坚决追责。如 10 多年前，有一个二级单位在任命一名项目经理时，没有全面执行公司的规定，引起法律官司，造成一定经济损失。待事实查清时，尽管当事责任人员中已有半数岗位变动了，但仍被追溯了责任，进行了处罚。

五冶目标考核体系的匠心设计和“看疗效”的打表考核，是促进和保证战略发展目标实现的重要举措。五冶路桥公司在发展提升产品方面从考核零分到满分的曲折经历，就反映出中国五冶独具特色的“看疗效”目标管理，以及背后所展现的企业不断转型提升的发展追求。

作为中国五冶重力打造的市政交通产品品牌单位，路桥公司责无旁贷地承担起市政交通发展提升产品的市场开拓、技术储备和团队建设等任务。2016年年初，公司将拓展轨道交通、大型桥梁、高等级公路、“美好城市”建设等产品的战略目标分解至路桥公司（见表4－1），并根据实际逐年进行产品和目标值的微调。

表4－1　路桥公司发展提升产品分解表（样表）

发展提升产品名称	订单目标	营业收入目标	考核分值
1. 轨道交通	×亿元	×亿元	约束性指标
2. 大型桥梁	×亿元	×亿元	×分
3. 高等级公路	×亿元	×亿元	×分
4. 综合管廊	×亿元	×亿元	×分
5. 海绵城市	×亿元	×亿元	×分
6. 园林绿化	×亿元	×亿元	×分

路桥公司发展提升产品分解表，重要的是最后一列，在订单目标、营业收入目标后面，是考核的分值及权重。而在轨道交通一栏最后是“约束性指标”，如果这一项目标完不成，则整体考核结果打折。这样“铁腕”的考核导向，充分说明当时五冶意欲突破轨道交通产品的决心和信心。

由于轨道交通行业准入门槛高，对承建方既往业绩要求高，以及轨道交通行业本身的特点，要想进入这个领域难度相当大。2016年年末，路桥公司轨道交通产品无突破，致使路桥公司当年的综合业绩考核和班子年薪都受到较大影响。

为了提高战略目标推进效果，中国五冶强化公司领导班子成员对二级单位的对口帮扶。五冶总经理朱永繁承担起难度最大的轨道交通产品拓展责任，亲自跑市场、访客户，进行市场和产品的深度调研，数次召开轨道交通产品推进会，但遗憾的是，在2017年，一些轨道交通产品订单仍与其擦肩而过。

连续两年没有完成轨道交通产品发展目标，使得路桥公司经营班子的考核排名受到影响，年薪被打折。在季度对标讲评会上，五冶总经理和路桥公司经理都被点名提醒。

2018 年，在朱永繁的统筹安排和指挥下，路桥公司憋着一股劲儿，加大与高校、国家重点实验室研发团队的合作，完善技术资源储备，积极参与轨道交通行业交流会，摸索产品经营模式，加大力度跑市场、访客户等。功夫不负有心人，最终成功获得成都大邑空轨项目订单，实现轨道交通项目“零”的突破，该目标的考核也获得了满分，路桥公司综合业绩考核排名和班子成员年薪都随之提升。

路桥公司的案例只是五冶推进战略落地的一个缩影，各个二级单位都在转型提升的道路上进行了不懈努力，最终形成了整个五冶丰硕的发展成果。

综上可见，中国五冶的战略目标管理要求组织目标具体化，成为组织中每个成员、每个部门、每个单位的行为方向和激励手段，同时也成为评价每个单位、每个部门、每个成员工作绩效的标准，从而使组织能够卓有成效地运行。

从基本内容来看，中国五冶的目标管理一抓目标体系建构、二抓目标过程管控、三抓目标实施检查、四抓目标责任考核，呈现为一个环环相扣、相互联系的过程。在这一过程中，中国五冶充分发挥组织管理民主化、员工管理自我控制化、成果管理目标化，其目标管理事实上是一种总体的、民主的、自觉的、激励与约束同在的管理。而这也正是中国五冶目标管理的魅力所在。

第五章

投资管理：资本经营的创新实践

阅读提示 中国五冶以防范风险为前提，以投资回报为主线，以收益最大化为目标，以创新方式为手段，大力开展资本经营。从生产经营、资本经营、产品经营，到全产业链服务经营，最终把资本与金融连在一起进行经营，进入资本经营的深层次，成为高质量发展的强大动力。

在中国五冶经营模式的不断创新和升级过程中，始终伴随着一条重要的支撑线，那就是资本经营。

从21世纪初以来，中国五冶的经营模式，随着形势变化不断寻求突破，经历了从生产经营+资本经营，到生产经营+资本经营+产品经营，再到生产经营+资本经营+产品经营+全产业链服务的发展过程。同样，资本经营也由初级的经营有形资产或股权资产，变为投资经营、通过资本带动市场的经营，把资本与金融连在一起进行经营，进入资本经营的深层次。

中国五冶资本模式的特征，不是单一生产型，而是以投资回报率为主要目标的资本经营模式，全要素流动，借助市场力量进行资源配置的增值模式。这种模式伴随着一系列制度的建立与落实、巩固与稳定，成为中国五冶进入全产业链服务经营模式的强大动力。

第一节　对传统生产经营方式的突破

2002 年，新上任的中国五冶总经理程并强提出“资产是用来经营的”理念。为此，五冶作出了一个决定，所有不可经营的资产要变现，所有可经营的资产要盘活，发挥所有资产的应有价值。实际上，随着市场竞争的加剧，仅仅依靠单纯的施工生产经营模式难以为继，不能支撑企业持续发展，因而需要寻求新的经济增长点和新的经营模式。由此，中国五冶开始了对资产经营的探索。思想观念的先行，资产经营的开路，引领着五冶不断迈向更高层次的经营阶段。

一、一个重要理念的提出

中国五冶提出“资产是用来经营的”理念时，与当时的国有企业背景有极大关系。

21 世纪初，中国五冶与很多大型建筑企业一样陷入发展低谷，长期形成的计划经济思维与市场经济的要求严重不适应。曾经有一个下属单位负责人找到五冶领导，提出缺乏流动资金，要求追加投资。五冶领导却给他指出了另外一条道路，将现有“躺”在那里的厂房、设备等资产盘活，有效利用，解决流动资金问题，而不是急于追加投入。

传统的施工企业，其生产设备、施工机械、流动资金等资产是根据当时的计划进行安排的。针对公司资产管理分散、谁占有谁使用、使用效率低、创效低的实际情况，2002 年 7 月，中国五冶明确了“整合资产、盘活资产、运营资产，着重考核资产回报率，经营好五冶有形资产和无形资产”的资产经营管理思想，拉开了以经营效益最大化为目标的生产经营与资产经营双轮驱动的序幕。这时候，一些重要的思想已经萌芽，经过一段时间的实践，慢慢变为了行动，人们才咀嚼出这些词语的意蕴。

实际上，这是资本经营思想进入中国五冶的开始。从实践上看，我国的企业改革从生产经营到产品经营，再到资本经营，是管理思想的一次飞跃，为企业改革提供了思想指导。单纯的生产经营，是中国五冶最初的经营方式，是一种封闭式的经营模式，是以规模增长为主要目标的借助行政力量实施的赶超型发展模式。这种发展模式的显著特征是追求外延型扩大再生产方式，通过大量的劳动力和资金的投入来不断增加产品数量。虽然在20世纪80年代后期引入承包经营，对传统生产模式有所改革，但是在本质上改变不大，仍然停留在计划经济领域迈不开腿。

资本经营理论在中国的提出，发生在1995年，在党的十四大召开后与十五大召开前的一段时间。当时国有企业处于极为困难的时期，工业企业经济效益出现全局性下降。700万人停工，200万人下岗，3000万人成为“富余”职工。对待这种状况，一时盛行“国有资产流失论”“堵漏洞论”，使得这些企业不敢动，也动不了。笔者当年写出题为《资本经营试论》的论文，在国内正式提出资本经营理论，从资本经营的特征、内涵、内容、运行特点、基本原则、意义、理论价值等方面进行分析，建构了一个新的理论框架。资本经营理论试图告诉人们：马克思是把资本作为一种价值形态来看待的，死的资产不是资本。并在当时提出几个重要的观点：①资本是一种价值形态，不仅是资金；②资本能够增值；③资本需要流动。资产是“死”的，“死”的东西，放在那里就会消失；而资本是“活”的，“活”的东西就能增值。有了资本的思想，就要想办法增值，就得转变经济发展方式，把企业改革向前推进一步。

资本经营思想是深化企业改革、搞活国有经济的新动力。资本只有进入市场流动，才有生命，才会增值。国有资产作为一种资本，也只有流动，才有增值的可能。因此，资产能否流动起来，是国有企业搞活的根本标志。正如笔者当时在书中所写："什么叫资本？资本是能够增值的价值。什么叫资本经营？资本经营就是对可支配的资源和生产要素进行合理配置，实现最大限度的资本增值目标。这就是我们提出资本经营理论的支撑点。我们研究的资本经营理论及其操作方法是在此基点上展开的。"①

当年国有企业经济效益低下且逐年下滑的根本原因，就在于上万亿元的存量资产难以流动，滞死在那里。现在国有经济领域的诸多问题，如资金不足的问题、三角债的问题、企业开工不足、资源闲置的问题等，都可以从中找到答案。资本经营思想的确立将推动国有企业走向商品市场，还将推动其走向生产要素市场与产权市场，加速产权的流动。企业的资金、资产和资源将被视作能够增值的价值进入流通领域，一个企业可以收买另一个企业，资本在市场上自由出入。资本经营不仅是产权制度的基础环节，也是产权的实现过程与途径，将推动企业彻底走向市场，使得企业经营机制真正地得到转换，将国有经济的活力焕发出来。应该说，一旦在"资本"这个基本问题上取得理论突破，我们的改革便站在了坚实的理论基础上。

所以，资本经营是我国经济管理思想继产品经营、商品经营之后必然出现的一个全新的思想，是社会主义市场经济实践中催生的新理论，资本经营也是当代中国企业改革和发展的一个重要的实践课

---

① 李锦．资本经营理论的提出[M]．长沙：湖南人民出版社，2009：122.

题。资本经营的思路为官方接受的时间在1995年9月底，即党的十四届五中全会。官方响亮地提出两个转变，即市场经济体制与经济增长方式的转变，曾经主导中国新闻舆论界的“国有资产流失论”“堵漏洞论”一下子销声匿迹。在两年后的党的十五大上，“资本”一词写进党的十五大报告，这无疑是一场术语的革命。商品、利息、市场、股份，一个接一个地解放了，“资本”这个最重要的概念也终于解放了。

一个新理论，从提出到实践往往需要一个过程。1997年后，国企三年脱困，使得国企改革“在外科上做了大手术”，卸下了诸多包袱。然而内部动作迟缓，并没有实质上展开。到了2002年，这个问题才被一些企业重新提到桌面上来。而在中国五冶，这是在问题堆积后的自我选择。他们当时面对的，一边是发展困难，一边是资产闲置，这无疑是一次突围。正是这场突围证明了资本经营的理论武器是为企业家所掌握的。然而，基层的选择未必从理论出发，而是从自己的实际出发。当中国国企改革走到这一步时，最早觉悟的企业家于是不失时机地从实践中提出来了。

中国五冶当时就做了一个大胆的决定：所有不可经营的资产要变现，所有可经营的资产要盘活，发挥所有资产的应有价值。例如，上海地区将散落在各个分公司的所有大型工程机械资产集中起来，成立吊运公司统一经营管理，能经营的加大力度经营，创造更大价值，不能经营的尽快变现，因为再不变现便是废品。这些盘活资产的举动，在当时的五冶可算是石破天惊的一举。

二、资产管理部成立及资产经营的推开

2003年1月，五冶成立资产管理部，这是首次成立独立的资产经营管理机构，负责公司资产经营监管、服务和绩效考核。资产管理

部实际是用资本经营的思路经营资产。他们通过清产核资摸清家底，对所有的房产资源、设备和施工机械等实体资产及投资子公司进行全面的清理后，研究经营方案，制订经营激励机制，实行分类集中经营管理，加大低效无效资产处置力度。同时制订投资管理的具体办法，增强对投资全过程经营监管和考核，优化资产管理流程，规范管理子公司，打开了资产经营管理的新局面。他们当初主要经营以下几类资产。

一是经营所有的房产。将原来散落在各单位的商业铺面或闲置房产集中起来，由物业公司统一面向市场公开招标进行经营和管理，并下达经营指标，超额部分归物业公司所有。

二是经营所有的机械设备。对采购金额 20 万元以上的和使用募集资金采购的机械设备，都分别制订经营方案，明确怎么经营、怎么挣钱，多长时间收回投资等，并按此方案进行考核。

三是经营股权资产。加强对子公司的管理，出台子公司董事会制度、总经理制度，以及投资管理办法，强化对投资股权资产的经营。

2004 年，中国五冶成立资产经营公司。从投资经营角度去管理资产、规范运作资产，谋取效益的最大化。同时，研究选取有较高回报率的产业进行再投资、再扩大，实现滚动发展。进一步加大子公司和股权投资管理，建立以市场法则为基础的经营管理办法，强化资产经营管理与绩效考核。对外投资按照统一领导、统一审定、授权经营、责任明确、运作规范的原则进行，对控股子公司下达资产经营指标，直管子公司董事会与派出经理签订“资产经营管理责任书”。通过一系列的措施，提升资产效率，确保国有资产保值增值。

从资本的运动状态来划分，可以将其划分为存量资本经营和增量资本经营。前者是指投入企业的资本形成资产后，以增值为目标而进行的企业经济活动。资产经营是资本得以增值的必要环节。企业通过兼并、联合、股份制、租赁、破产等产权转让方式，促进资本存量的合理流动和优化配置。后者实质上是企业的投资行为，因此，增量资本经营是对企业的投资活动进行筹划和管理，包括投资方向的选择、投资结构的优化、筹资与投资决策、投资管理等。中国五冶在2004年成立资产经营公司时，站在投资经营角度上去管理资产，开始由存量资本经营进入增量资本经营阶段。“资产经营管理责任书”的内容，不仅包括存量资本经营，而且包括增量资本经营。

三、投资回报率的确立

中国五冶资本经营的一个重大突破，是投资回报率的确立。

自提出资产是用来经营的理念后，五冶及时对各类资产经营投资回报率进行了明确。比如在设备资产的经营上，要求新购置设备事前都要编制投资论证，明确4年内收回成本的量化指标，若达不到投资回报要求便不能购置。上海地区曾发生过这样一件事，原本计划购置1台600吨吊车，而且完成了招投标程序，但因为投资论证回报率远低于董事会要求，最终放弃了购置。

2003年1月10日，在中国五冶公司年度工作会上，程并强提出“大胆实施投资承包、运作承包、融资承包以及BT、BOT项目，同时必须保持高回报”的经营目标，这是五冶首次提出以资金撬动项目、获取高收益的经营理念，以此来拓展营销面、提升总承包能力，寻求持续发展的新的经济增长点。

中国五冶把资金变成资本的形态用来经营，以投资的形式拉动工程承包，这里面就有投资回报的概念。他们做的第一个项目是四川某钢厂项目。2003年11月，在某国有钢铁公司担保下，在风险可控的前提下以2000万元的借款撬动了合同额2亿元的总承包工程。当时谈完这个合同以后，负责营销的时任五冶副总经理曹翔说，“这个合同谈得非常舒服，我们是和业主来谈合作的，不是来打工的。”这就是拿资金拉动市场，但是又没有资金风险。在当年大部分项目合同额都在1000万元以下的营销现状下，给五冶打开了新的营销思路和方向。

如果说四川某钢厂项目是一次对机遇的把握，那么成都的某广场项目则是一次有计划的经营。五冶与银行、业主展开合作，创新融资方式，既帮助业主启动了项目，承接了民建项目实现施工收益，又资本经营了一把，实现了投资收益。这个时候，他们就开始资金运作，追求投资回报率了。2006年，五冶首次以BT模式运作彭郫路项目，实现更高的投资收益，在资本经营的道路上又打开了一片新的天地。

投资回报率的确立，对资本经营道路的确立起了决定性作用，资本经营就是要取得高回报。为保证投资收益率，五冶提出项目投资策划的要求，实施项目双责任制，实现生产经营加资本经营“双轮驱动”。2010年，五冶的利润从上年的1亿多元一下子增长到3亿多元，其中资本经营功不可没。当时中国中冶的外部董事刘力到五冶调研——他是北京大学的经济学教授——对五冶这样的施工生产型企业实施投资管理、追求投资回报感到惊讶和肯定。

这一阶段，中国五冶把资本经营的理念转变成制度、考核、评价一套完整的体系，并且加深了对资本经营的认识。他们认为：

（1）资本经营是以资本导向为中心的企业运作机制；

（2）资本经营是以价值形态为主的管理；

（3）资本经营重视资本的支配和使用而非占有；

（4）资本经营是一种开放式经营，注重资本的流动性；

（5）资本经营通过资本组合回避经营风险；

（6）资本经营是以投资回报效率为中心进行管理的。

资本经营和生产经营的关系不是独立的，而是相互联系、相互促进的。资本经营不排斥生产经营，而且在相当程度上，需要生产经营作为资本经营的实现形式。只有通过生产经营的途径，资本经营的目标才能最终实现。生产经营是实现资本经营的基础和手段，资本经营是生产经营的高级形态和最终目标。两者相互依存，相互影响，共同促进企业的发展，企业应将资本经营与生产经营有机结合起来，共同为企业的战略目标服务。

第二节　走过资本经营五个阶段

按照资本经营理论，企业实际上是以资本为纽带的由各种资本要素构成的一个组织体，企业运行的全部目的就在于实现其资本价值的增值，企业的一切活动都必须服从于和服务于实现其资本增值的要求；企业经营管理过程就是对企业所拥有的各种资本要素进行合理配置，促成其有效流动，优化资本结构的过程。五冶的实践，是通过一步步认识的深化而达到这个境界的。从2003年到2019年，五冶走过了资本经营五个阶段。第一阶段是2003年1月至2004年1月，资本经营管理理念提出阶段，这一阶段的标志是提出了“资产是用来经营的”概念及资产管理部的成立。上文已经对此加以阐述，在此不再展开，下文主要对其他四个阶段进行介绍并且进行分析。

一、资本经营管理试点阶段

传统施工企业的盈利模式，主要是在施工环节保证工期、质量、安全目标的前提下，通过工期、人工、材料、设备、工艺等优化进行降本增效。随着市场竞争加剧，仅靠上述经营模式难以为继，不能支撑企业持续发展。

这一阶段，中国五冶利用企业平台效应，积极推进生产经营与资本经营相结合，提升资金运作和风险控制能力，提升公司盈利水平。在2004年度工作会上，为了使投资、资本运作成为五冶发展的新支柱和经济增长点，提出“未来三年，公司要向经营型、技术型、管理型、投资型公司发展，实行集团化管理和生产经营与资本经营相结合的混合经营”。这是五冶第一次提出“资本经营”的理念，并将其确定为公司未来三年的发展目标之一。秉承这一发展思路，五冶先后在龙威钢厂、泗阳厂房、尚都服饰广场等项目上进行了尝试，从简单的资金撬动转化为利用平台撬动，取得了丰厚收益。

在2006年度工作会上，五冶进一步明确了“谨慎地选择和实施投资回报率高、资金占用量适当的短、平、快的BT项目以及资金运作型项目，以投资和资金运作换市场”的工作思路，加大同政府的合作力度，于2006年6月签订第一个BT项目合同，由政府为该项目提供融资担保和以土地作为回购担保，最终该项目在施工收益和资金收益上都获得了相当丰厚的回报。

资本经营的成功实现，不仅为五冶拓宽了营销思路，拓展了民建、交通市政等更为广阔的市场，还提升了以投资和资金运作市场的能力，同时给公司找到了可持续发展的新的经济增长点，利润总额持续增长。

为积极稳妥地开发资金运作型项目，提高董事会对资金运作型项目的决策和风险控制水平，确保项目的成功运作，五冶在2006年12月成立“财务与风险控制委员会”，意味着资本经营管理体系雏形建立。

二、资本经营的发展阶段

2007年7月，中国五冶董事会对“二五”发展规划进行了调整，提高了发展目标，明确提出“创新提升、转型发展”的发展方向。创新提升包含了四方面的内容，第四个方面就是“向以资金和资本实力为切入点的工程承包提升”，以资金实力为依托，运作BT项目和资金运作型项目，以资金换市场，获取高回报，将资本经营提到转型提升核心内容的高度上。由此，中国五冶充分发挥平台优势，大力推进资本经营，不断强化投资项目管控，进入了以资金撬动市场阶段。

此间，五冶一方面建立制度，规范管理。在资金类项目不断增加的同时强化对资金运作、投资型项目的管控工作，出台了对外投资管理办法。在总结前期资金类项目运作经验的基础上，建立了此类项目可研论证、立项审批、合同评审、过程管控的管理流程，明确责任划分，形成了投资类项目的管理体系。另一方面，新立机构，用好资金。2007年2月，为了进一步提升对资金的集中管控、高效利用和融资能力，推动资本经营，五冶将计划财务部资金科剥离出来，成立资金中心，进一步打造经营资本的平台。

与此同时，利用改制契机，剥离不良资产，优化资产结构，提升银行对企业的信用评级，平台优势逐步凸显。在此基础上，不断创新营销方式，利用企业平台优势大力推进以投资、资金运作带动的工程承包项目，从2007年到2009年营销资金类项目合同总额增长了10倍，在民建、交通市政等非冶金市场的占有率逐步扩大，项目规模也同步提升。如长寿新居安置房项目2.4亿元、崇州市向荣片区基础设施项目3.5亿元、江苏丹阳练湖拆迁安置区4.5亿元、上海闵行梅龙镇商品房项目 8.2 亿元等。不仅抵御了 2008 年的经济危机，还实现了转型提升的发展目标，2007 年至 2009 年营业收入大幅增长，利润更是增长了 10 倍，资本经营取得显著成效。

三、资本经营的普及阶段

五冶在 2010 年度工作会上，提出“全力营销资金类项目，采取 BT 或资金运作的模式，积极寻求政府或大型国有企业投资项目以及城市基础设施等大项目，加强投资型项目的考核评审，加强风险防控”的要求。此次会议不仅开启了全力推进资金类项目营销的序幕，更是第一次提出投资型项目“双责任制”的管理机制，进一步强化投资项目的全过程管控，资本经营进入全面普及阶段。这一阶段，他们以防范资金风险为前提，以提高投资回报为主线，以收益最大化为根本目的，做了以下几件大事。

首先，完善制度，建立投资项目全过程管理责任体系。

随着 BT 及资金运作类项目、房地产开发等投资项目的增多，他们再次修订对外投资管理办法，明确投资型项目实施的前提条件，从合作对象、投资方向、投资回报要求、担保等方面提出管控要求，充分体现了五冶一直秉承的“以风险防范为前提，以投资回报为主线”的投资管理思想。同时创新性地对投资性项目实行“四个二”管理，即双策划、双责任、双例会、双考核。对投资型项目设立投资和施工双项目部，设置投资和履约双项目经理，分别扮演项目代建业主与施工承包人的角色，实行项目投资和项目施工“双策划”“双考核”。

2013 年 1 月，五冶董事会决定“要进一步健全投资管理体系，实行投资后评价”，不久《中国五冶集团有限公司项目后评价管理办法》出台，五冶资本经营建立起了完善的管理体系，为后来投资类项目的有力管控奠定了坚实的基础。

其次，强化投资策划管理，树立资金机会成本意识。

随着投资类项目规模的扩张，投资类项目的管理难度逐渐显露，围绕投资收益最大化做好投资策划，并按照投资策划对项目进行动态过程管控，对实现项目投资收益目标显得尤为重要。

2009 年 11 月，五冶以 BT 模式承建江苏某集中安置住宅小区工程，合同总投资额 12 亿元，建筑面积 64 万平方米，工期 33 个月。由于项目投资额较大，由五冶组织编制项目策划，按照项目策划要求，项目应分批开工、分批投入、分批结算、分批回款，这样就可以达到投资周转速度最快、投资收益最大的目的。

但是在项目实施前期，由于场地原因导致无法分期建设，加上项目部人员投资意识不强，未及时与业主协商分期交付回购的措施，导致项目一次性开工，资金大量同时投入，增加了年均资金占用。如果不及时纠偏，就会降低资金周转效率，减少或有收益。五冶发现这个偏差后，及时采取措施，一方面增强项目部人员的投资意识，由过去单纯的履行施工合同转变为从投资的角度去经营项目；另一方面落实公司的投资理念，从完善组织架构，严格执行“双策划”“双责任”“双例会”“双考核”，及时采取纠偏措施，确保了策划投资收益目标。

就是这样，五冶一边发现问题，一边解决问题，使得资本经营进入纵深发展阶段。他们不断强化投资意识和投资管理，在风险可控的前提下，用少量资金开发运作大项目，确保投资回报率最大。同时注重防范“机会成本”的产生，力争花最少的钱挣最多的钱、回款速度最快、风险最小，坚决避免由于投资管控不到位，造成机会成本增加，降低收益率，从而失去更好的市场机会。

四、资本经营＋金融属性的提升阶段

2015年后，中国五冶的资本经营进入提升阶段。他们围绕资本保值增值进行经营管理，把资本收益作为管理的核心，实现资本盈利能力最大化。这就使中国五冶的资本经营从一般阶段进入高级阶段。当时，国家为了降低地方负债规模，大力推广PPP建设模式，并且出台了大量政策，对政府此类项目和投资类项目的融资成本进行限制，市场条件发生了较大变化，投资类项目的收益率普遍降低。面对这样的大环境，五冶仍然要求投资回报与市场相匹配，原则上仍旧要求扣除资金成本的投资净回报率必须在10%～12%及以上才同意实施。

资本经营的普遍阶段是指以资本增值最大化为根本目的，以价值管理为特征，通过企业全部资本与生产要素的优化配置和产业结构的动态调整，对企业的全部资本进行有效运营的一种经营方式。包括所有以资本增值最大化为目的的企业经营活动，自然包括产品经营和商品经营。五冶从盘活固定资产开始便进入资本经营的观念更新阶段，他们的产品经营有了资本经营的一般特征。

资本经营的提升阶段，或者称之为狭义的资本经营，是指独立于商品经营而存在的，以价值化、证券化了的资本或可以按价值化、证券化操作的物化资本为基础，通过流动、收购、兼并、战略联盟、股份回购、企业分立、资产剥离、资产重组、破产重组、债转股、租赁经营、托管经营、参股、控股、交易、转让等各种途径优化配置，提高资本运营效率和效益，以实现最大限度增值目标的一种经营方式。而在2015年后，中国五冶进入了狭义的资本经营阶段。尽管他们的做法还局限于施工企业，而他们的理念已进入资金运作阶段。他们致力于创新企业平台属性，推进资本经营战略，打造一流资本资金运营能力，实现全产业链建筑综合服务商的转变。

在2016年年中工作会上，五冶提出“着力提升全产业链的综合服务能力、资金运作能力，实现由施工承包商向建筑产品综合服务商的转变”。本次会议，在确立重点推动PPP模式项目的营销目标后，第一次提出将提升“资金运作能力”和打造“资本运营优势”作为向建筑产品综合服务商转变的关键能力之一。积极研究资金运作新模式，全力拓展资金类项目。具体做法有：

（1）优化相关机构，创新平台属性，打造资本资金运营竞争优势。2016年2月，五冶将资金管理部更名为资本资金运营部，进一步强化投融资职能，提高资本资金运营水平和效率，充分发挥资信作用，为丰富融资平台建设奠定良好的基础。

（2）积极拓展融资渠道，研究资金运作新模式，推动各类资金类项目落地。五冶依托各类融资平台，积极拓展各类融资机构，研究国家出台的各类政策，有针对性地研究各方都能接受的新的融资运作模式，不仅大力推进了PPP项目的营销，还利用新的融资模式撬动了PPP类、流动资金支持类的大项目、大合作。截至2020年4月，五冶各类投融资项目91个，总投资逾千亿元，其中一些典型项目的运作不仅给五冶带来了经济效益，还打响了品牌，赢得了市场及荣誉。

2017年中国五冶投资建设宜宾某大学城就是一个成功的案例。该项目总投资27.8亿元，总建筑面积近40万平方米，工期仅有8个月。当时的金融监管政策并不支持这类项目，各大金融机构都明确表示无法提供贷款，项目能否实现融资具有不确定性。同行业一些企业面临如此紧急、融资具有不确定性的项目，犹豫后退出了竞争。面对挑战，五冶在研究分析项目的风险与可行性之后，同信托、租赁、保理、供应链等多家机构多次沟通，反复研究金融政策，最终确定了“组合拳”的融资方案。“组合拳”方案是涵盖保理、信托、租赁等多种资金的“拼盘”，并且采用“高息短贷、低息置换”的策略，保障了项目资金的足额、及时到位，为项目履约提供了强力支撑。该项目以资金为切入点，凭借公司资本资金运营优势和强大的总承包管理能力，最终使得项目资金得以保障、管理得当，完成了这个紧急任务。该项目的成功，获得了当地政府、业主和社会各界的好评，并获得中央电视台、《四川日报》等媒体的报道，被称为“五冶速度”。

资本经营的内容非常广泛，从资本经营的形式和内容来划分，可以将资本经营分为实业资本经营、金融资本经营、产权资本经营以及无形资本经营等。实业资本经营是以实业为对象的资本经营活动。金融资本经营是以金融商品（或称货币商品）为对象的资本经营活动。产权资本经营是以产权为对象的资本经营活动。无形资本经营是以无形资本为对象的经营活动。中国五冶在2016年后，进入金融资本经营阶段，开展以金融商品（或称货币商品）为对象的资本经营活动。这为他们下一步进入以价值化、证券化了的资本或可以按价值化、证券化操作的物化资本为基础的种种经营活动创造了条件，为提高资本运营效率和效益开辟出更为开阔的前景。

第三节　资本经营管理的基本经验

资本经营为企业的发展创造了许多条件，但是市场经济体制在我国不断地发展和完善，资本增值的手段和方法越来越多，我国传统的资本运作方式已经无法适应当前经济的发展。因此要达到资本增值与利润最大化这两个目标，就需要根据市场变化及时调整企业的资本运作方式，同时采取正确的企业风险控制政策，促进企业的健康发展。

资本经营具有流动性、增值性、不确定性三大特征。特别是资本经营活动，风险的不确定性与利益并存。任何投资活动都是某种风险的资本投入，不存在无风险的投资和收益。企业进行商品经营的过程，就是资本循环周转的过程，如果企业商品经营过程供产销各环节脱节，资本循环周转就会中断，如果企业的设备闲置，应收账款与存货等流动资产质量不高，商品销售不畅，必然使资本效率和效益低下。这就要求经营者力争在进行资本经营决策时，必须同时考虑资本的增值和存在的风险，从企业的长远发展着想，尽量分散资本的经营风险，优化资本结构来增强资本的抗风险能力，保证风险一定的情况下收益最大。

中国五冶的资本经营紧紧抓住有形资产和无形资产两条线，不断创新经营资产的观念和操作方式，在严控经营风险的前提下实现收益最大化，让五冶的所有资产不但像血液一样流动起来，还增强了造血功能，使企业整个肌体充满活力、健康成长，始终走在行业前列，积累了丰富的实战经验。

一、突破传统观念，让有形资产增值创效

一直以来，传统国有施工企业的生产设备、施工机械、流动资金等有形资产都是根据施工生产需求进行配置的，目的是保证施工生产，只有管理的概念。对有形资产管理的重点是“设备完好率”“红旗设备”等管理指标，关注资产的安全与完整及是否满足施工生产需要。企业内部谁占有资产谁就使用资产，管理分散、使用效率低。例

如，有的施工设备甚至没有进行收入确认，设备折旧摊销进成本，未对设备进行经营考核，对设备管理人员缺乏科学的经营激励机制。五冶的资产经营就是以此为突破口，首先让有形资产“动起来”“活起来”，有价值的就开发经营实现更大价值，低效和无效的就处置、置换。

中国五冶对所有的实物资产实行分类集中经营管理，把资源配置到最能实现其价值的地方，根据市场法则研究经营方案，围绕效益最大化下达资产经营指标，制订经营绩效考核办法和激励机制，将资产运行的效率和效益作为衡量经营水平的重要因素，确保提高资产经营质量。

同时，中国五冶创新性地将“货币”当作有形资产去经营，以资金换项目，为拓展市场提供强力支撑，从而拉动了企业生产经营。不仅如此，还把资金当作资本去经营，所有资金一旦投入都要有投资回报。

中国五冶的资本经营坚持以项目为依托，实际上是以生产经营为依托。这就意味着国有企业的资本经营既不在于资本的直接营运，也不在于以购并为主要内容的资产重组，其关键在于按资本经营原则进行生产经营，促使存量、增量资产不断向回报率高的优势产业和优势产品上流动，使资源得到合理配置，资本得到增值。生产经营是资本经营的起点和归宿，也是资本经营存在和效能发挥的基础，如果企业经营管理不善，不仅会使存量资产不能盘活，而且资本经营也不能进入良性循环。如果认为资本经营就是“炒钱”，那就理解错了，甚至有走向错误方向的危险。

五冶的这些做法显示出一个鲜明的特征：“醒得早”、行动快。“醒得早”是指他们观念转变得早，在21世纪初期大多数建筑施工企业还忙于找任务、干项目的时候，他们的经营思路已经从传统中突破出来，从企业已有的实物资产中开掘价值，增加企业效益。事实上，这就是经营方式在向资本经营转变。对于任何一个企业而言，要持续发展，都必须不断地向新的领域探索，不能墨守成规。实践中，这对于很多企业而言都不是一件容易的事情，而五冶在短时间内果断摒弃老观念、老办法，快速将新的理念付诸行动，这是其后续能快速转型、高速发展的关键所在。

二、经营企业平台，让无形资产大放异彩

实物资产因其使用年限、折损等因素，其经营带来的效益是有限的。在“轻资产经营”这一指导思想下，实物资产本身也是有限的。对传统国有企业来说，资产的概念往往局限于实物资产，忽视了企业本身还有无形资产可以开发利用，或者说不知道如何更好地利用。

无形资产是无形固定资产的简称，指企业拥有或者控制的没有实物形态的可辨认的非货币性资产。无形资产是无具象、有价值、能利用、可经营，并能产生巨大社会效益和经济效益的资产，包括思想文化、体制制度、科学技术、专利商标、工艺技能、品牌、文化传统等非物质资产。它体现了企业的科技水平、综合实力、管理实力与社会影响力等软实力。无形资产应是企业拥有或控制的，看不见、摸不着，却又非常重要，能为企业带来超额未来经济利益，对其他生产力要素起着组合、驱动和放大功能的无形经济资源。企业的平台本身也是一座无形资产的宝库，因为其本身的悠久历史、产品质量、管理经验、社会声誉等具有品牌价值，如果运用得当，将为企业带来巨大效益。

中国五冶在经营好实物资产的同时，将企业平台本身作为一座

无形资产的宝库，充分发挥“五冶”品牌价值，使其为公司带来效益，并不断产生新的效益增长点。10 多年来，五冶不断瞄准市场机遇，有效利用70 年老牌央企的品牌影响力和平台信誉度，将这一无形资产转化为资金及多种形式的金融产品，用金融的方式去经营无形资产，以此带动企业发展。同时又在企业发展过程中不断给“五冶”品牌这个无形资产注入新的附加值，使其在社会及金融界都赢得了良好的口碑和信誉度，从而获得更高的授信额和市场订单。

如某灾后重建的重点工程，既是关系民生的重点工程，又是盘活地方旅游经济的动脉线，受到当地政府的高度重视。该项目任务紧，五冶发挥自身投资管理的经验，前期做好项目策划，施工组织安排，以及投资资金安排，运用企业平台优势，积极组织好投资所需资金，保证项目顺利履约。最终，该项目克服实施过程中迁改的影响，按业主要求保质按期履约，并实现预期的投资收益，获得业主的好评。在灾后重建这一重要阶段提升了五冶形象，不仅为进一步开拓市场奠定了基础，而且提升了五冶品牌影响力。

三、“投资”不是“垫资”，投入就要有回报

“用资金换市场”在一定时期被不少企业简单地理解为帮业主“垫资”以换取订单和项目，只要最终取得一定收益即可。但这种收益回报最终很可能连资金成本都无法覆盖，无异于杀鸡取卵，不仅不能给企业带来收益，还会因为资金大量被占用，带来企业资金成本的增加，降低企业收益率。

从开始运作资金类项目起，中国五冶就明确提出：凡有资金投入，必须取得回报；工程项目要有追求高收益的思想，不仅要用资金去撬动项目，更要取得高于市场收益的超额回报。

一方面，他们确立了兼具资金投入回报及资金效率的项目投资回报测算规则。即：要求原则上需要五冶投入资金来换取的项目，在扣除市场竞争类产品基本施工收益，再扣除投入资金当期融资成本后，该项目还要有超额收益，这部分收益除以五冶投入的资金年均占用额才是五冶的投资收益率。

另一方面，他们严把项目准入关，慎重选择资金运作类项目，重点营销投资回报率高的项目。除了要求有超额回报外，五冶还以制度形式要求“投资回报率在扣除项目正常施工收益及资金成本后原则上不低于每年 15%”，严控项目准入关，筛选有利于企业发展和收益提升的项目，绝不为了取得订单而降低标准。

无论是在早期做资金类项目的企业还不太多的时期，还是现在资金运作类项目竞争白热化的今天，五冶一直坚持资金投入必须有较高收益的原则，不断创新资本经营方式去适应市场条件的变化，将其资本经营之路稳步推进。

四、“四个二”管控法，保障投资类项目健康运行

“创业容易守业难”。资金类项目形式复杂多变，从最早的 BT 模式到现今的 PPP 模式，实施过程中影响投资收益的风险因素繁多，稍有不慎就会导致收益偏差甚至是亏损，如何确保资本经营项目的收益实现及健康运行，是摆在施工企业面前的难题。

五冶一直秉承“以风险防范为前提，投资回报为主线”的投资管理思想，从利用资金撬动项目开始，就未曾放松过风险防范，并从实施的项目中不断总结经验、教训，形成了一套具有五冶特色的投资项目“四个二”管理方法。即“双策划”“双责任”“双例会”“双考核”，落实项目全过程的管控，及时纠偏，确保项目收益的实现。

五冶在所有投资类项目全面推行“四个二”管控法，尤其在实施早期及重大项目上，五冶领导亲力亲为抓落实，甚至亲自出任项目投资经理。如时任五冶总会计师朱永繁曾经出任成温高架路项目投资经理、时任五冶副总会计师杨林源曾经出任成都元华路项目投资经理。这充分体现了五冶对投资类项目的高度重视以及对项目资金风险的严格管控，积极稳妥地推进投资类项目。

好的管理方法能为经营理念保驾护航，五冶人在践行资本经营理念的过程中不断总结、归纳，形成了一套具有自身特点的管理办法，不仅严格执行，还持续传承、完善，使其在资本经营这条道路上越走越稳。

在 2018 年年中工作会上，五冶领导要求：“要强化投资早回收、早收益的理念，确保预期收益不降低，力争再提高，确保不出现重大资金风险。抓好资金类项目风险管控，要将资金类项目作为风险管控的重点，完善相应风险评价标准。”五冶为强化管控，在计划财务部增设投资科，强化专人牵头管控，指定一个副经理专职牵头对投资类项目进行管理，进一步完善投资管理制度，针对不同类别的资金类项目的特性梳理管理流程、管控要点并建立投资动态管控模型。同时，修订公司风险管理标准，专门针对各类资金类项目建立“投融资项目风险管控标准”，形成集团与二级单位上下相辅相成、计划财务部与相关系统协同联动，全力推进资金类项目健康运行、确保投资收益实现的管控机制，至此五冶集团投资管理的整套决策机制、组织架构、制度规范、管控流程全面形成。

中国五冶在资本经营实践中，尤其重视防范合同风险，形成了全面覆盖的企业风险管理机制，并最终在风险管控方面形成法商融合的企业管理经验。他们通过对资本经营中风险案件的分析、总结，实现对企业内控管理的全面检测，从而有针对性地改进内控管理的方法和步骤，从全过程的风险管理、全因素的风险管理、全员的风险管理、全措施的风险管理入手，制定一系列制度，这些制度更多的是风险控制和风险处置措施与方法，是在法律框架下制定的。中国五冶为防治高风险创新破解手段，最后走进“法商管理时代”。

五、组合金融资源，创新金融产品为“我”服务

时代瞬息万变，各行各业都在发生翻天覆地的变化，当今的建筑行业竞争已然进入综合实力的竞争阶段，单纯的“有钱的泥瓦匠”再也无法在这个行业中继续生存。五冶将资金管理部更名为资本资金运营部，赋予其全力打造资本资金运营优势的职能和定位，以适应市场的发展变化，利用五冶平台这一无形资产组合金融资源，实现资本运作拿订单、资金融通保履约、资金运营创效益，持续提升资本资金运营的竞争优势。

组合金融资源，充分利用多种金融工具打“组合拳”，推动生产经营持续增长。由于市场条件及国家政策发生了变化，融资问题已经成为项目能否成功落地的关键因素。面对挑战，五冶利用平台优势，组合金融资源，充分分析每个项目特点，反复研究金融政策，研判项目风险可控，并根据项目建设资金需求，充分利用信托、保理、租赁、供应链等多种金融工具打“组合拳”，确保项目资金落地，促进项目营销。

与金融机构联动，创新金融产品，降低资金成本，确保项目创利。项目融资的实现并不能满足五冶金融创新的要求，他们不断与金融机构联动，寻求更好的合作模式和成本更低的金融产品，持续降低资金成本，让金融产品本身为公司“创利”。如五冶与建设银行合作

创新的“民工惠”产品，不仅满足了国家对民工工资管控的要求，还大大降低了融资成本。

一个企业要做到持续健康发展，创新能力和资源组合能力是不可或缺的，这是企业综合实力提升的重要一环。在资本经营的道路上，创新思路和组合资源更是无可替代的，五冶人不断探索实践，取得了经营资本的优异成绩，为五冶高质量发展作出了重要贡献。

中国五冶大力践行“资本经营”这一战略思路，并不断深化完善其思想内涵及其管理体系，提升投资意识，提高运作水平，严控投资风险，将资金类运作项目作为企业持续高质量发展的核心产品，实现了从单纯的施工企业向投资型集团企业的转型。

第六章

制度管理：集中集约与分级授权之道

阅读提示　中国五冶围绕集中集约与分级授权相结合的管理机制，建立起一套完备的现代企业管理制度体系。五冶的管理制度突出与市场相适应、与战略相契合，突出务实与创新，突出规范与高效并举、激励与约束并重，是法商融合管理思想的具体体现，是企业内部之“法”。

正如一个国家有赖于系统完备的法律一样，系统完备的制度建设是一个企业发展的根本和基石。党的十九届四中全会将制度建设作为完善中国特色社会主义的重要任务，并且把深化国有企业改革的方向落脚到建立现代企业制度上。因此，对于国有企业来说，制度管理的地位变得越发重要。

中国五冶积极践行法商融合的理念，不断优化、丰富和健全制度体系。这是一个从实际出发，由低向高、由简到繁，又由繁到简、由传统到现代的日积月累、逐步提高的过程。在他们形成集中集约与分级授权相结合的管理体系过程中，一套与之相应的管理制度体系也应运而生。这套制度涵盖了企业方方面面的工作，包含决策机制、经营机制、管理机制、考核机制、监督机制等要素。他们深入把握授权与收权的辩证关系，以科学合理的方式实现了授权有度、收权有方，最终确保了权与责的平衡与对等，在促进企业规范管理、有效防范风险的同时，调动员工主观能动性、提高工作效率，推动企业发展。与许多单位管理的区别在于，他们这些制度有很强的针对性、现实性、创新性，其中充分体现法商融合思想、以集中集约与分级授权为核心的管理机制，是其制度建设中熠熠生辉的成功探索，显示出中国五冶依法治企、不断推进企业治理体系与治理能力的现代化的努力。

第一节　一切变革从制度管理开始

管理制度是企业为了规范自身建设，加强企业成本控制、增加公司盈利、维护工作秩序、提高工作效率、增强企业品牌影响力，通过一定的程序所制定出的管理公司的依据和准则。对于企业而言，它是实施管理的有效工具、企业的防火墙、员工的保护伞，是企业健康运行的必要保障。中国五冶已经打造形成了一整套现代企业制度体系，且形成了每半年一次的常态化检视机制，使各项制度更与市场接轨，更能满足上级要求，更能贴近企业实际。

一、走向市场的管理突围

市场和法治被称为现代文明的两大基石。一般认为，市场经济具有平等性、竞争性、法治性和开放性等特征，是适应社会化大生产、推动整个经济社会发展的有效机制。法律作为维护国家和社会稳定的行为规则，虽然在自然经济、封建经济和计划经济等形态下也已存在，但大体上可以认同：在市场经济条件下，才真正形成了具有法治特征的法律制度。

中国五冶如今完备的制度体系是他们不断适应市场变化、适应自身发展需要的结果。五冶人很难忘记，在2002年程并强就任五冶总经理的第一个月，很多事情还悬而未决时，他就作出了一个出乎意料的决定——新设法务部、规划发展部，并将计划经营处分为市场营销部和经营管理部，这一举动在当时引起了广泛的议论。

这种组织结构上的“两增一分”，“计划”变“市场”的味道立即显现，注重现代化、市场化职能管控的意图也变得突出了。从表面看，中国五冶是在进行内部组织机构改革，实际上就是在强化适应市场的导向。程并强在2002年干部大会上指出：“要做到宽政策、严管理，关键是要建立配套的管理制度，防止出现一宽就乱，一严就死。”当时有的人或许没有太在意，后来大家看得越来越清晰，这其实是一个重整旗鼓的信号。一切从制度变革开始，这是一场制度革命。这一举动比当时抢占市场的决策影响更深远，更有历史价值，表明了中国五冶与计划经济体制决裂的决心。因此可以说，中国五冶深层次的变化是从那时候开始的。

改革开放以来，越来越多的企业已经意识到企业制度化建设的重要性。正所谓没有规矩不成方圆，但是许多企业还处于有制度却形同虚设的阶段。社会主义市场经济拓展了企业内部控制制度广阔的发展空间，内部控制制度促进了社会主义市场经济进一步发展。加强内部控制制度建设，是企业自然发展的结果，当然更是时代的要求。我国内部控制制度的现状是，国有企业比非国有企业的内控制度好，国有大中型企事业单位的内控制度比小型企业的要好些，形式感也更强些，然而实际执行效果参差不齐。那么，影响企业制度化建设的因素是什么呢？

第一，是以人治代替法治，缺乏制度约束。在市场经济初期，承包经营代替制度管理现象较为严重，还有的企业往往依赖于领导的个人魅力，而不是靠制度去规范和约束。这些都可能给企业带来风险和损失。

第二，制度形式化，缺乏操作性。制度的产生源于企业管理的需要，然而有些企业在出台制度前，往往没有经过深入调研，不清晰市场的情况、环境变化等，只是凭借主观需要进行编制，与实际工作脱节。市场、环境变化了，但制度没有及时跟进。这种情况使公司的管理制度失去了其存在的实际意义，形同虚设。

第三，制度缺乏系统性、联动性。很多企业内部的各种管理制度，往往由各职能部门起草，相互之间的责任关系、关联关系不清楚，甚至相互矛盾，不具相容性和权威性，直接影响制度的执行和企业的协调发展。

第四，制度宣贯力度不够。制度是企业管理的基石，是员工的行动指南。企业组织对制度进行学习、培训不够，就会影响员工对制度的理解、掌握和运用，不利于制度的深入贯彻和执行。

第五，人管人，管理者工作量越来越大。管理者在工作中一般会遇到两类事务：一类是通过明确的规章制度就可以解决的常规事务，另一类是特殊事例，需要管理者灵活处理。统计数据显示，常规事务往往会占到管理者日常处理事务量的80%以上，而事实上，这些常规事务可以通过完善的制度加以解决，让管理者从繁冗的日常事务中解脱出来。对于这方面，我国企业的制度建设还有差距。

没有规矩不成方圆。制度建设是区别“人治”与“法治”的重要分界，如果没有准则，不加以规范和约束，企业就无法脱离人治所带来的系统性风险。

以亚细亚集团和飞龙集团这两家国内曾经名噪一时的企业为例：亚细亚开业9年，竟然没有进行过一次审计，外单位向公司借款甚至不需要办理任何手续；飞龙集团在财务管理方面竟然没有一套完整的规章制度，占用、挪用、私分公司货款的现象比比皆是，却没有人制止。这两家企业都曾经红极一时，却昙花一现，归根结底是制度的缺失、法制意识的淡薄所致。这些案例充分说明，制度建设至关重要，它不仅是科学管理的起步，也是企业兴衰成败的生命线，因此必须把企业带到依法治理的轨道上来。

我国国有企事业单位已经有几十年的发展历程，其间积累了一定的内部管理经验，一般都有一定程度、一定范围的内部控制制度，或者说基本业务内部管理都有章可循。但是，这些制度是不是健全、能不能执行，会不会有章不循、违章不究，都值得进一步思考。而这也是中国五冶下大力气制定并且不断完善一整套行之有效的制度体系的根本原因。

中国五冶的领导班子认为，一个企业要实现永续发展，不仅要靠优秀的企业家、管理者，更要靠制度。从企业来讲，这个制度就是依法治理的制度。解决了制度问题，种种变革与种种创新就会随之而来；有了好的制度，企业的整体领导力就会得到提高与加强。

为此，在脱困崛起的过程中，中国五冶便广泛吸取权力与约束不匹配带来风险的教训，走上制度建设之路。2003 年从制度建设开始管理突围，2006—2008 年建立并实施集中集约与分级授权相结合的制度体系。2011 年以信息化建设为契机全面推动管理标准化、流程化、信息化。2014 年实施全产业链服务战略后，按照新的市场、新的产品和新的经营方式，对制度体系进行补充完善。2019 年根据新时代、新要求、新目标，再次集中梳理制度。每一次制度建设都是一次管理标准的完善和管理水平的升级，逐步形成了一套具有法商特点的成熟制度体系，推动了企业的规范治理和高效运行。

二、制度建立的原则及五冶特色

制度建立的目的是使企业内部做到“有章可依，有章必依，执章必严，违章必究”。从制度经济学观点来看，经济发展的主要因素不是资金、自然资源、人力资源，而是组织制度本身。组织的健康发展根源在于制度设计，制度体系和组织紧密相连，制度是组织的外在表现，是法律制度对市场经济时期种种商事行为治理的体现，是组织健康运行和发展的保障。中国五冶非常重视建立健全各项管理规章和制度，打造先进的制度管理体系，经过苦下功夫，如今中国五冶已经形成了一套环环相扣的法商制度体系。回过头来看，中国五冶建立制度是符合以下原则的。

第一，企业制度建立必须符合合法性原则，对法律形成补充。

“全面依法治国”是党中央提出的四个全面战略布局的重要内容，作为国有企业，中国五冶始终严格执行有关法律法规和规范要求，做到合法合规经营。他们认为，各项规章制度是企业的内部之“法”，是国家法律法规在企业的具体落实和延伸，只有建立合法的内部规章制度，才能够切实保证企业规范运行。同时，企业规章制度具有法律的补充作用。规章制度不仅是公司规范化、制度化管理的基础和重要手段，同时也是预防和解决合作纠纷和劳动争议的重要依据。企业的事务异常丰富而复杂，国家法律法规不可能对企业管理的有关事项有详尽而具体的规定。事实上，企业依法制定的规章制度在管理中可以起到类似于法律的效力，可以作为人民法院审理有关争议案件的依据。因而企业合法完善的规章制度起到补充法律规定的作用，有利于保护企业的正常运行和发展。

第二，企业制度建立必须符合规范性原则，具有权威的力量。

企业管理制度是全体员工在生产经营活动中须共同遵守的规定和准则的总称，其表现形式或组成包括企业组织机构设计、职能部门划分及职能分工、岗位工作说明、专业管理制度、工作或流程、管理表单等管理制度类文件。企业因为生存和发展需要而制定这些规定和准则，就是要求员工在职务行为中按照企业经营、生产、管理相关的规范与规则来统一行动、开展工作。中国五冶不仅建立了规范的制度体系，而且根据各项制度建立了标准化的业务流程，并运用信息化手段实现了管理规范化、业务流程化、流程表单化、表单信息化，规范了各项工作。例如他们制定的项目管理手册，让项目履约全过程管理要点、工作流程等清晰可见、标准统一、有章可循。

第三，企业制度建立必须符合完整性原则，具备系统性和相融性。

企业规章制度是企业根据自身特点，在生产、经营、质量、技术、人力资源开发等各个方面制定的一系列管理规范。在制定时，必须全面统筹考虑，系统地进行编制，不能想当然，导致制度缺失或出现空档，必须保证规章制度的完整性，同时制度之间必须具备相融性和协调性。业务领域需要管控到底，分工协作需要横向到边，哪个点位出现真空，都可能影响到整体和全局，所谓“千里之堤，溃于蚁穴”，讲的就是这个道理。企业的业务工作是多方面的，是各个系统相互支撑、相互协同、系统集成的结果，中国五冶在制定管理制度时，都明确了管理要求和业务流程、业务分工和责任落实以及考核机制怎么配套、保证体系如何跟上、谁牵头谁配合等，这就是系统性、相融性集成的体现。

第四，企业制度建立必须符合公平性原则，广泛调动积极性。

企业制度建立的目的之一是调动员工积极性，能为员工普遍接受，因此讲究的是公平公正。不能体现公平的规章制度即使表面上再全面、再完整，也不能说是科学的规章制度，员工不认可就起不到调动积极性的作用，甚至会带来负面影响。中国五冶的一大特点就是善于通过创新政策和制度来激发活力、动力，不仅是调动和凝聚内部力量，还以开放包容的姿态，吸纳和激活社会各方力量，提升竞争实力。

第五，企业制度建立必须符合可操作性原则，不能闭门造车。

企业规章制度是全体员工的行为准则，是企业管理理念、管理思想和管理方式的体现，制订时必须从企业实际出发，使规章制度具有很强的针对性和可操作性。中国五冶制定制度时，都要求对所规定的业务、事项进行清晰、具体、准确、简练地表述和界定，不允许讲空话、套话、操作性不强。例如，五冶的风险防控制度，从项目合同经营全过程到企业管理各个层面都设置了具体的风险控制标准，仅项目履约风险标准就有300多项，明确了项目风险点，为项目履约纠偏管理提供了依据。这些来自生产经营实践并总结形成的风险管理控制标准，是五冶全面风险管理的操作指南，将风险防控实实在在地落实到了每项业务、每个岗位。

第六，企业制度建立必须符合时效性原则，应时而动，推陈出新。

企业制度制定不能一成不变，而是要根据上级要求、市场变化、企业发展需要与时俱进地修订调整。企业管理制度应该是稳定和动态的统一，长年一成不变的制度不一定是适宜的制度，经常变化的制度也不一定是好制度，应该根据实际需要，应时而动、应事而动，实现相对的稳定和动态的变化。中国五冶制订制度时，首先是贯彻和落实上级的各项要求、满足和促进战略目标的实现。同时突出市场化原则，尤其体现出“春江水暖鸭先知”的先觉先察特点，密切关注市场形势等外部环境变化，及时建立健全制度，抢占先机、登高臑远。

五冶每半年组织一次制度集中检视的做法，本身就是一种制度，从根本上更好地确保了各项制度的时效性。

中国五冶在制定制度时遵循的上述原则，实际上成为他们的独特经验。五冶建立健全制度的初始本意是为了规范管理行为，让管理行为有据可依、有标准可循，避免无效管理行为。这也就是以内部之“法”进行企业管理。他们的法商融合，首先是让法律、规章等各种制度符合经营实际，这是融合的基础与前提。他们开始也许并没有从法商管理的理论角度思考，只是想运用法治思想解决实际问题，制定一些制度，随着认识的深化形成经验，摸索出一些规律，最后上升到理论层次。但是，他们的起点一下子便触摸到法商管理的实质问题，运用法治思想解决市场经济中的商事，把企业所有的市场问题用制度管起来，在法律制度的框架下行动。

法商管理所要坚持的就是追求效率的经济价值观与方法论同追求公平的法治价值观与方法论的有机结合，实现效率与公平均衡发展，最终实现长期可持续发展的管理决策。法商管理中“法”的界定，狭义来看主要是指法律条文、成文的规章制度等。中国五冶在实践中主要采用广义上的理解，即影响人们行为的各种规章制度。在法商管理决策中既要分析经济要素变量，也要分析规则或法律要素变量，在内部治理上表现的便是这些环环相扣的制度体系。

第二节　集中集约的管控机制

2018 年 10 月 26 日，《人民日报》以《深化国企改革　激发内生活力——中国五冶致力全产业链服务》为题，对中国五冶深化国有企业改革的经验和成绩进行了深度报道。报道中这样写道：“在中国五冶的众多管理创新中，最重要的当属推行集中集约管理——通过制定一系列管理制度和机制政策，把项目的关键要素和重点环节按照授权集中到两级公司，从而从源头上控制住了成本、防范了风险。”对于中国五冶而言，集中集约的经营管控机制可谓最有影响的管理创新。这一管理机制经历了从集约集中经营到集中集约管控的发展演变，从最初的经营管理机制逐渐演变为覆盖企业发展全方位、全过程的管控机制。

一、从建筑行业最大的问题开始突破

从 1992 年开始确立市场经济体制的目标之后，我国经济发展速度加快，但生产力解放程度仍然不高。为搞活机制，国家鼓励推广承包经营责任制，极大地带动了生产经营者的积极性。建筑行业也不例外，1987 年推行“项目法施工”，当时建筑产品结构和工艺相对简单、单体规模不大，工程不用垫资，市场竞争不太激烈，按“项目法施工”搞承包经营在建筑行业也是可行的，一定时期内对企业转换经营机制和做大规模产生了积极作用。

但到了 20 世纪 90 年代末和 21 世纪初，一方面，国有建筑企业在计划经济体制下形成的全要素生产模式以及相对应的人员结构、组织模式越来越不适应市场经济的需求，作业人员、周转料具、机械设备等生产要素逐渐被分离出去，取而代之的是通过签订合同实现市场化资源组合，建一个工程往往涉及几十份乃至上百份合同，生产经营的风险开始加大。另一方面，建筑产品的单体规模和投资总额在不断增长，市场竞争也在不断加剧，项目付款条件不断恶化，前期投入资金量大，原有的单一的项目经营模式已经无法满足新形势下的资源组合需要，往往会造成项目承包者权责不匹配，最终导致有权无责的状态，给企业带来巨大的经营风险和损失。就整个建筑行业的普遍情况而言，在以前的管理模式中，曾经一度出现过项目以包代管的情况，对于项目用什么人、采购什么原材料等，项目经理具有很大的决定权，甚至可以代表公司签字盖章，权力约束机制跟不上或者约束措施不“硬核”，对企业带来的风险非同小可。

建筑行业的这种特殊性，使中国五冶在防范经营风险与强化竞争优势的双重考量之下，率先放弃了项目法施工的经营方式，走上集中集约管控的道路，成功打造了集中集约管控体系，适应了市场变化和战略要求。

如今，集约化经营管理已经是现代管理提高效率与效益的基本取向。尤其在全球化的背景下，集约式管理越来越成为集团企业发展的有效路径，正如有论者所言：“实施对人、财、物各项资源的集约化管理，是现代集团企业提高管理水平和效率、不断提高竞争力的一种有效方式。因此，我国的大型集团企业为适应全球化激烈竞争，为成为具有国际竞争力的全球化企业，积极实施集约化经营管理是企业发展的必然选择。”① 2012 年，时任国务院国资委主任的王勇在中央企业负责人会议上的讲话中指出：要加强重大事项集中管控，提高集团总部资源配置能力。而中国五冶的这种探索，不是从哪一本管理学著作中模仿来的，而是在过去近 20 年的实践中一步步摸索出来的。他们的做法，深度契合了现代管理的走向。

二、集中集约管理制度再造

中国五冶从审计工作的集中管理开始，逐步在多个方面进行集

① 张旭梅，王兴山，邱晗光．集团企业集约化经营管理[M]．重庆：重庆大学出版社，2013：8.

中管控。2007 年完成了集中集约的管理制度和流程再造，以 2008 年 3 月召开的管理研讨会为标志，集中集约管控正式启动、全面实施。

中国五冶的集中集约管控经过不断总结、完善和优化，最终展示给我们的是以成本要素、履约与风险、投资与资金为核心内容的集中集约管控体系，即将企业管理的关键环节和核心要素集中到两级公司管控。中国五冶系统化、层次分明的集中集约管控机制与制度，主要体现在以下几个方面。

第一，集中营销管理制度。中国五冶建立总部、二级单位、项目部三级营销体系，把项目的评审及签约权集中到两级公司。总部对项目信息跟踪统一管理，主要营销大项目、投资类项目、有影响的项目、发展提升类项目。二级单位按照各自发展定位，主要拓展低成本项目、施工总承包项目和专业承包项目，二级单位对授权范围内、未超越刚性条件的项目自主评审决策。

第二，集中成本控制制度。一是集中采购。将分包选择、大宗材料采购、周转料具租赁等按授权集中到两级公司，实行公开阳光采购、合理最低价中标，切实降低了项目成本，做到同地区采购成本最优。二是集中预决算管控。建立了两级公司预决算审核监督制度，总部的预决算聘请外部审计事务所审核，二级单位的预决算由总部审核，以此防止经营风险、堵塞漏洞。三是集中签证管理。统一建立了严格的分包签证审批程序，解决施工现场签证难以控制的情况。

第三，集中资金及投资管理制度。集中资金管理，提高资金归集度。实施全面预算管理，增强财务管理的计划性，对预算外支出及费用超支单位的资金计划实行严格的报批审核。2018 年财务共享中心全面上线运行，进一步实现了会计业务核算、资金收支结算等关键事项的集中管控。五冶总部总体把控资金规模，创新融资方式，对投资类项目从投资预算、项目立项、过程管理到后评价均由总部实行全过程高度集中集约管控。他们在投融资项目的管理上，摸索出了一套与施工管理并行的投资管控办法，采用“双策划”“双责任”“双例会”制度，避免项目管理人员仅从施工角度去考虑投资管理问题，保证了投融建项目既圆满履约又实现应有的投资效益。

第四，集中项目履约制度。项目履约关系企业的竞争能力、品牌形象和声誉，中国五冶坚持扁平化管理，项目策划、履约过程管理、项目后评价等集中到两级公司实施管控。总部机关对直管项目进行全面管理和控制，对授权二级单位实施的资金运作类项目、发展提升类项目、重大项目进行重点监管和指导帮助；二级单位对管辖范围内的项目负责全面管理和控制。

第五，集中风险管控制度。中国五冶历年工作安排都将防控风险作为经营前置条件，建立并不断完善涵盖企业各个方面、项目全过程的风险管理体系和制度，形成了企业全面风险控制标准，建立了两级公司风险识别、评价、处置流程，一旦出现风险事件，即按照风险管理层级制定应对方案，及时化解处置。

第六，集中内控监督制度。中国五冶重点通过加强审计和监察工作，推动内部监督管理。10 多年前就把审计业务集中到总部，同时设立监察机构，全面开展经济活动、经济责任、制度执行、风险防范的内部监督，不断查找、发现违规越制、经营亏损、管理漏洞等问题，推动持续整改。同时建立内部巡查、专项检查等制度，加大对执行中央八项规定精神、财经纪律、管理制度等的监督监察力度，形成强有力的多层次内部监督机制。

上述诸多方面的集中集约经营管控制度都是中国五冶从实践中摸索而来的，都是追踪着企业经营管理实践的步伐建立起来的，并最终形成了横向到边、纵向到底的完备的集中集约制度体系与管控思路。

五冶在制度管理上每半年进行一次检视，但是，有些制度十几年都没变，有些则隔几个月就有变化。在变与不变之间，主导思想是一致的：变的是与时俱进、与事俱进，为的是实现管理制度与管理目标的高度一致，实现生产关系适应生产力的发展需求；不变的是法商融合的管理总思路、适应市场的总法则、集中集约的总基调、防治风险保持稳健发展的总目标。从 2002 年年底开始，中国五冶便显露出这种“初心”，后来在经商和法治的价值观及其方法论的相互作用下，认识越来越深入，终于形成制度体系与明法精商、敏思善行的法商复合型管理氛围。

三、以集中集约提升竞争优势

可以看出，中国五冶的管理，最终目的是通过集中集约的方式，实现对整个公司人、财、物等各种资源的集约化管理，使整个公司的组织架构、业务流程、资源配置、风险防控等得以优化，从而提高可持续发展能力和综合竞争能力。除了建筑行业发展风险的倒逼之外，集中集约的管理模式具有诸多优势。

第一，集中优势资源办大事。依托企业平台，有效集合、配置内外优势资源，形成强有力的竞争优势和管控能力，实现重要事项、重大项目的突破，尤其是在大项目营销、资金类项目运作、全产业链服务项目的实施等方面，效果显著。同时，在追求产出效益的同时，更加关注资源的投入与产出比例，强调公司整体资源的有效整合和高效利用，注重通过有效的管控手段，优化企业资源的组织、投放方式，保证企业资源的集中使用、高效使用、节约使用，实现企业高效率的效益增长。

第二，缩短控制距离，增强协同性。在集中集约管理事项上，通过公司总部对二级单位的直接控制，使公司的经营决策在二级单位能够得到最直接、最迅速、最有效的实施，实现纵向穿透式管理，且信息完全，控制反馈及时。总部的集中集约管理，减少了管理程序，有利于增强各单位、各系统间的协同性。

第三，集中采购降低成本。影响项目效益的主要是采购成本和管理成本。就采购成本控制而言，分包队伍选择、大宗材料采购、周转料具租赁等，采购份额越大，中间环节和参与人员越少，采购成本越低，公平公正性越高，集中式采购，无论采购话语权还是价格竞争力，都必然优于零散式采购。从中国五冶的集中来看，他们的采购成本做到了同地区同行业最低，对增加效益作用甚大。就管理成本控制而言，集中管理有助于加强管理部门与项目团队之间的相互监督，有助于通过公共性资源的统一调配使用来节余成本，有助于控制不合理的分配与支出。

第四，集中管控抵御风险。建筑行业是一个充分竞争的行业，建筑产品生产经营过程的环节多、链条长，加之市场主体不规范情况时有发生，给企业运行带来潜在风险。中国五冶运用集中集约的管控方式，采用明晰的风险标准，对合同入口、项目策划、履约过程进行全方位风险防范和控制，有效抵御了风险侵袭，成为健康发展的关键因素。

中国五冶之所以能够创新实施全产业链服务的经营模式，与集中集约管理机制发挥重要作用分不开。2018 年 1 月 9 日，中国五冶中标川内城市的某专家社区项目。这一项目是该市专为吸引某方面专家的筑巢引凤项目，为 2018 年重点工程，也是五冶巩固该地区市场的重要项目。该项目合同总价约 20 亿元，总建筑面积约 52 万平方米，涵盖专家公寓、商品房、酒店、办公楼、幼儿园及商业区等多种业态。

由于是 EPC 工程总承包项目，按照全产业链服务的经营理念，根据业主对项目业态尚有优化需求，中国五冶集中抽调内部相关人员，利用企业平台组合设计单位、产业策划单位等外部优质资源，为业主提供了最适合的业态规划方案，利用其地理区位优势，打造城市区域地标，此方案获得市政府高度评价并采纳。在这一项目中，中国五冶以客户需求为导向，主动站在业主的角度考虑问题，快速组合、高效利用内外优势资源，优化成本结构，为客户提供了满意的增值服务，同时实现了降本增效的双赢局面。

可见，集中集约管理可以有效地实现资源的整合协调，使资源最大限度地得到应用和共享；可以实现企业成员之间的协同沟通，促进企业决策、成员协作以及业务操作效率的提高。通过集合人、财、物等生产要素，以节俭、约束、高效为价值取向，进行统一优化配置，从而达到减少企业内部的重复、内耗、低效和浪费，达到缩减成本，获得可持续竞争优势的目的。

四、权责统一的授权策略

集权（centralized authority）和分权（decentralized authority）是一对相对的概念。集权是指决策权在组织系统中较高层次的一定程度的集中；与此相对应，分权是指决策权在组织系统中较低管理层次的一定程度的分散。例如，美国零售业巨头塔吉特（Target）在管理上采取的是权力非常集中的形式。组织的集权或分权程度主要是针对管理工作，而不考虑实施工作。因为任何组织的实际作业活动都是非授权不可的。当然，“在组织管理中，集权和分权是相对的，绝对的集权或绝对的分权都是不可能的”。①

① 张永良. 管理学基础[M]. 北京：北京理工大学出版社，2018：117.

从中国五冶的管理体系看，是集中集约与分级授权的有机结合。本质上说，集中集约与分级授权涉及企业管理中权力与责任的问题、授权与收权的问题。从组织行为学角度来说，管理就是分配权力、责任和利益，好的管理就是要使权、责、利相互对等、相互依赖、相互促进。企业的制度体系应当充分考虑被授权主体驾驭权力、承担责任的能力，有效规划并实现责、权、利的合理配置。

五、权责对等的分级授权

所谓授权，指上级在下达任务时，允许下属自己决定行动方案，并能进行创造性工作。充分授权有两个前提条件，一是信任，二是能力。中国五冶在建构起集中集约管理机制、用“强治”提升竞争优势的同时，以分级授权的“弱治”方式不断合理调配权责利关系，激发企业活力。

中国五冶以管得住、管得好、管得高效为出发点，以分级授权的方式建立起从董事会向经营层，经营层向机关部门、分/子公司、项目部的授权体系，对每个岗位实行权责利的科学匹配，做到了授权有度、收权有方。五冶的授权管理不局限于生产经营，而是全面覆盖企业所有工作。

首先，是对分/子公司的授权。

五冶总部重点负责战略规划、制度建设、重大风险管控、重大成本控制、资金资本运营、财务管理、人力资源管理及党的建设等重大事项，对分/子公司主要履行管控、指导、监督、服务职能。分/子公司主要负责日常生产经营和管理工作，由五冶总部根据其各自的管理能力和专业水平予以授权，并动态调整。

以日常经营活动为例，主要对分/子公司的营销评审、合同交底、项目策划、工程及物资采购、项目履约、结算及清欠等进行严格授权管理。如表 6－1 所示：

表 6－1 对分/子公司经营活动的授权示例

实施单位	营销授权	采购授权
某公司	建筑工程：3 亿元或 20 万平方米； 市政工程：2 亿元； 钢结构制作安装：8000 万元； 民用水电安装工程：全额。	常规产品：项目合同额≤5 亿元，且单个分包合同额≤1 亿元； 提升发展产品：项目合同额≤3 亿元，且单个分包合同额≤6000 万元； 机械租赁采购：全额。

对分/子公司经营活动授权有以下两个特点：

（1）根据专业水平和管理能力进行授权。根据对分/子公司战略定位及管理能力评价制定授权方案。以四公司和钢构公司营销授权为例，四公司是民建工程总承包为主的单位，主要打造超高层、大型场馆、大型综合体等高端民建精品，而钢构公司是以钢结构及装配式制造安装为主的专业承包及总承包单位。在不超过刚性条件的前提下，对于建筑工程总承包项目，四公司的自主评审金额为 3 亿元，而钢构公司仅为 5000 万元。相反，对于钢结构项目，钢结构公司自主营销评审金额为 1 亿元，而四公司的评审金额仅为 3000 万元。超过授权自主评审标准的都要上报五冶总部。

（2）坚持定期动态调整授权。每年对各分/子公司的经营授权进行动态调整。通过对二级单位季度考核、年度考核，对管理状况进行诊断评价（见表 6－2、图 6－1），根据评价结果进行授权调整，定期更新发布授权清单。对管理能力强、管理效果好、严格执行授权制度的单位加大授权，对管理能力弱、执行效果差、有违规越制行为的单位降低授权。有的公司因为管理不善被降低了授权，还有个别公司因未严格执行当年的采购授权规定，被立即收回采购权 3 个月。这些例子都反映了中国五冶对授权管理的严格有效掌控（见图 6－2）。

表 6－2　某公司基础管理考核表

管理内容	2018	2019Q3		2019Q4	
市场营销	9.9	9.93	↑	9.93	▬
经营管理	6.34	6.26	↓	6.63	↑
工程管理	8.2	8.9	↑	9.1	↑
技术管理	7.01	7.53	↑	7.34	↓
财务管理	6.39	6.5	↑	6.48	▬
质量管理	6.55	6.3	↓	7.7	↑
安全管理	7.3	7.2	↑	7.4	↓

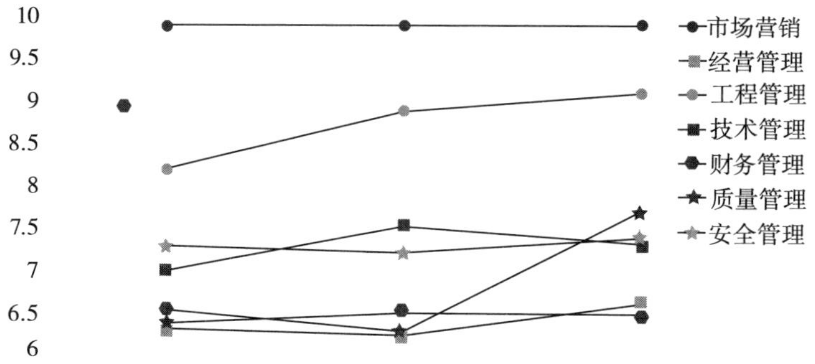

图 6－1　某公司基础管理走势图（按时间维度）

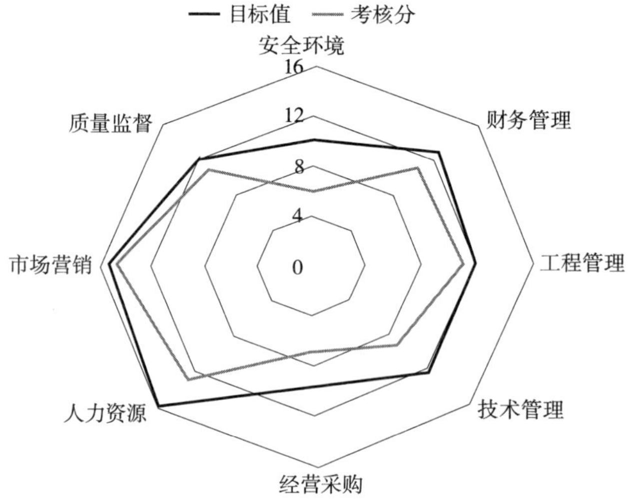

图 6－2　某公司 2019 年管理短板考核结果

其次，是对项目部的授权。

根据不同的项目特点、市场环境、团队能力等，本着管理到位、风险可控、效益最大化的原则，确定经营分成型、抵押承包型等不同类型的项目经营责任制，签订责任书，落实项目责权利。经营分成型责任制由公司全面经营管控，对项目团队实行一定比例的抵押，授权项目团队主要负责项目履约，确保工期、质量、安全及收益等目标实现，分成一定比例超额收益。抵押承包型责任制，由项目承包团队高额抵押，自担风险，授权项目团队全面控制项目成本及过程管理，公司实施监管。

最后，是对岗位授权。

岗位授权是通过对岗位的职责、权力进行界定，在落实岗位责任的同时授予工作相关的处置权力。权力意味着责任，只能在授予的范围内行使，不能越权。比如印章授权，中国五冶对每一枚印章都明确界定了使用范围，同时对每一个管理者审批印章的权限也作出了明确界定，授权人按照制度规定和岗位职责，与被授权人签署“印章使用审批授权书”“印章使用审批责任书”，被授权人在授权范围内行使用印审批权，超授权审批不能用印。

六、以授权激发活力

在企业管理活动中，授权和收权是天然的矛盾体，无论是放还是收，必然遵循一个科学合理的度，也就是遵循授权有度、收权有方的法则。双方之间只有保持一种微妙的平衡，才能够有效地激发活力，否则就会挫伤积极性。实际管理工作中，过分授权会使企业管理陷入无序之中，造成各自为政的混乱局面，这种尾大不掉的态势也会令企业负责人难以实现有效控制，由此可知过分授权不可取；但反过来过分收权也不是明智的行为，若权力过度集中于管理层，会不利于激发员工的工作积极性。

五冶的授权管理，在赋予对方一定权力、调动其主观能动性的同时，又给对方划定了明确的权力边界，约束其管理行为。可以说，五冶的分级授权管理是一个既“放”又“收”、既“激励”又“约束”的概念。五冶正是很好地驾驭了“放”与“收”、“激励”与“约束”的关系，做到了合理授权、科学授权，起到了激发活力的作用。

一部完善的制度应该发挥两方面的作用：一是适合企业实际，二是最大限度地激发集体的创造潜能。做到第一方面已属不易，想做到第二方面则难上加难。这就首先要求人们改变对制度的狭义思考：它不仅是约束性的东西，也必须是有激励作用的。

杰克·韦尔奇认为，高度的集权式管理只会让公司的运行减慢，他提倡的是简单式效率型管理。一名优秀的管理者是不会因为过分授权而使工作被动的，相反，他会通过授权使自己的工作趋向于完美。如其所言，好的企业管理既要懂得收权，也要懂得如何放权，如何去充分授权。

中国五冶的分级授权至少有以下明显的优点：

第一是差异化授权提高权力和能力的匹配度。五冶的分级授权是差异化的，是根据每个被授权对象的管理能力和业务水平来确定授权范围和大小的，具有很强的针对性，不搞“一刀切”。这就避免了能力大于授权可能带来的资源浪费，也避免了授权大于能力可能带来的风险和损失。

第二是保证企业高效运转。按照常理集中集约有可能带来效率的降低，分级授权的一大好处是获得授权的组织或个人，可以在授权范围内自主决策，从而提高工作效率。

第三是刺激微观主体的动力活力。即通过授权使一部分管理权限分级下放，调动相应层级的积极性，从而解决集中管理可能带来的局部活力不够、动力不足的问题，是对集中集约管理的有益补充。

第四是成为努力提升能力的正面导向。由于五冶对集体和个人的授权都是根据管理能力和专业水平动态调整的，能力越强、业务越精、管得越好的就会获得更多更大自主权，这样就引导、鼓励大家不断提高自身专业水平和管理能力。

在实践中，五冶的分级授权管理效果是十分显著的，其微妙的授权之道还有许多地方值得深入研究和总结。

对于中国五冶的授权放权管理，还应当从更为宽广的背景来认识。在国有资本授权体制改革的大背景下，近年来国有企业授权放权的积极性很高，开展了大量的研究和实战工作。但除了部分市场化程度高的多元化集团型企业外，其他企业整体的效果尚不明显，多数企业还徘徊在“一管就死”和“一放就乱”中间，找不到好的平衡。其中的典型问题有以下方面：①受到定位和战略不清晰影响，授权放权找不到好的着力点；②未梳理清楚决策事项，存在较多遗漏；③该管的没有管好，运作效率低下；④放了不该放的，风险没有管住；⑤实际执行发生偏差走样，走样的主要原因是设计缺陷和执行约束力不够，常见的情况是有些事项的决策权已经给到了下属公司，但下属公司不愿意担责，继续往集团公司上报，希望集团公司能够为决策事项背书。另外一种情况就是该报未报，比如通过项目分拆等手段将决策权留在下面，造成了更大的潜在风险；⑥对放权事项监督配套不足。

显然，在面对如何授权与放权的问题上，首先应明确公司战略，基于战略，才能进一步明确公司总部定位和子公司业务定位，共同作用于管控模式的设计。很多央企既做公益类业务，也做商业类业务，还有内部支撑类的业务，对于不同类别的业务板块子公司，决定了集团的授权策略和考核策略必定是有所不同的。一般情况下，商业类业务板块子公司授权放权会更加充分，以引导建立市场化运行机制，着重进行收益考核，并相应加大考核和监督；公益类业务和内部支撑类业务板块子公司相对集约管理，以推动降本增效，侧重对任务完成、成本控制和满意度等方面的考核。像中国五冶这样的建筑类大型集团公司，对内部支撑类业务板块的分/子公司实行集中集约与分级授权相结合的管理，是非常合理的，实践证明也是颇有成效的。

第三节　不可撼动的制度执行力

成功的制度三分靠制定，七分靠执行。对于一个企业来说，科学的制度是前提，严格执行是关键。管理制度再怎么严密，管理方式再怎么细致，要实现企业的发展，最重要的还是这些制度和管理方式的落实。正如程并强所言："打造企业的制度优势关键在落实，全体员工尤其是各级管理者要严格执行公司的各项制度规定，按制度管理，按授权履职。"

一、制度建设的关键在执行

中国五冶从诸多方面探索与实践，为制度落地保驾护航。其制度的应用落实，重点抓住了如下几个方面：

第一，要让员工"知道"有这个制度。

中国五冶注重对制度进行反复解读培训，让大家学习理解后执行制度。让员工"知道"有这个制度的最好做法是在制定制度一开始就让不同岗位的员工参与进来，充分了解制定规章制度的必要性以及制定该规章制度所能实现的目标或利益。只有取得员工的理解与支持，将来执行起来才能取得事半功倍的成效。中国五冶让员工“知道”企业规章制度的方法有很多，比如在制定制度的过程中，广泛听取相关人员的意见，发动大家进行讨论；组织员工培训；进行考试、考核等。其中，组织新入职的员工进行制度培训、各系统开展管理培训就是代表性的做法。无论哪种方式方法，都只有一个目的，就是让员工熟知企业的规章制度。只有这样，员工才会对照自己的行为，明白什么可为，什么不可为，久而久之便形成习惯，这就是制度落实的良好开端。

第二，领导干部的表率作用是企业规章制度得以落实的推进器。

企业高层领导处在重要的工作岗位，他们负责确定企业价值的目标定位、发展思想、资源配置、各种规章制度的出台以及工作的方式方法等，对规章制度的执行起到决定性的作用。在制度形成后，中国五冶领导班子会率先垂范，与中层管理者一起通过各方面的工作来影响、作用于每一位员工。在五冶，各层领导以身作则，对制度给予充分重视，执行中不偏驳，做到公平、公正，进而有力推进企业制度的有效落实。在执行制度方面，董事长、总经理都经常强调，下级若发现他们有不符合制度规定的管理行为，必须给予提醒、纠正，形成了“制度说了算”的文化氛围。

第三，完善的监督机制是企业制度有效执行的有力保障。

中国五冶通过构建全方位、立体化的“大监督”机制，保证制度的有效执行。通过各系统定期业务检查、季度对标及管理讲评、川沪两地交叉检查、审计监察监督、内部巡查等方式，使问题暴露出来，促进制度执行，也为制度的持续优化完善奠定基础。

一张罚单的故事最能体现中国五冶对制度和授权的严格管理。

中国五冶曾对一家分公司给予水电安装工程2000万元的分包采购授权，但该单位有一次自行采购支出了2038万元，虽然采购符合最低价中标的原则，但因为超过了授权，没有事先上报总部审批，五冶还是按制度规定对该单位作出降低授权额度的处罚，同时对相关人员给予了行政和经济处罚。仅仅比总部授权超出了38万元，且招标收益比总部规定的收益还高，也没有违法现象，但该单位的经理、纪委书记、其他直接责任人都受到了严肃处罚。有人对此不解，认为中国五冶的做法太过于严苛，太过于不近人情。然而这种看似严苛的制度执行要求和授权管理，是五冶在严酷的市场中艰辛摸索出的一条道路。因为制度必须有监督机制、有执行机制，才能保证制度的落实。

二、五冶制度建设的收获与启示

有人说，五冶法商融合下的强制度、严执行换来了企业脱胎换骨的新气象。只有经历过的五冶人才会有这样深切的体会，对于制度的建设与执行，五冶人是有发言权的。五冶坚持法商融合的理念，形成了独具特色的企业制度建设之路，从其实践中可以看出制度建设对于企业经营管理的重要性。这一点，可以从以下五方面加深理解。

第一，法商融合的制度建设促进了企业可持续发展。

企业实现其发展战略目标的过程，是一个艰巨和漫长的过程。这个过程伴随着企业管理水平和运营状况的不断优化、革新，是一个逐渐上升的循环过程。在循环优化的过程中，制度建设可以固化企业已有的成功经验、模式和管理方法，为企业铺垫好上升的轨道，确保企业各项管理工作依据既定轨道运行，最大限度地避免偏离目标，避免出现风险。同时，制度建设可以保障企业运营的有序化和规范化，提高企业的经营效益，增强企业的竞争力。完善的规章制度可以使企业得到合作者和社会的广泛信任，也更易赢得商业机会和发展机会。

第二，法商融合的制度建设提升了企业经营效率。

制度建设工作通过对管理规则和操作流程的梳理，在企业范围内传播统一的规则信息和管理标准，并将其固化为企业成员的思想意识和工作行为，从而为庞大的企业有机体的协调动作提供保障。

第三，法商融合的制度建设降低了管理随意性。在企业管理中，部分管理者受“官本位”文化的影响，显现出的自我意识和随意性相当明显，喜欢以个人直觉左右管理工作。在这种“人治”状况下，规范管理谈何容易。制度建设的目的之一，就是要消除不利于企业稳健发展的“直觉”，把有利于企业发展的“直觉”转换为企业成员都清晰了解、一致认同和共同遵守的明示规则，从而为实现真正意义上的规范管理扫清障碍，创造条件。对于员工来讲，按照制度办事比服从某些管理者的直觉管理更易于接受，一个合理的制度也能够满足员工的公平感，促进员工更加积极地工作。

第四，法商融合的制度建设体现了企业的文化理念。

制度建设工作的过程，本身也是提炼、凝聚和固化企业文化的过程，它能够使企业在快速发展和多变的竞争环境中，保持高度协调的发展动力和应变能力。在中国五冶的实践中，作为“有形”的管理制度建设工作，其成果总是有意无意地体现出“无形”的企业文化特征，也就是企业管理制度总是体现着主要经营者的政策取向，体现着管理者对管理工作的自发诠释，比如“严细新实、持续提升”的管理文化就在制度中得到了充分体现；通过制度的执行和反馈，员工也会对企业文化具有更好的认知。通过完善的制度管理，可以有效地增强员工的工作积极性，极大地增强员工的工作热情。

第五，法商融合的制度建设建立了新型亲清关系。

规章制度建设，不仅是企业规范化、制度化管理的基础和手段，也是预防和解决合作纠纷、廉洁从业的重要依据。中国五冶的制度建设实践表明，通过扎紧制度的笼子，有利于建立与合作伙伴共融共赢的新型亲清关系，既亲密合作，又清清白白，营造出风清气正、公开阳光的干事创业环境。

法商融合的制度建设工作对于中国五冶的重要性，还可以从其他更多角度继续发掘。确实，五冶法商融合的制度建设提示着我们，建立健全行之有效的规章制度，是建立现代企业的前提和必要条件，是挖掘公司潜力、发挥公司效能、激发员工积极性、增强公司凝聚力、强化竞争优势、树立公司形象的基本保证。

第七章

合同管理：在经营合同中走向法商融合

阅读提示 中国五冶的高质量发展起步于合同管控，得益于合同经营。从守好合同入口到全面合同履约再到全面风险标准管控，从全面合同管理到经营合同价值再到提供合同增值服务，五冶人以法商融合的理念治理企业，现代化企业治理能力不断升级。

在市场经济条件下，市场经济主体间的关系都可谓合同关系。合同是建设工程和项目管理的纽带，依靠合同来规范和确定彼此的权利义务关系非常重要。在我国市场经济改革进入深水区和攻坚阶段，急需一大批具有法商智慧的“讲政治、懂法律、有思想、善经营”的人才，他们是既熟悉合同管理与企业经营，又具有把握和建立规则能力的新型高级管理人才。在这一方面，中国五冶做出了颇有实绩的探索。

中国五冶在长期发展实践中，依据合同践行主体责任、行使主体权利，依靠合同防控经营风险、提升经营质量，实现了可持续发展。中国五冶的高质量发展起步于合同管理、得益于合同经营，而且管理流程的设置也是围绕合同的签订和履行来进行的。从守好合同入口到全面合同履约再到全面风险管理，中国五冶的履约质量和风险管控能力不断提高；从全面合同履约到经营合同价值再到提供合同增值服务，五冶人的企业管理水平不断升级，最终形成了法商融合的企业经营成果。在企业经营活动中，围绕着合同管理，五冶人在整合资源的同时不断强化合同管理规则，在经商和法治的价值观及其方法论的相互作用下合理实现企业目标，开辟了中国企业走向法商管理的道路。

第一节　从严把合同入口到全面合同履约

合同管理贯穿于工程建设的全过程和各个方面，是项目管理的关键环节。中国五冶的合同管理，始终以合同义务能够得到全面履行、客户需求能够得到合理满足为前提，以更好地实现互利共赢的合同交易价值为目标，依照法律、法规，从准备、谈判、订立，到生效、履行、变更、解除、争议解决、终止直至立卷归档等进行全过程的管理。建设工程合同管理主要分为招标阶段、投标阶段、合同签订阶段、合同履行阶段。不同阶段因实施内容和关键点的差异而有不同的风险点和管理要点。为了促进合同管理的作用得到有效发挥，企业需要建立一系列制度体系和机制保障。而中国五冶的合同管理从守好合同入口开始，不断提升自我契约精神，倡导全面合同履约理念，逐步形成了一套履行主体责任、防范合同风险、倡导互利共赢、提供增值服务的项目法商管理体系和机制。

一、从合同评审入手

自 1984 年我国在建筑业引入招投标制度以来，以建设工程合同明确工程交易双方经济责任的形式便正式确立起来。对于建筑施工类企业而言，管理活动以项目为中心，项目实施又以合同为依据。干一个项目往往要签订几十份合同，合同即是企业要遵循的法律，合同的内容决定着企业的权利和义务，合同的履行要以合同设定的权利和义务为标准。然而，在我国市场经济不断完善的进程中，社会信用体系的建设却明显滞后。尤其在建筑业，信用问题多年来已经成为建筑业发展的重要制约因素。

2002 年，刚刚履职不久的程并强讲了这样一段话："一些所谓的格式合同，从签订那天起就给我们埋下了隐患。这个问题我们要高度重视，增强合同意识，合同签订前一定要认真研究具体条款，识别风险、防止损失。"从这段话中，能看出五冶人面对合同风险的觉醒。

从那时起，五冶人就行动起来把好合同入口关，防止"病从口入"。具体做法就是发挥集体智慧对合同条件进行评价，尽可能把一切已知的和可预见的风险都挡在门外，大大增强对风险的预见性。在实践中，最终形成了"刚性条件评价 + 三段式评审"的合同准入评价模式。

从 2002 年起，中国五冶就要求企业经营过程中的所有文件都要经过法律顾问或律师的审核，不经评审的项目绝对不能操作，同时要求制定合同标准文本。之后，参与评审的部门不断增加，评审机制也不断完善。但究竟评什么、风险是什么，不同的人有不同的看法，没有统一的标准，特别是面对买方主导的市场，评审工作进行得多少有些被动，想要拿到项目，有些合同条件就没法太过较真。

为此，五冶决定在招标文件评审前增加刚性条件评价程序。如，2006 年，国民经济在经历了前几年超速发展之后，一些民营企业快速扩张的风险随时可能显现。五冶对承接投融类项目、民营企业投资项目就设定了明确的刚性准入条件。投融资项目需制作可行性研究报告，内容包括分析投资回报能否满足要求、项目是否合规、资金来源是否落实、回款时点能否保障等。民营投资项目需要编制风险控制方案，重点评价企业有无失信记录、近 3 年是否盈利、项目是否合规、产品前景如何、有无明显不平等合同条件、回款有无保障、是否放弃优先权等并提出解决方案。

之所以叫"刚性"准入条件，就是指没有通过刚性评价的项目，一律不得营销，不得进行招投标文件评审和合同评审。而对于通过刚性评价的项目也仅仅是取得了考试入场券，接下来仍然要面临三段式评审的考验。

所谓三段式评审，就是每一次参与投标和签约，都必须按合同评审管理办法进行招标文件、投标文件和合同文件三个阶段的评审。招标文件评审要解决的是发包人主体资格，给定的合同条件有无歧义、能否接受，需要提出哪些答疑和在投标时附加哪些条件等问题；投标文件评审重点把控投标价格、落实投标附加条件问题；合同评审重点针对具体合同条件的可行性、合同条款的周密性、合同权利的平等性、合同程序的完整性、合同风险的可控性等。为保证评审质量，还明确了所有参评部门的职责和参评人员应具备的资格，明确了参评人员、参评部门和分管领导各自的评审范围、评审职责。为了保证评审效率，要求限时完成评审，参评人员必须签署结论性评审意见，并承担相应责任。所有评审均有记录并存档，保证评审的可追溯性。

从此，"刚性条件评价 + 三段式评审"成为一个大闸门，准确地把风险项目挡在五冶的门外。合同评审中，如有多项不满足刚性条件的条款，就果断放弃投标；个别项不满足刚性条件的，有条件地投标，中标后经过双方进一步商谈仍不能满足主要刚性条件的，也要坚决放弃。多年来，因为不满足刚性条件、未通过三段式评审，五冶放弃的大项目、业主主动邀请的项目已不在少数。

随着管理实践的不断积累和创新，合同管控标准的不断完善和更新，五冶把控合同入口的能力越来越强，合同刚性评价的内涵也越来越丰富。用五冶人的话说，合同的刚性评价是五冶管理的法宝，是五冶持续多年稳健发展的关键经营环节。中国五冶曾多次被邀请在行业研讨会上进行合同评审管理经验交流，众多行业伙伴争相来向五冶学习取经。但帷幕并没有就此拉上，曾经分管合同评审工作 10 余年的朱永繁在就任五冶总经理后，做的第一件事就是继续强化合同评审，在合同评审表的审批顺序上，总法律顾问被安排在了仅次于总经理的位置，旨在强化合同的入口把关。

由于市场竞争等诸多原因，有些项目合同风险虽然已经识别，却并不能在合同签约阶段完全消除。因此，五冶对于合同评审所识别的、相对可承受的、评审放过的风险条款，要求营销主体必须组织评审部门制订处置预案或进行提示，并在合同正式签订后 5 日内的合同交底中予以书面明示，确保履约主体和履约管理系统对识别出的风险条款完全掌握，并有组织、有计划地在策划和履约过程中逐步降低和消除风险，确保项目经营质量。同时，根据风险源的性质、严重程度，按公司风险管理评价标准对应的管理等级，纳入风险管理体系实施管控。五冶的合同评审可谓做到了极致，五冶总法律顾问张国华认为，有风险的项目多数是“病从口入”，把住了入口，就能把 70% 的风险挡在门外。

二、一封寄给董事长的橙色信函

合同管理不仅意味着对于外在合同风险的防范，更意味着提升企业内部的合同履约意识与合同管理能力。五冶下属某分公司与某大型地产集团合作的过程，淋漓尽致地体现了五冶人履约意识和契约精神的不断提升。

五冶某分公司曾经接到一个大型房地产商的楼盘项目，该项目产值5亿多元，算不上大项目，但由于这类项目条件严苛、盈利极其微薄、要面对众多个人业主，履约过程控制不好，不仅要亏损，还会影响声誉。

项目开工后，由于项目部对商品住宅产品的特性、关键细节、履约重点环节等实战经验不多，加之过去打交道的基本都是国企，这次与大型民营企业打交道，对他们的运营方式、管理习惯等也不熟悉。项目履约二三个月，危机就出现了。两家分包队伍发现价格低、收益低，三天两头组织民工找项目部讨要“说法”，扬言挣不到钱就不干，也绝不退场。最后，两家队伍干脆停工，让项目停摆。这时，距离合同工期拖延了近3个月。按照与业主的合同约定，竣工验收时，工期拖1天要罚款5万元。这个局面让项目部一筹莫展。与此同时，业主不断发书面函件催促，甚至把表示急迫的橙色函件发给了程并强董事长。

五冶立即召开专题会议，对于可能面临的违约风险，要求必须铁腕整改。一是派更有经验的团队接管项目；二是坚决撤换不愿执行合同的分包队伍。

经验丰富的项目经理王钢带着新的项目团队接手后，第一件事就是认认真真、老老实实地研究合同。他们发现，合同条款严谨、细致，而且关键是业主严格按照合同条款对项目进行管理监督，丝毫没有回旋的余地。于是，他们按照合同倒排工期计划，确保“后墙不倒”；对每一道工序进行经济成本策划，确保不亏损；对合同约定的其他要求，都全部落实。经过反复与分包队伍谈判协商，最终强制清退一家不愿执行合同的分包队伍，将另一家愿意严格执行合同的分包队伍留下。

经过一年多的背水一战，在严格、严谨地履行与业主的合同的同时，严格、严谨地与劳务分包队伍履约。最终，项目不仅抢回了当初拖延滞后的 3 个月工期，还比合同约定提前 2 个月竣工，并且实现了盈利。坏事变成好事，五冶将这个项目作为经典案例，对项目人员进行教育培训，让大家充分认识合同的刚性、履行合同的重要性。

经历了这个事件，该分公司赢得了这家地产商的认可和信任，建立了长期合作关系，还逐步走进了多家全国知名地产企业的市场。这些项目属于低成本项目，虽然利润微薄、要求严苛，但依然要承接这些项目，这是因为五冶把这些项目作为“练身板”项目，把这些项目当作“学校”和“健身房”，让基层项目人员在这些项目锻炼管理基本功，提升自身的合同履约意识与契约精神。

三、把义务变为权利的经典语录

“合同相对方的权利就是我们的义务、合同相对方的义务就是我们的权利；要通过履行合同义务获得合同主体权利。”这句话在中国五冶的管理者之间口口相传。

五冶曾经在承接重庆某场馆工程时，合同签得很好，约定发包人支付工程款每晚 1 天按万分之五支付违约金，承包人工期晚 1 天罚款 20000 元；任何一方延期 15 天以上，相对方有权解除合同；发生索赔事件应在 28 天内提出。工程前期，由于发包人原因，工程出现了拖期，但承包人没有在合同规定的时限内提出索赔，也没有要求解除合同。工程竣工后，发包人却提出了工期索赔，要求在结算中扣除工程拖期违约金。尽管该索赔事件最终通过友好协商得以解决，但这件事让五冶人对全面合同履约有了深刻的认识，只有合同双方都履行了合同义务，才能真正实现合同的全面履行。相对方不履行合同义务，就要通过积极主张合同权利而促使其履行义务，同时保护自身的合同权益。

这样的情况，让五冶人更加深刻地认识到合同“全面”履行的重要性。合同履行不仅要自己履行好合同义务，同时还要让相对方履行合同义务，对于相对方不履行合同义务的，要通过合同管理转化为自身的合同权利。只有这样，才能真正实现合同交易的目的，体现合同主体地位平等。

2006 年，五冶正式提出了全面合同履约管理，将工程管理部更名为工程履约管理部，将二级单位设置的“施工副经理”更名为“履约副经理”，在每个项目部配备履约副经理，其主要职责就是确保合同全面履约。要求所有项目从严从细履行合同，在不断提高自身合同履约质量的同时，全面加强合同相对方的合同义务管理，积极推动合同相对方履行合同义务，当合同相对方不履行合同义务时，及时将合同相对方不履行合同义务的行为转化为自身的合同权利。履约过程中凡是出现与合同约定不一致的情况，均及时与合同相对方进行沟通协调并书面确认，根据需要提前向对方发函提示或催告，涉及索赔的事项及时提出索赔报告等。

在总结多年实践经验的基础上，五冶制定了《全面合同履约管理办法》。该管理办法规定，全面合同履约管理是以项目内外合同履约为主线，从工程管理、安全管理、质量管理、技术优化、成本控制、结算回款以及项目经营、风险防控等全方位着手，进行项目履约全过程管控，不仅管控自身的履约质效，还要对合同相对方的履约实施有效管控，通过合同双方的同步履约，实现经济价值的最大共振。

伴随着合同履约意识、管理能力的不断提升和管理机制的不断完善，中国五冶全面合同履约系统日益完善优化，管控效果越发显著，企业诚信经营的品牌影响力日益提升。以 2018 年为例，五冶当年 344 个在建项目整体合同履约情况良好，单位工程质量合格率 100%，并创造了多个工程奇迹：仅用 150 天，在主干道不封闭的前提下，完成了 25 亿元的南充主城区临江地上地下改造提升工程，政府满意、百姓高兴，参观者络绎不绝，该工程于 2019 年年底荣获“鲁班奖”；仅用 147 天就完成近 20 万平方米新能源汽车厂房建设，帮助业主提前投产；用 8 个月建起了建筑面积近 40 万平方米的大学城等。

中国五冶的全面合同履约管理，是规范契约主体责任的一种法治经济手段，不仅防范了风险、实现了权利，也让五冶信誉远扬，获得了更广阔的发展空间。这时候，五冶人明白法商管理要实现的是法商经济，即用法治手段去规范商业行为、树立品牌与信誉，为商业创造更大机遇。全面合同履约管理，就是法商管理的一种形式。

中国五冶的全面合同履约管理，是追求效率、兼顾公平的均衡发展行为。企业追求的是效益最大化，但是，从经济学上来看，效益最大化会带来外部效应。即一家企业的行动和决策可能会使另一家企业受损，如此一来，会造成整个市场环境混乱。法商管理需要将经济价值观的“追求效率”和法治价值观主导的“追求公平”有机地结合起来，在追求效率的同时，兼顾公平，从而实现主体权益的均衡发展。

中国五冶的全面合同履约管理，是整合资源和驾驭规则相结合的管理。传统管理者的战略驾驭能力主要体现在运筹资源的层面上。但法商管理既要整合资源也要能够驾驭规则。很多企业管理者在资源层面上的运筹能力的确是“超凡脱俗”的，但是很多企业往往来去匆匆，生存时间短暂，究其原因在于他们有意无意践踏或超越了相关“规则”。中国五冶是艘年产值几百亿元的“大船”，之所以能够在市场的惊涛骇浪中行稳致远，就在于有全面合同履约管理的护佑，在整合资源的同时懂得驾驭规则。

诚信守法、依法治企的法商管理，最终有助于企业品牌形象的塑造。中国五冶顺利通过了2018年度工程建设企业社会信用评价复评，保持了AAA信用等级，同时荣获2018年中国工程建设诚信典型企业称号。工程建设企业社会信用评价每年评价1次，信用等级分为AAA、AA、A、B、C5个等级。而其中的“AAA级”是施工企业信用评级三级五等中的最高级别，信用记录优秀、经营状况佳、盈利能力强、发展前景广阔的企业才有资格获此证书，五冶连续多年蝉联。

第二节　从风险事件处置到风险标准管控

合同法律风险防范上升到更高的管理层次就是标准化全面风险管理。随着对合同管理与履约管理的认知不断提升，企业管理标准、法商管理机制也在不断完善，中国五冶逐渐探索与延伸出一套极具代表性的全面覆盖的标准化风险管理制度，成为工程承包企业中全面风险管理的先行者。

中国五冶坚持用法治化思维管控风险，从合同源头控制风险，从经营前端预防风险。五冶的风险管理标准依托于企业管理制度和管理标准，但其可容忍的偏差尺度则是对管理实践与案例的总结，并随着市场的变迁和企业的发展而不断得到创新和优化。因此，当国务院国资委出台《中央企业全面风险管理指引》时，他们已经在实际工作中形成了一些原创性的风险管理办法和标准，他们这些办法和标准的最大特点是从实践中摸索而来，只做定量评价，不做定性分析，看得见、摸得着、易操作，很实用很接地气，效果立竿见影。如今，经过自身10多年管理经验的总结，在其他国企眼中“中看不中用”的风险管理，在五冶手里大放异彩，成为其最具代表性的管理创新之一，也成为其法商融合管理模式的基础工程。

一、风险案例的警示作用

企业风险管理并不是近年才出现的新事物。早在20世纪60年代，因企业在实践中不断发生各种风险事故，驱动了现代风险管理的亮相。在风险管理实践中，不断出现需要解决的新问题，由此引发了人们对风险管理理论和方法的深度研究。20世纪90年代，一种全新的风险管理理论和方法开始萌芽，这就是企业全面风险管理（Total Risk Management，TRM）。

中国五冶的风险管理首先是从防范合同风险开始的，合同管理是风险管理的入口，也是后来法商融合管理的纽带。早在2002年年末，中国五冶就成立了独立的法律事务部，对所有招标文件、投标文件、合同文件要求进行法律审查。这一举动在建筑行业可以说是较为先行的。之所以成立法务部，一个直接的促发因素就是当时在建筑行业的市场上，社会信用体系的建设明显滞后，合同风险频频出现。五冶与大多数国有企业一样，经历了一些合同风险之苦。

五冶的管理者们在总结经验教训时痛定思痛，将过去的合同管理案例作为借鉴。他们每年都安排案例讲评、案例培训，并在案例的基础上形成合同管理制度、管理标准，再到风险管控标准，让好的管理经验得到传承，让失败的管理教训不再发生。

2009年以来，五冶的各个系统开始收集整编风险案例，既有本企业早些时候经历过的，也有同行业其他企业经历过的，既有成功的经验，也有失败的教训。之所以要进行案例整编，是因为经历过的五冶人都明白，每一个案例就是一项管理标准，是经验和教训最生动的传承。对没有经历过的，尤其是新入职的员工，更需要学习借鉴，提升防控风险的意识和能力。从企业外部来看，很多同行企业仍然在遭受着风险案件的困扰，风险的外部基因没有发生根本性改变，内部规范管理下的升平很容易臆造出风险已经远去的假象，因此防控风险将是永恒和持续的。

笔者从五冶近10年所编制的案例中，发现五冶自身风险防控成功案例在增加，风险事件案例在减少，而且重复性发生的风险事件几乎没有。这充分说明，经过规范化治理，以及不断地用案例翻旧账、做培训，五冶的风险管控取得了显著成果，整体风控水平显著提升。

二、全面风险标准控制管理

所谓全面风险管理，是指企业围绕总体经营目标，通过在企业管理的各个环节和经营过程中执行风险管理的基本流程，培育良好的风险管理文化，建立健全全面风险管理体系，包括风险管理策略、风险管理组织职能体系、风险管理信息系统和内部控制系统等，从而为实现风险管理的总体目标提供合理保证的过程和方法。

风险管理是人类社会发展进步的标志。2006年，国务院国资委出台的《中央企业全面风险管理指引》指出了全面风险管理对于国有资产保值增值和企业持续健康稳定发展的重要性。应该说，这项制度完全可以与国际先进水平接轨，但其正式推广执行却是2010年以后的事，而如今在全面风险管理方面取得较好成效甚至继续坚持按指引执行的企业不算多，效果好的更不多。这其中有着国有企业管理体制僵化、风险管理门槛较高影响眼前经济效益等多方面原因，但也有水土不服、先进的管理模式不能与企业的管理接口有效对接的问题。而中国五冶早在2002年就从合同入口开始进行风险管理，并不断深入、丰富完善，自然而然地实践了中央企业全面风险管理指引，并实现了指引的“五冶化”。

“五冶化”的标志就是中国五冶推行了全面风险标准管理。多数企业都能够按照指引的要求建立完善管理体系和管理流程，问题的出现往往发生在风险管理的策略和管理标准上。风险标准的确定决定着一个企业的风险策略，是一切风险管理工作的开端和基础。风险标准的确定既是一个企业风险管控的起点，也决定着这个企业风险管理的结果。一个企业的风险标准定得好不好，直接决定着这个企业的风险管理水平。中国五冶的全面风险管理之所以独特，之所以能够取得成功，得益于将法商管理的思想引入全面风险控制标准的建设，深根于合同从签订到履行的全过程，将风险点的设置与合同管理制度、管理流程紧密结合，突出体现并服务于全面履约、防控风险、经营合同、增值服务的法商管理目标和要求。

中国五冶的全面风险控制标准涵盖企业所有业务，共计420多项。然而，这420多项标准并非一气呵成，而是五冶管理者们十几年如一日，不断总结管理经验、提升管理能力的成果展示，它开始于合同刚性条件，形成于合同的全面履行，并在企业的转型提升、全产业链服务发展中不断完善和成熟。正是基于以法商思想为引领、以合同流程为主线、以履约服务为目标，420多项风险控制标准更多的是对制度落实、计划执行、目标偏差的检查与管理。比如，只要是未有效合同交底、开工满1个月仍未编制施工策划、节点工期滞后5日以上，都会被纳入风险标准控制管理。

在中国五冶的风险标准体系中，“蓝、黄、橙、红、黑”5种颜色的风险预警等级设置显得尤为引人注目。即按照风险程度，将风险事件由低到高划分为“蓝、黄、橙、红、黑”5个预警等级。风险等级核准权统一集中在一级风险管理小组，黑色等级风险事件管理权直接由董事会行使，红色等级风险事件管理权由一级风险管理小组行使，橙、黄、蓝等级风险事件管理权由二级风险管理小组在一级风险管理小组监督下行使。

五冶的全面风险管理，无论在组织架构设置还是管理流程与分工设置上，都充分蕴藏了法商意识牵引下的集中集约和分级授权管控思想，全面风险管理体系与内部控制管理体系可谓相互呼应、相互融合，以全面风险管理带动内控水平的提升。五冶全面风险标准管理主要抓以下几个环节。

第一个环节是风险初始信息的收集。

对于生产经营过程中的风险初始信息，中国五冶主要是通过五个途径来收集的：一是基层风险管理组织的自觉识别和上报；二是企业以项目为单位，建立合同履约档案信息管理与跟踪制度；三是通过各职能部门以调研、走访、检查的形式主动发现风险初始信息；四是审计部在内控审计过程中围剿漏网的风险信息；五是涉及民营项目和其他超越公司刚性条件合同条款，从投标开始就直接作为风险项目，纳入风险管理程序，全过程进行监管。

比如，通过风险识别发现浙江某上市民企付款延期且触及起诉标准预警线后，五冶及时提起了诉讼，收回欠款5000余万元，而在回款仅半年之后，该企业破产重组。再比如，五冶承建的某省最有影响力的一家民营企业的冶炼工程，因该民企放缓工程进度，实际履行工期超出了合同工期，五冶收集风险信息后，及时与该民企签订工期顺延补充协议。事后，该民营企业破产，普通债权清偿率仅为3%，而五冶则被法院依法裁定为唯一取得工程款优先受偿权的债权人，1亿多元的债权全额获得清偿。

第二个环节是风险的评估。

对识别出的风险初始信息，中国五冶按5个风险等级，分级分权实施风险评价和应对管理。风险等级的确定权归两级风险管理小组，二级风险小组所拟定风险等级必须经一级风险小组核准。风险等级的解除程序与风险等级的确立程序相同。

当然，五冶的风险评估机制也走过了一条从不适应到适应的艰辛探索之路。刚刚发布《全面风险管理评估标准》的那一年，共计识别出红色、黑色等级风险事件121个，数据高得令人咋舌。仔细分析，一些延期付款10多万元、业主结算滞后几个月也被列为黑色风险。这说明评估标准本身出了问题，五冶及时根据实际进行了修订和优化。

第三个环节是风险管理方案的制订。

中国五冶还创设了季度循环式月例会制度和重大风险临时会议制度，即每季度第一个月的全面风险管理例会由公司总部组织召开；第二个月的例会由分/子公司各自组织召开，各项目部经理参加会议，总部相关风险管理部门列席旁听；第三个月由公司董事会听取两级风险管理领导小组的季度工作专题汇报，并对黑色等级的风险事件制订或批准应对方案。通过这样一种循环式季度例会，真正实现了对风险的集中与分级管理。

第四个环节是风险管理方案的执行。

中国五冶两级风险管理小组对所有风险事项逐一制订应对方案，提出风险控制目标并指定责任人、监督部门和监督人。对于纳入红色、黑色等级的重点风险事项设立旨在确保风险控制目标实现的责任考核制度，明确奖罚条件。同时加大对全面风险管理的监督力度，由审计部和监察部对风险管理状况和风险事项处置情况等进行跟踪和督办。

中国五冶的全面风险管理在实践中逐渐完善、规范，为公司始终保持风险可控、10 多年未发生较大风险事件的健康发展发挥了不可替代的重要作用。而其全面风险管理成果先后荣获四川省 2013 年度、中国建筑业协会 2014 年度企业管理现代化创新成果一等奖，吸引了多家单位前来交流。

三、全面风险标准管理的法商内涵

中国五冶的全面风险管理是以风险控制标准为基础的。所谓风险控制标准就是对风险进行评估的尺度，不同价值观、不同工作经历、不同专业背景，看待风险的认识是有很大不同的，而一个企业只能有一种认识、一个标准，标准乱了，管理就乱了。当然，不能把统一的标准理解成为是适用或采纳某一个人的观点与意识。

首先，标准凝聚着企业主要经营者的智慧，是企业做“百年老店”的传承。国家之法适用于企业，但企业适用之法不仅要有国家的大法，还要有企业的小法。企业自身的所闻所见和所经历的波澜起伏是很好的管理教科书，企业主要经营者带领企业乘风破浪、发愤图强的管理实践也是企业最有价值的东西。越是老的企业，越需要重视历史发展中独特经营理念、优秀管理经验、匠心工法之道的传承，并在传承与创新中形成统一的认识观和方法论，案例的总结、经验的分享、成果的提炼、后评价的分析都是在传承中形成标准的过程。

其次，标准融入了企业经营团队的心血，是企业经营实践中集体智慧的结晶。人类的文明发展推动了法治的形成，而法治之中的法律就是人类社会在发展过程中形成的一种共同的认识观和方法论，是对人性伦理、事态变迁总结提炼的集成，是一项集体的智慧。同样，企业的标准是企业的精英群体在若干年的经营活动中不断摸索、总结、积累而来的，是企业经营团队在实践中达成的共识，是企业的法治理念和评价规则，是企业法与商相融合的标志与象征。

再次，标准代表着先进的管理理念和管理方法，是企业发展的引领。于社会而言，经济在发展，市场在变化，法律也在不断更新以适应生产力的需要。对于企业而言，上级的总体战略在逐步升级，企业的自我发展在不断登高，管理制度也要不断创新提升以适应企业发展的需要。统一的标准就是引领企业全体员工冲向目标的“吹号手”和“坐标图”。所以标准不是一成不变的，是随着法律的调整、市场的变化和企业战略的调整而不断更新的，既要主动传承自身好的经验，也要善于借鉴学习别人好的做法，将树榜样、立标杆转化为发展的动力。

最后，标准起源于风险的警示，是风险隐患的开源地。管理风险的核心要义在于防患于未然，而不是力挽狂澜。风险后果是从法律层面对风险事件影响结果的评价，而风险标准则应当从风险事件发生的某种前兆或诱因中进行选择，所选择的标准设置点又必然是企业网格化系统管理流程中的某一个节点。因此，风险标准是全面风险管理与内部控制管理的纽带，全面风险管理强调做正确的事，内部控制强调正确地做事，两者互为补充，互为整体与局部，是企业管理从不同角度进行审视与安排的两个方面，而全面风险标准控制也是内部控制管理的核心内容。

全面风险管理之所以能够在五冶生根发芽并茁壮成长，正是基于五冶的企业家对风险标准的独特见解和深刻诠释，但这样的理解和认识也并非与生俱来。中国五冶全面风险管理与内控管理相融合的管理模型的建立，与企业进入21世纪以来的发展历程同步，走过了四个逐步推进的阶段。

第一个阶段为2005年之前。这是中国五冶风险管理的初级阶段。这一阶段的重点是建立了法律风险防范机制、合同评审机制，实行了合同准入刚性条件、分包合同标准文本等措施，积极探索合同标准管控。

第二个阶段为2006年到2008年，这是中国五冶全面风险管理的基础形成阶段。这个阶段，中国五冶集中集约与分级授权相结合的风险控制组织体系全面形成，内部控制制度全面完善，合同刚性条件评价标准、合格供方准入标准、分包签证标准等一系列合同管控标准形成，为后来的全面风险控制标准奠定了基础。

第三阶段为2009年至2012年，这是中国五冶全面风险管理的发展阶段。这个阶段，《全面风险管理办法》和全系统、全流程的《全面风险管理评估标准》相继出台。确立了三级风险管理组织体系，各层级的风险管理组织依据授权与分工、风险管控标准与风险等级划分有序开展工作，落实风险过程管理、等级管理、责任管理，做到有预警、有预案、有控制、有措施、有结果，形成了相互监督、相互制衡的全过程风险管理机制。

第四个阶段是2013年至今，这是中国五冶全面风险管理的创新提升阶段。这一阶段，进一步明确了以全面风险管理推动内控管理创新提升的工作方针，完善全面风险管理与内控管理相融合的管理模型，编制了“内控差异与风险评估对照列表”，实现了风险管理与内控组织体系的一体化，并在全面风险控制标准基础上建设更高层次的企业全面管理标准。

为进一步落实以全面风险管理为主线带动各项内控管理工作的改进与提升，中国五冶深化了风险额与风险值的数字化警示管理，以风险事件识别率、风险发生率、控制目标完成率、风险项目处置率、风险额处置率、风险项目新增率、期初与期末风险值等风险管理指标推动系统风险管理向图视化创新。同时，针对产品转型升级和全产业链服务的深度推进，增设了发展类项目、投资类项目等风险控制标准；修订了客户信用等级分类标准，将客户信用评价分为 A、B、C、D 四级并分类设定风险标准等级；增编了民营企业项目、传统工业企业项目、海外项目风险控制标准；制定了《诉讼维权管理实施细则》，明确了必须起诉的条件，严防债务风险。

第三节　从全面合同履约到经营合同价值

通过合同入口的把控和合同履约的管理，中国五冶实现了对客户 100% 履约的目标，客户需求得到了合理满足，合同风险也得到了有效控制。但中国五冶的管理者们并没有就此止步和满足，他们认为，不断提升服务质量是永恒的，而通过经营合同不仅可以为客户提供更优质的服务，也能够实现更好的交易成果。

所谓经营合同，简单地讲就是寻求合同价值最大化。当然，这不是指合同主体单方面价值的最大化，而是合同交易双方共同的价值最大化，这是五冶打造核心竞争优势的关键所在。

一、经营合同就是开发商业价值

中国五冶认为，经营合同不等同于履行合同，履行合同是遵循契约法则承担市场主体责任，是经营合同的前提，经营合同是比履行合同更高一个层次的认识和思维，是在与客户互利共赢的基础上，深挖合同标的下的一切可用价值空间，实现客户价值与企业收益的最大化。

经营合同是方方面面的。首先是从合同评审开始，评审不是简单地看看合同条款，而是要从中找到风险点、盈利点和服务增长点，控制了风险点就降低了管理成本，看到了盈利点就增加了创收空间，找到了增长点就能提升服务质量。其次是加强项目管理，比合同工期早一点完工，客户就能早一天得到回报，管理费也能少花一点；施工新技术多用一项，就会让工期更短或产品质量、功能更好，施工措施费也可能会节约不少；资金早收回一天，就能减少一天的银行贷款利息支出，工程成本也就降低了。由此可以看出，中国五冶经营合同的思想不是针对某一项合同，更不是钻合同的空子，而是把合同当作管理规则，通过严细管理、科学管理、极限管理来经营好这一规则，实现履约成本的降低、履约质量的提升。

五冶的经营合同理念及做法可以概括为以下三个方面。

一是守好合同权利端。守好合同权利端最根本的是要实现全面合同履约，全面合同履约是经营好合同的关键前提。一方面要全面履行合同义务，避免因不履行合同而导致权利的丧失或被追究违约责任；再一方面是合同相对方履行合同义务的跟踪与管控，将相对方不履行合同的行为转化为合同权利并依法、及时、有效提出主张；第三方面则是通过承担市场主体责任和要求相对方履行合同义务，实现经营合同的基本价值所在。

二是找准合同盈利点。在项目投标前，市场营销部要测算投标收益率，经营采购要对投标收益率进行评价并审核其投标报价；合同签订后，经营采购必须根据成本要素采购情况给出合同收益率；而在项目开工前，工程履约管理部会组织进行项目策划，并得出项目策划收益率；合同履约结束，通过考核评价，便会得出执行项目后的实际收益率。原则上，投标收益率、合同收益率、策划收益率、实际收益率连接起来应当是一条上升直线，否则就一定是某个管理环节预测不准确或管理出了问题。

三是优化产品价值链。经营产品，即通过优化产品结构或工艺降低成本和提升使用效能；经营技术，包括施工技术、专业技术、成套技术、组合技术的创新与运用；经营管理，即通过精细化管理实现成本的降低，包括通过采购市场化、集中化降低直接成本，通过集中资金调配、优化资源配置、合理安排工期、严格限制支出等来降低间接成本。

总而言之，中国五冶经营合同的思想是以互利共赢为前提和基础，实现降本增效和合同价值最大化，受益于经营合同的做法，中国五冶成本竞争优势日渐凸显，项目管理水平逐步提升，企业市场占有份额不断扩大，并为后续实施的增值合同服务奠定了基础。

二、经营合同的“价值链”

“价值链”这一概念由迈克尔·波特于 1985 年提出，他将一个企业的经营活动分解为若干战略性相关的价值活动，每一种价值活动都会对企业的相对成本地位产生影响，并成为企业采取差异化战略的基础。所谓价值链也是企业的作业链，企业作业的推移表现为产品的价值在企业内部的逐步积累和转移，企业最终产品是全部作业的集合，同时也是全部作业价值的体现。

很多企业认为市场营销工作就是找任务，并被形象地比喻为企业的龙头。但五冶认为并不完全如此，他们的观点是，市场营销是企业经营合同、创造价值过程中的一个重要环节。经营合同不是拿到项目签了合同后才开始的，而是在营销阶段就已经开始了。合同的签订过程是一方主体发出要约、另一方主体做出承诺的过程，而做出承诺要以诚信为前提，取决于承诺一方履行合同的能力。经营采购部的成本控制水平、质量部门的创优创奖能力、工程履约部门的施工组织能力、技术部门的技术方案和产品经营能力、资金部门的资本运营能力都关系着客户需求能否获得满足，决定着订单的质量。因此，所有这些部门都要参与到营销活动中去，要在签订合同前就找好服务点、深挖价值链，如果承诺无法兑现，就不能参与投标。为了把经营合同的思想入心入脑，五冶还组织所有部门负责人和二级单位经理进行答题活动，每一个部门、每一个单位的负责人都要说清楚自己在经营合同、创造价值的作业链中所扮演的角色和应该发挥的作用，找准自己在经营合同价值链上的位置，并相互进行了点评交流。

随着五冶人的认识逐步深入，经营合同的意识和能力逐步增强，方法和措施逐步增多，在价值链上发挥的作用越来越大，五冶对客户的服务水平和自身经营质量都得到了同步提高。

三、内部市场化的合同经营

市场是平等和诚信的平台，契约关系相对主从关系有更多的优势。企业内部上下工序之间和服务与被服务之间，在过去是行政化的管理与被管理的关系，直到现在，一些企业依然如此，带来的结果是企业内部组织缺乏活力和竞争力。而深谙契约法则的中国五冶，较早地将外部平等主体间的契约规则植入企业的内部经营活动，将企业内部的各种经营活动转化为各种合约与交易的组合，不仅降低了交易成本，也提升了经营绩效和企业的竞争力。

一直以来，中国五冶坚持按照市场化原则，在内部经营合同，创造更大价值。较有代表性的是采取公司总部拿项目、分/子公司管项目的运营机制。与一般企业不同的是，五冶在投标阶段通过严细精准的合同评审确定了成本标准及其他合同条款履行的标准，这个标准代表着市场先进水平。五冶用这个标准发包给分/子公司并签订责任书。责任书中的成本、工期、质量、创奖等指标及要求都严于总承包合同，优于市场水平。这就意味着，二级单位拿到项目后必须以市场最优的水平履行合同，做到市场上同类项目成本、工期、质量、安全等最优，才能完成履约和经营目标。在五冶，责任书不是一纸行政命令文件，而是企业的内部合同，签订责任书的任何一方没有履行责任的，都要承担相应责任。

此外，五冶坚持公开透明的发包机制。所有项目发包，一律采取公开招标的方式确定成本价格，内部专业公司、项目团队和外部单位都可以平等参加竞标。中标的外部单位要与五冶按照中标结果签订合同，并缴纳履约保证金；而中标的内部单位则需要与五冶签订项目抵押承包责任书，并缴纳风险抵押金。

中国五冶在实施企业内部市场化的同时，始终坚持公平竞争、自愿参与的交易原则，赋予内部合同各方平等协商的权利，旨在追求公司利益与内部合同相对方利益的均衡与兼顾。中国五冶的内部契约化管理的经验，对于很多仍然以行政管理为主要手段的市场主体来讲，是非常值得借鉴的，与其通过提高员工的职业道德和忠诚来实现经营目的，不如有限度地尝试企业内部市场化。

四、合同经营的事前策划与事后评估

经营合同伴随着一个项目的诞生到结束全过程，一旦合同签订进入履行阶段，就进入了经营合同的关键阶段。

中国五冶全面推行项目策划制度，而其中最为核心的内容是执行合同和经营合同。在项目正式实施前，为了确保合同全面履约，不但做到提前防范合同风险，同时经营好合同，为客户提供合同增值服务、拓展自身盈利空间，实现共赢。要求所有项目必须进行策划，否则不能开工、不发项目印章。每个项目都必须按照规定格式编制策划，包括施工履约策划和合同经营策划两个部分，内容涵盖合同管理的方方面面，尤其要根据合同条件和合同评审中提出的问题梳理履约过程中的重点、难点、风险点，并制订有针对性的防范预案。同时本着管理到位、风险可控、效益最大化的原则，根据项目具体情况和所处的内外环境，提出项目经营模式和成本要素细化方案，涉及合同再谈判、四新技术的应用、设计改进、工艺优化以及各环节成本管控的关键点、确保项目降本增效的控制点，等等。

所有策划方案都要按管理授权组织评审，评审通过后才能实施。项目管理单位、项目经理按照评审通过的项目策划书，对项目部全体管理人员进行解读和培训，让每一个项目管理人员熟知项目履约要点、风险防控重点及经营合同具体措施，做到心中有数。同时依据策划要求明确项目管理控制目标，确定项目经济责任，签订责任书，保证项目策划的有效执行。当项目策划设立的前提条件发生变化或因各种原因导致实际执行与项目策划发生偏差时，必须在全面合同履约报表中进行反馈，并重新编制新的项目策划和按原评审程序组织评审。

合同价值的实现离不开以全面合同履约为前提。策划完成后，中国五冶的合同管理进入全面合同履约阶段，即由工程履约系统牵头，经营、财务、物资、安全、人力、技术、党群等相关系统配合，制定相应的标准和管理办法，分别从发包和分包合同履约管理两个方面找出管理重点，形成“工程合同履约动态信息表”“分包单位履约信息表”“工程合同履约动态偏差表”等合同履约动态控制标准，设置了300多项合同履约偏差监测点，但这些监测点并不局限于风险点，而是合同中每一项权利与义务的构成要素，是项目策划中设定的每一个管控点、盈利点。假如把风险比作一个恶性细胞，五冶的偏差监测点就是监测可能形成这一细胞的某一次基因变异或免疫力低下，是真正的“未病先治”。

在合同管理中，2013年中国五冶又创新了一项举措，即实施项目后评价工作机制，出台《中国五冶集团有限公司项目后评价管理办法》，对已完工项目的合同履行情况、项目策划执行情况、《项目抵押承包责任书》的执行情况进行总结和评价，从不同的角度肯定成绩、找到差距和不足，进而分析原因、形成经验，为后续同类项目的履约管理和合同经营提供借鉴。这项看似烦琐的工作，实为一种“秋后算账”的精益求精，或者说是对经营合同的极致追求。

对于建筑企业，无论是生产经营、产品经营还是资本经营，企业经营的实质是在经营项目。企业整合规则，不是只停留在解决企业某一个法律问题，使企业做到“合法且有利”这一层面，而是在遵守规则的基础上去运用规则为客户创造更高的价值或更好的服务体验，为自身赢得合法的回报。在企业经营活动全过程植入“法的基因”，植入“规则意识”，使公司全面履约能力和经营合同能力明显增强。

我们可以看出，中国五冶在经营合同的理念指引下，在不断追求管理极限、成本极限、服务极限的过程中，积极创新经营模式、全面激活资源要素，逐步走向了高质量发展的阶段。中国五冶的经营合同理念是对法商融合效率与公平兼顾、资源与规则并重的最佳展示与验证，中国五冶的经济效益近10年始终保持行业一流水平，经营质量和品牌价值双领先，这就是最好的证明。

第四节　走向法商融合治理的新阶段

中国五冶在长期发展实践中，从全面合同履约到全面风险管控，从经营合同价值到增值合同服务，形成了全覆盖的法商管理机制和全产业链的商业经营模式，形成了法商融合的企业管理经验。五冶的合同管理与风险管理，是五冶法商融合管理理念与模式最为直观的代表，而五冶不断完善和延伸的企业管理标准、不断提升的增值服务能力则是五冶合同管理和风险管理的成果展示，是五冶走向企业法商融合治理新阶段的标志。

一、全面风险管理是法商融合的管理

中国五冶的法商管理开始于“全面履行合同义务”的法商权利义务观和行为准则，并在法治前提下提升企业的治理能力和整体创利水平，其本质上是法律、规范、制度与市场经济的结合。它的做法为建筑行业应对违约抗辩与索赔等高风险提供了有效的破解手段，更在思维层面对市场经济条件下国有企业管理模式形成了创新。五冶的全面风险管理表明，法商融合，融的不是单纯的法律，而是意识形态和思维方式的统一，体现的是法治意识下的制度体系和行为标准的形塑。

总体来看，中国五冶的全面风险管理表现出“全面”与“提升”两个显著的特征。

五冶的全面风险管理的第一个特质在于“全面”。

这种全面主要体现为四个方面：第一，它是一种全过程的风险管理，即实现事前防范、事中应急、事后处置的风险管理；第二，它是一种全因素的风险管理，即风险管理的对象是所有方面、所有层面的风险因素；第三，它是一种全员的风险管理，即企业所有的部门、所有的人员均负有风险管理的责任，均需参与到企业风险管理中；第四，它是一种全措施的风险管理，即需采取心理的、经济的、社会的、技术的、策略性的各类风险防范、风险控制和风险处置措施与方法。

五冶的全面风险管理的第二个特质在于“提升”。

企业风险管理的主旨从来都不只是防范和消除风险，正如有研究者指出的那样：“风险管理所要做的应该是对风险进行管理，主动选择那些能够带来收益的风险。因此，企业进行风险管理制度建设，将有助于企业作出合理的商业决策，让其作为市场的参与者在风险与收益之间进行理智的权衡，从而避免将社会资源投入到重大风险、缺乏现实可行性的项目之中，并最终提升股东价值。”①

而中国五冶全面风险管理的最终目的，正着眼于在法治前提下提升企业整体创利水平。在五冶人看来，真正意义上的风险管理创效和全面风险管理的终极目标是通过对系统管理短板风险的识别，找出管理上的内在不足。通过对风险案件的分析、总结，实现对企业内控管理的全面检测，从而有针对性地改进内控管理的方法和步骤，最

① 白文华．企业风险管理制度建设[M]．上海：上海交通大学出版社，2014：2.

大可能地降低管理偏差发生的概率、避免管理偏差的发生，最终促进企业核心竞争力的提升。

中国五冶开始没有专门考虑建立法商管理体系，只是为防治高风险提供有效的破解手段，没有想到很自然地走进法商管理时代。

法商管理研究领域是什么？现在我们面临的最大问题是公司治理问题。很多企业在经营上出现的问题，不是因为组织管理能力，而是因为公司治理能力出现问题。传统的管理更多的是资源管理。我们现在还不太适应契约管理。我们熟悉的是竞争市场，但我们缺乏把控标准。我们忽视了任何一项经济方式都潜存很大的法律风险。总之，我们熟悉的是组织管理、竞争市场和商业风险，但缺乏认知的是公司治理、契约管理和法律风险。从法律角度来探索这些问题，就是法商管理研究的领域。中国五冶正是在履行承诺、防治风险中，在合同管理中走进法商管理的。

在商学知识里更强调追求效率，而在法学知识里更强调追求公平。效率与公平的结合，面临一个构建法商管理学科问题，这当然是学院与研究所研究的问题。然而中国五冶也没有想到那么远，他们只是从全过程的风险管理、全因素的风险管理、全员的风险管理、全措施的风险管理层面，制定了一系列制度。这些制度更多的是风险控制和风险处置的措施与方法，只不过是在法律框架下制定的。

二、经营合同是法商融合的创新实践

中国五冶经营合同机制的不断创新，标志着中国五冶法商融合管理模式的不断巩固。他们将法商管理思维引用到合同管理中，是实践中的中国法商融合模式。而在管理上形成法商融合模式的同时，中国五冶在经营上形成全产业链服务模式，两者相得益彰，形成了逻辑关系严密有序的体系。

在字面上，很难找到法商融合与全产业链服务的联系点，但中国五冶全产业链服务模式的闪亮登场恰恰是得益于法商融合的治理模式。提供全产业链的增值合同服务是建筑企业经营合同的最高层次，而建立最优的企业管理全面标准也是法商管理的最高层次。以增值合同服务为目标的企业标准管理则是企业法商融合治理的最佳形态，是资源与规则并重、效率与公平兼顾的法商管理原则的最深层次的实践与应用，是利用规则防范风险的同时还要创新性地执行好合同，创造更为广阔、更为长远的企业价值空间，这与全产业链服务的核心要义同出一理，是管理模式对商业模式的契合与支撑。

如果进一步思考，中国五冶法商融合管理模式的创新之处可以从如下三方面展开分析。

第一，是实践上的突破。

最初，中国五冶进行合同管理主要就是为了规避风险，建立和完善企业信用，提高企业的整体运营效率。中国五冶是从行业和自身曾经的教训出发，从保护自己出发，站在法律、经济、管理的综合角度，提出切实可行的解决方案，最终达到企业经济成本最小化、管理制度最优化、法律风险最小化，从而实现企业效益最大化。他们是沿着“防范风险——经营合同——增值服务”的道路一路走过来的，不断优化内控制度与外部控制，从而营造出市场经济的新秩序。

第二，是理论上的突破。

法律与管理两个学科之间有着密切的联系，存在着诸多的异同点，比如两者的相同点表现在都是以人和事为中心，都是通过规范的制定和实施追求组织的有序化。当然两者也有许多不同点，主要体现在法律以公平和正义为宗旨，而管理则强调效率。在传统的教育与企业实践中，我们常常习惯把“法”和“商”割裂开来。法商管理就是要在知识层面将法律和商业结合起来，要求实现经济价值观主导的“追求效率”的思维及方法同法治价值观主导的“追求公平”的思维及方法进行有机结合，以实现主体权益的均衡发展。中国五冶的法商融合实践对于管理研究者来说，是理论上的突破；对于企业经营者来说，可谓思想观念的突破。

第三，是思维上的突破。

法律有法定的创制方法和表现形式，具有权威性。但是法律的内容毕竟有限，并不能回答企业许多复杂的问题。何况市场经济发展迅疾，很多法律的制定需要时间，因此不能包罗市场之万象。中国五冶标举的“法”，是指企业在实施资源整合时所要遵循的一切规则，包括法律、法规、规章、企业制度、企业标准和合同等。法商融合的实质是将法的理论和思维方式、行为标准全面运用于企业的经营管理实践，两者交互作用，协调发展。因此，法商融合的本质是依法治企，是“全面依法治国”基本方略在企业的实行，其关键在一个“治”字，在于始终做到合法合规经营。

当然，一个高效管理的企业，其管理规范也应该具有完整结构，形成层次分明的规范系统。中国五冶制定企业管理制度和规范时，尽可能地参考已有法律规范，以法律条款作为标准，使制定的管理制度规范不仅能够适应具体管理工作的需要，同时又符合相关法律的一般要求。将法律规范作为参照标准，不仅可以提高制定企业制度规范的效率，同时也使法律对企业管理的思想得到延伸。

中国五冶的管理者深知，在市场经济的背景下，最需要的不仅仅是能够利用和整合资源的人，更是能够整合规则和建立规则的人。所以我们看到，中国五冶有自己完备的制度体系、标准体系，这些制度、标准是法律的延伸。中国五冶的企业家们也在这种制度制定过程中成长为法商融合的管理人才。通过代代相传，这支队伍正在成长壮大。

一个新思想、新理论、新模式的产生一定是时代的产物，与时代需求密切结合。中国经济发展从计划经济向市场经济转变，企业家经济活动从整合资源向整合制度转变。在转变过程中，面临新的挑战，必须变革传统管理。如何变革？中国五冶的实践告诉我们，从法商管理入手。

第八章

队伍管理：坚定走升值人力资本之路

阅读提示 中国五冶坚持“发展企业、成就员工”的核心理念，始终以“升值人力资本”为目标，以“提升员工能力、激发员工潜能”为主线，围绕“高能、高效、高薪”不断创新政策机制并坚定实施，实现了让想干事者干成事，在干成事的同时“政治上有进步、业务上有提高、经济上有实惠、心灵上有温馨”。

治企兴业之要，首在用人。企业要想做成“百年老店”，队伍建设是关键一环。

早在2002年7月，程并强就指出：“要按照市场化原则去思考队伍建设问题，根据人力资源的市场价值确定待遇。人力资本就是企业的核心资本，员工个人升值了，企业就升值了，所以要把升值人力资本当成企业核心竞争力去打造。”紧接着就明确了五冶队伍建设的三大任务：调整人力结构、激活人力资源、升值人力资本，始终把升值人力资本作为队伍建设的终极目标。随着企业的发展，五冶落实三大任务的举措与时俱进，不断创新丰富。

在实践中，五冶着力打造“有人尽其才的环境，有符合人才价值的待遇，有人力资本升值的条件，有‘无功便是过’的压力，有

‘为知己者死’的情感”的队伍建设氛围。建立起以激活人力资源、升值人力资本为中心的思想理念体系，坚持“发展企业、成就员工”的核心理念，“忠诚为先、业绩为重”的用人原则，“三高”（高能、高效、高薪）“四有”（政治上有进步、业务上有提高、经济上有实惠、心灵上有温馨）的用人思想，“阳光科学、广聚英才”的用人文化，不断打造公平公正、让想干事者干成事的用人环境等。这些理念既有思想指导又有操作要求，着力点都在培养能力和激发活力上，落脚点都在升值人力资本上。

进入高质量发展阶段，中国五冶加大升值人力资本的力度，加快培育与高质量发展相适应的一流员工队伍。他们创新实施了一系列队伍建设政策机制、方法举措，严细精准的责任体系、充满活力的机制政策、“抓中层、中层抓”的着力重点、领军人才的倾力打造等，是最为突出的亮点。目前，五冶专业技术管理人员与技能人员的结构比为8.6∶1.4，两级经营团队、系统管理团队、项目产品团队、技术工人团队等骨干人才队伍迅速成长，成为推动企业持续高质量发展的重要力量。对于他们长期实践的效果，从计划经济时期走过来的五冶老员工说，无论从哪方面看，中国五冶的员工队伍早已脱胎换骨。

第一节　严细精准的网格化责任体系

建筑企业要想在市场中取得竞争优势，人才作为第一资源的主导作用越来越突出。中国五冶已经发展成为管理型企业，核心资产就是人力资源，升值了人力资本就是升值了管理优势、升值了企业竞争优势，因此他们的队伍建设始终围绕企业自身战略发展的需要而不断演化升级，形成了独具一格的建设体系。特别是纵横交错、严细精准的网格化责任体系的建立和不断完善，是对长期以来队伍建设传统观念的颠覆和提升，带动队伍管理思维全面创新。这个网格一样的责任体系，其主要特征是：谁主管谁负责、条块结合、专业结合，管理者人人都有带教责任和目标，人人既是带教者又是被带教者。五冶基本上形成了全员共识，队伍建设不是人力资源管理一个系统的事情，而是各级组织和管理者、各个系统共同的责任。

一、“破茧”于国企人才队伍建设的难题

随着市场经济的发展，企业竞争已经不再局限于市场、资金、技术、管理等方面，人才的竞争上升到了关系企业生死存亡的战略地位。培养懂技术、会管理、善经营的复合型人才已成为建筑业企业发展的必然要求。国有企业是国民经济的主导力量，但长久受制于计划经济思维的影响，始终面临着人才队伍结构不合理、人事制度改革不到位、人才流失严重等困境。许多企业由于未能转变人事管理的旧观念与方式方法，从而没有充分发挥市场机制在人才配置中的基础性作用，导致人才资源配置与市场经济结构不相适应。

2019 年 9 月 21 日召开的中央企业人才工作会议上，国资委主任郝鹏强调，要认真落实新时代党的组织路线，坚持党管人才原则，遵循社会主义市场经济规律和人才成长规律，牢固确立人才引领发展战略地位，推动人才强企战略向纵深发展，以深化人才发展体制机制改革为动力，以创新型、专业化、高层次人才为重点，着力培养造就、吸引凝聚、用好用活各类优秀人才，充分激发人才队伍活力，切实把中央企业的人才优势转化为创新优势、竞争优势和发展优势，为做强做优做大国有资本、培育具有全球竞争力的世界一流企业提供坚强的人才保证。

长期以来，建筑行业企业的特点是“产值利润率低、劳动生产率低、产业集中度低，市场交易成本高”，即“三低一高”。伴随城镇化率的提升，我国建筑业总体形势将在较长时期内处于波动状态，建筑企业“马太效应”逐步显现。与此同时，新业务、新模式、新技术不断出现，中国建筑业的国际化市场加速开拓。上述种种内外因素共同导致建筑业正出现新一轮的人力资源短缺：从数量型短缺转变为结构性短缺，在传统业务人力资源过剩的同时，逐步出现新业务人力资源结构性短缺的现实。相比数量型短缺，结构性短缺的弥补难度更大，在短时间难以实现供需平衡。不断上升的建筑劳务用工成本以及人才困境已经影响到建筑施工企业的持续发展。因此未来一段时间，业务转型的企业必然面临巨大的人力资源短缺挑战。

不过，从长远看，人才困境是转型期中的中国建筑业必然经历的一个发展阶段。这对建筑业企业未必完全是件坏事，反而将进一步倒逼建筑业企业加快管理创新和转型升级的步伐，创新用人机制，为人才提供更为广阔的发展舞台，将企业真正引入做强做优的轨道上来。

当前，也是国有企业发展方式转变、体制机制转换、管理方式转型的关键时期，如何大力实施人才强企战略，加快建立健全国有企业集聚人才的体制机制，造就一大批德才兼备、善于经营、充满活力的优秀企业家，是增强国有企业核心竞争力和持续发展的关键课题。而在为培育一流企业提供坚强的人才保证这一方面，中国五冶多年来的队伍建设实践给予了回答。

当以快速扩张的发展模式成功脱困后，中国五冶开始进入快速健康发展、转型提升发展的新阶段。随着转型提升的步步深入和不断创新发展的需要，五冶领导班子越来越清晰地发现，原有的人才队伍结构与人才开发机制已经日益成为公司向更高层次转型提升的瓶颈。

以前由于传统的专业分工，五冶人才队伍的专业知识、业务能力大多较为单一，既掌握专业技术，又懂经营、会管理的高素质复合型人才较为紧缺，无法满足快速转型提升发展的需要，尤其是缺乏能进行资本运作、市场策划、投资分析和PPP等项目运作的综合类人才，以及专家型、复合型、研究型等高端人才。此外，员工素质有待全面提高。在21世纪初，五冶在岗管理及专业技术人员中具有中级及以上职称的仅占约30%，本科及以上学历仅占约40%。尤其是持国家注册执业资格证书人员数量太少，比例太低。

国有企业普遍存在一个现象，人才不够就向人力资源部门要，很多矛盾往往集中在人力资源部门。五冶也曾如此，一开会研究转型提升的问题就会集中到人才缺乏的矛盾上，常常到最后会议开成了对人力资源部门的“批斗会”，最终问题还是难以得到及时解决。

为了解开这个难题，五冶领导班子引导各系统、各单位对队伍建设的本质问题进行深入研究，几经碰撞，他们找到了答案并厘清了思路。首先，要从思想观念上创新，树立人才队伍建设是全体管理者的共同责任的观念。其次，从人才队伍建设的工作体制、机制上进行创新，建立起一种全新的点面结合的网格化责任体系，制订多项有利于培养、激励员工的政策。最后，从管控手段上进行创新，将支撑公司战略发展的团队建设纳入公司重大事项管理，并作为发展类目标进行考核。

观念变了，思路新了，政策活了，措施实了，五冶队伍建设工作呈现出新局面。

二、全面覆盖的网格化责任体系

考察中国五冶的队伍建设，不能不注意他们培养与造就人才的责任体系。在这个体系里，队伍建设不再是人力资源管理一个系统的事情，而是各级组织和管理者共同的责任，人力资源部门充当的是牵头的角色。责任体系呈网格状，一个系统、一个部门、一个单位就是一个个大大小小的责任网格，本着谁主管谁负责、条块结合、专业结合的原则，网格之间相互联系、纵横交错。如果说一个网格代表一个面，那么网格所属的管理者就是这个面里的一个个点，从整体上构成一个全面覆盖、严细精准的网格系统。

网格化责任体系的建立，是五冶整个队伍建设的基础支撑。这是一种具有系统思维、以人为本的责任体系，着眼的是培育员工而非单纯的管理员工。要点是“责任”二字，按照“谁分管、谁负责，谁使用、谁培养”的原则，搭建起了由人力资源分管领导总负责、人力资源部门总牵头，各专业系统和用人单位为责任单位、专业系统和用人单位负责人为第一责任人的责任架构。从具体操作分工来讲，人力系统主要负责管理知识、综合素养、资格取证等通用及公共知识方面的培训培养；党群系统主要负责政治素质的培训提升；专业系统主要负责本系统人员专业素质和专业能力的培训提升。

这一跨系统的队伍建设网格责任体系的建立过程，时刻围绕着升值人力资本、成就每个员工这一终极目标，伴随着思想观念、机制政策的变革。

首先，是思想观念的变革。许多国有企业由于受计划经济体制影响深远，“官本位”意识至今仍然尾大不掉。于是在市场化愈演愈烈的情境下，产生了“官本位”“市场本位”，或“领导”与“管理”之间的对立与冲突。中国五冶曾经在2008年组织中层及以上领导干部对此开展一场大讨论，形成了“当领导，更要当好管理者”的共识。企业管理者的角色定位，直接关系到管理行为的实施方法与作用效果，五冶的两级管理者，不是发号施令的“领导”，而是专业水平高、综合素质强，能够发现问题、研究问题、解决问题的管控者、领军人、培训师。

他们强调领导干部当好管理者的做法，最具代表性的就是变级别管理为职等管理。2002 年年底，五冶便将人事管理从身份管理转变为岗位管理。2007 年起，将管理岗位划分为主办、主管、高级主管、二级经理、一级经理、高级经理、副总经理、总经理 8 个职等，变级别管理为职等管理，彻底破除了级别终身制及论资排辈的用人弊端，调动了整个队伍的积极性。

其次，是管理手段的变革。以责任体系为基础，年初将队伍建设目标任务分解到各单位、各部门及管理者个人。年底，通过培训计划完成率、素质提升率、高素质人才引进数、新人起用率、考核淘汰率等量化指标进行严格考核，考核结果纳入本单位、本部门的综合业绩考核及管理者个人的年度任职考核，与薪酬和评先选优挂钩。

最后，是管理机制的变革。中国五冶坚持“忠诚为先，业绩为重”，践行“让想干事者干成事”“三高”“四有”等重在激发活力的理念，大力营造公平公正的环境，先后在竞聘上岗、职业“双通道”、岗位交流锻炼、宽带薪酬、引进高素质人才等方面，进行机制政策的不断创新改革，最终打造形成阳光科学、风清气正、激发潜能的成长发展环境。

三、分层分类多元多样的人才孵化

在严细精准的网格化责任体系下，中国五冶分层分类的多元育人体系也自然而然形成。这一体系最大的特点在于，员工人人享有学习培训的机会，这是五冶人的一种福利。同时人人都感受到不学习、不进步就会被淘汰，这是五冶人的一种压力和动力。

杰克·韦尔奇曾说："人才培养培训的成本是有限的，但效益是无限的。"长期以来，国有企业人才的知识更新速度太慢，注重学历教育而对继续教育重视不够，知识严重老化，导致企业员工队伍的总体素质不高，在人力资本投入上严重不足。一个调查显示："国有企业的人力资源管理中，每年只有六分之一的人员可以参加各类培训"[①]，"国有企业中有20%的职工的人力资本存量低于'临界点'，30%的职工的人力资本存量处于临界点附近，同时管理技术层的人力资本存量也比人们想象的低得多"。[②]

在知识经济时代，唯一持久的竞争优势是具备比竞争对手更快的学习能力。对于国有企业来说，营造积极的学习氛围，加强系统的培养培训，建设学习型团队，可以有效提高团队的整体素质、创新能力和竞争力。早在2003年8月的经济活动分析会上，程并强就要求：发扬艰苦奋斗的精神，勤俭节约，严控各项费用支出。但是在员工培训、提高收入、办公自动化和体现企业形象上该花的钱一定要花，不能省。培训是提升素质，提高收入是待遇留人，办公自动化是提升管理，体现企业形象是树立品牌。从此，中国五冶不断加大投入，根据不同发展阶段，实施各有侧重的培训。先是以提高学历层次和专业水平为重点，其后是以提升管理素质和专业能力为重点，再后是以更新知识、提升综合素质、打造复合型人才为重点。不断创新育人办法，逐步形成了分层分类、多元多样的育人机制和体系，让升值人力资本的思想和措施落实到每一个员工。

一是推行全员素质提升计划。中国五冶每年定期盘点梳理各类

① 胡八一. 国有企业人力资源管理实务[M]. 北京：电子工业出版社，2012：3.

② 胡八一. 国有企业人力资源管理实务[M]. 北京：电子工业出版社，2012：59.

人员基本素质状况，比对转型提升需求和岗位任职要求，下达每位员工的素质提升计划，持续跟踪、督促实施、评价管理。公司建立奖励机制，对取得企业发展所需各类注册执业资格证书者给予奖励和津贴。同时，推行倒逼机制，将基本素质提升与薪酬挂钩，对职称、学历和执业资格未按期达到要求的人员扣减薪酬，如在规定时限内达到要求则予以退还，以此督促员工尽快实现个人基本素质达标和提升。截至2019年年底，中国五冶管理人员本科及以上学历占80%，中级及以上职称占55%，具有注册执业资格证书的人员占51%。

二是分门别类打造四大团队。根据队伍结构划分成两级经营团队、系统管理团队、项目产品团队和技术工人团队。两级经营团队重点提升政治素质和领导力、对发展战略的领悟力和执行力、管理素养和经营能力；系统管理团队重点提升专业支撑、业务策划和管控能力；项目产品团队重点提升全产业链服务意识、全面合同履约能力和打造一流产品的能力；技术工人团队重点提升基础理论水平和岗位实操技能。

三是开设“五冶集团E课堂”。2010年就搭建起全新的“定制课程+个性需求”相结合的网络教育平台。每年所有中层管理人员、专业骨干、项目班子成员都要参加在线学习、在线测评、在线改进。这种方式有效地解决了工学矛盾，突出员工培养个性需求特点，深受员工好评。

四是开展复合延伸培养。加大机关与基层单位之间、各系统不同岗位之间、行政与党群系统之间、川沪两地之间等人员交流，创新性地开展机关与基层单位人员之间的交叉兼职锻炼，让基层人员拓宽视野、提升层次，增强大局观，也让机关人员深入基层、增强对管理工作的微观思维。同时确定管理带教培养对子，明确培养目标和针对性培养措施，实施精准的管理带教。

近些年，通过网格化责任体系的人才孵化，上千名有潜质的年轻员工逐步成长为各系统专业骨干，数百名员工提拔晋升到主管及项目班子岗位，近百名骨干走上中层管理岗位，“四大团队”的人力价值充分提升和展现，成为五冶高质量发展的坚实人才保障。

四、对传统金字塔式管理的一场颠覆式改革

中国五冶队伍建设实行的网格式责任管理，是对传统的金字塔式管理的一场颠覆性革命。

金字塔式的管理组织模式一般是指在法约尔的组织理论基础上建立起来的一种立体的三角锥体组织结构，在这种理论基础上建立的组织模式，高层、中层、基层是逐层分级管理，底端较大，呈金字塔状。这是在传统生产中最常见的一种企业管理模式。在市场经济条件下，金字塔型的组织结构由于缺乏组织弹性，也缺乏民主参与，人力资源过于依赖高层，使得高层压力过大。下级企业与部门缺人就向人力资源部门要，有意见就给主要领导和人力资源分管领导提，使得领导与人力资源部门不堪重负，这就是这种金字塔式管理的反映。

网格化责任体系的形成，带来管理形态上的种种创新。从表面上看，这是纵向管理与横向管理的结合。纵向管理，是指在一种结构范围内，按照有顺序的、可预测的、程式化的方向进行的管理活动，这是一种符合事物发展方向和人类认识习惯的思维。横向管理，有其横向、多处发力、往宽处发展的特点。横向管理是有创造力的，从一种事情的处理方法移动到多种方法，是多种角度、多个部门参与的管理。在实际生活和思维活动中，人的横向思维和纵向思维往往会结合进行，为加强深度与广度，还应结合逆向思维、发散思维等思维方

式。企业的队伍建设纵向管理与横向管理也需要结合进行。从分工来说，纵向管理侧重于寻找与确立答案，而横向管理侧重于寻找与解决问题。纵向管理者会判断什么是对的，然后全心投注于此；横向管理者则寻找替代方案。纵向管理者说："这是看事情最好、最正确的方法。"横向管理者则说："想一想有没有其他看事情的方法，换个角度来思考一下。"这当然是思维的特点，用在企业管理上，同样有启发。

纵向管理是单一角度展开分析，属于线的范畴。横向管理是多角度展开分析，属于面的范畴。二者结合起来就是T形思维分析法。而纵横交错的是网络状态，能上下移动，左右移动，突破单纯的T形思维，有点、线、面、体的相互影响。目前，纵横交错的计算机网络改变了信息传递的方式，与信息传递方式紧密相连的管理组织结构也就从尖顶的金字塔形变成扁平的矩阵形。高层决策者与基层管理者直接联系的方式增多，基层管理者根据实际情况及时参与决策的机会增多。企业可以加强信息沟通，掌握内外动态，及时处理、解决问题，最大限度地发挥领导职能。而五冶的网格式责任管理，具有纵横交错的计算机网络特征，具有矩阵型组织结构的多边发力、多边影响特征。

中国五冶"抓中层、中层抓"的主要做法，表面上与过去一样，是纵向的管理方法，是网格化责任体系中"纵向"的方面。实际上，该做法是全方位的抓法，从五冶领导团队开始，一级抓一级，同时由人力资源部门牵头，其他所有部门都抓队伍与人才建设，这样就形成了纵横交错、全面精准的覆盖。

中国五冶的队伍建设具有矩阵型、团队型与网络型组织结构多种结构交错式的管理的优点。从总体上说，这是对传统的金字塔式的管理组织模式的一场颠覆，是一场深层次人力资源的改革，是思想方法、思维特征、组织结构与制度建设同步的改革。

这种改革，是以升值人力资本为目的的。升值人力资本、成就每个员工是五冶队伍建设一以贯之的指导思想和终极目标，所有的创新举措都围绕优化人力资源结构、培养提升员工素质、调动员工潜能、升值个人价值，最终增值企业价值而确定的。

这种改革，是以市场需求和公司战略为驱动的。五冶在队伍建设中，所有的计划、目标、政策、措施都是围绕国家发展新要求、市场形势新变化、公司战略新任务而确定的，都是围绕打造一流企业建设一流团队、满足未来发展需要而确定的。这就促使各级团队及全员必须增强学习提升的紧迫感、使命感和主动性，把每一个管理者尤其是中层及以上管理者都变成培养和打造一流队伍的主人。

这种改革，是以目标管理为引领的。作为网格化责任体系特定的业务链主体，每个团队都拥有自己的队伍建设目标，这一目标同时满足公司总体队伍发展的要求。因此，设定团队建设目标，既是团队的共同愿景，有利于团队本身的稳固和创新，更为重要的是，实现了与公司队伍建设链的有效整合，获得协同效应。

这种改革，是以“看疗效”为标准的。员工与整个队伍的价值体现在业绩上，五冶以务实科学的考核体系、严格刚性的奖惩兑现，加大对员工的物质激励和精神激励，实现“政治上有进步、业务上有提升、经济上有实惠、心灵上有温馨”，调动员工干事创业的积极性，不断提升自我的主动性，在为企业贡献价值的同时实现自身价值。

网络化组织结构本身的特征以及嬗变过程，本质上要求其必须对金字塔模式进行变革，要求管理者素质普遍提高。中国五冶队伍建设网格化责任体系，在变革的同时也有继承，不仅使金字塔模式没有完全失去效力，而且贯穿于内、外组织变革过程的，形成资源、能力共享和部门、组织协作。

第二节 “抓中层、中层抓”的独特路径

在中国五冶看来，作为现代建筑施工企业集团的队伍结构，中层经营管理团队处于十分重要的地位。抓好这个团队，让这个核心团队不断提升自身价值、发挥优势创造价值，才能更好地提高整个企业的经营管理水平。基于这样的认识，五冶尤其注重以中层管理人员为代表的经营管理团队的培养，“抓中层、中层抓”成为他们队伍建设最具特色的管理之道。“师长带团长，团长带营长，营长带连长”，这种培养思路体现的是对不同层次人才作用的认知：高层做正确的事，中层正确做事，基层把事情做正确。当然，五冶的“抓中层、中层抓”是多层次的：相对于五冶领导班子来说，职能部门的正副职和各二级单位领导班子是中层；对于二级单位领导班子来说，部门正副职和项目经理是中层。以不同层级的中层管理者为枢纽，通过高层带动中层、中层带动基层，就将多层次的队伍串联起来，最终形成强大的合力。

习近平总书记在2016年全国国有企业党的建设工作会议上指出：“国有企业领导人员必须做到对党忠诚、勇于创新、治企有方、兴企有为、清正廉洁。”中国五冶的“抓中层、中层抓”正是围绕这20字要求，努力抓好队伍建设。

一、"抓中层"重在领导力与执行力

团队建设的好坏、团队核心竞争力凝聚力的强弱、团队绩效的高低往往是由这个团队的核心人物来决定的。团队的核心人物不单单指企业的领导者个人，企业未来战略目标的实现也不能仅仅依靠企业家个人，而是要靠一支有远大抱负和共同追求的高素质的团队来领导完成。

早在2003年，当企业还处在艰难的脱困时期，中国五冶就认识到加大投入升值人力资本的重要性，毅然出资支持高层读EMBA、中层和骨干进行学历和管理素质提升，分别在川沪两地与知名高校联合办班，组织中层管理人员连续数月利用周末等业余时间进行强化培训学习。参加了当时培训学习的五冶人至今回想起来仍记忆犹新：集中培训那么长时间、系统性学习企业管理知识、学习内容和培训考核之严格都是前所未有的，收获也是巨大的。

中层管理者是非常特殊的一群人。首先，他们处于承上启下的位置。上有领导，下有员工，处于上与下、宏观与微观的结合点，既要在上级领导下开展工作，又要指导本团队成员组织实施，可以说既是战斗员又是指挥员。其次，他们处于执行层的位置。一项工作的推进，既靠领导班子的正确决策，也需要中层干部狠抓落实。再次，他们处于中坚力量的位置。中层干部整体上能力水平都比较强，综合素质都比较高，是一个单位的业务骨干，代表着一个单位干部队伍的整体素质和对外形象。最后，他们处于参谋助手的位置。中层干部不仅要做到上情下达，更要研究分析基层工作和职工队伍的各种情况，为领导出谋划策。

五冶的领导者认为，管理者的价值就是把追随者培养成管理者。

那么，五冶的领导班子是怎样具体开展“抓中层”的？

第一个维度是“谁来抓”的问题。毫无疑问，中国五冶领导班子成员尤其是主要领导是“抓中层”的核心人物。要担当此任，首先要求五冶领导班子成员不断快速、全面自我提升，把成为优秀的现代企业家作为目标追求，成为优秀的引领人和带教者。其次是以身作则、尽心尽力地按分工组织好分管系统中层管理人员的培训，落实好带教责任，打造好系统管理团队。

第二个维度是“抓什么”的问题。五冶对抓中层管理人员的具体要求十分清晰，主要有“三抓”。抓政治素质，按照习总书记对国有企业领导人员的20字要求，坚持不懈地抓好中层管理团队的政治建设、党风廉政建设等，切实增强“四个意识”，坚定“四个自信”，做到“两个维护”，忠诚、干净、担当。抓综合素养，增强对外部形势变化的敏感性，以及对公司发展战略的领悟力、执行力；加深对管理角色的理解，重点提升系统思维、系统管理的能力；加深对企业文化的理解，提升宣贯、践行能力。特别是中层“一把手”，还要不断增强管好班子带好队伍的能力。抓专业能力，提升对新知识、新要求、新产品、新技术的学习能力、运用能力，提升钻研业务形成创新成果的能力。

与此同时，抓中层管理人员的激励也是一件大事。中国五冶遵循一贯的责、权、利对等和“看疗效”原则，率先改革中层人员的薪酬政策，在赋予更大责任和更高要求并严格考核措施的同时，大幅度提高薪酬待遇。

第三个维度是“怎样抓”的问题。中国五冶形成了系统化、常态化的中层管理者培养培训体系，包括领导班子经常性授课，集中开展专题轮训，送出去与请进来相结合的系统化知识更新，相互启发与自我感悟相结合的交流互动，等等。尤其注重案例剖析，分享实践中的收获与经验、失败与教训，重点讲“走麦城”“踩地雷”的教训，互相启发、警示。用不同时期发生的案例进行管理培训是最具五冶特色的培训方式。

每年，中国五冶都会举行一次中层正职和公司领导班子的封闭性管理培训，由董事长亲自主持和授课。

参加培训的中层干部都要围绕培训主题，在规定的时限内讲清自己的观点、思路，由其他与会者进行点评交流。这一过程中，除了白天安排了满满当当的会议研讨，晚上还有即兴的互动环节，结束时常常还要闭卷考试。总之，这个封闭式培训强度大、让人精神高度紧张，不少参训的中层干部把这个培训称为“过关”。对于中层管理者而言，这是一次脑力激荡、头脑风暴的过程，也是提高认识、统一思想、取长补短、增进协作的过程。

通过思想观念的持续培育与素质能力的多途径培养，中国五冶领导班子的“抓中层”硕果累累，涌现出了一批具有战略思维、创新意识与领导能力的中层干部。

曾经任职五冶一分公司经理、现任职五冶副总经理的张刚，对于中层的角色和任务，给我们做了一个形象的比喻。他说，一个分/子公司的运行如同驾车上路，集团给予的战略定位就是行驶的方向路线和目标，车上坐着的是公司的员工，自己就是驾车的司机，必须做到方向正确、驾驶安全。公司在不同的发展阶段会面临不同的内外环境，就好像汽车在各个阶段车况不同、行驶的路况也不同：发展初期，企业如同汽车在黄土路上慢速行驶，往来车辆稀少、驾驶难度较低；随后，变为柏油路上快速行驶，路上车流增加，驾驶难度提升；再往前发展，就演变为高速路上高速行驶，左右车辆飞驰，驾驶难度进一步提高。这一过程就要求“司机”对面临的“路况”、自己的“车况”随时保持清醒认识，不断提升“驾驭”能力，有效管控“驾驭”风险，在完善企业自身“车况”的同时应对风险重重的外部“路况”，最终安全到达集团要求的“目的地”。

通过这个生动形象、通俗易懂的比喻，可以看出中层干部在长期的学习和实践中培育出的管理思维。将其与程并强的“爬坡”理论进行对比可以看出，“爬坡”理论着眼的是领导层对于企业长远发展的战略谋划与顶层设计，“开车”比喻着眼更多的是中层管理者对于企业战略的领悟与执行。可以说，“开车”比喻是中层的执行思维，从中可以看出中国五冶培育中层人员战略领悟力、执行力的显著成效。基于对角色的深刻理解，张刚带领一分公司成为转型提升发展的排头兵。

二、“中层抓”重在传导与落实

中国五冶的“中层抓”，即中层管理者根据企业发展战略具体展开团队建设目标，对所分管团队及管理人员进行培养。“中层抓”体现为责任体系点、线、面的结合，主要是落实培养人的要求，包括政治素质、企业文化、管理制度、业务能力等。

曾任职五冶四分公司经理、现任职五冶副总经理的谭兴山，对“中层抓”的理解特别到位。他说：“把自己在公司接受培训学到的东西、带教老师所传授的内容都毫无保留地传递给自己的团队、下属、带教对象。”据他介绍，他的管理带教老师正是五冶董事长程并强，在程并强的严格带教下，加上自身的努力，谭兴山一步一个脚印成长起来。他用自己学习领悟到的管理要求、管理技巧甚至工作作风，带教四分公司经营管理团队，使四分公司成为做大做强的领头羊。他一对一带教的 2 名项目经理已经成长为四分公司副经理，走入了五冶中层行列。

在五冶诸多“中层抓”的内容中，以项目经理为中心展开的产品团队建设，是十分重要的一环。在中国五冶领导班子看来，企业经营的实质是在经营项目，必须注重项目经理的能力提升，注重项目团队建设。

五冶将项目经理的职责归纳为三个方面：干好项目、带好团队、开拓市场。所谓干好项目，就是要对外全面履行合同，对内完成经营管理指标；所谓带好团队，就是要凝聚团队合力，提升团队能力，同时使团队产生裂变、繁衍；所谓开拓市场，就是要干好在手项目，树立良好口碑，支撑市场开拓，实现滚动发展。总而言之，一名优秀的项目经理，责任重大。

2015 年，四分公司项目经理张家元带领团队进入广西市场，负责中国五冶当时承建的最高的超高层项目——252 米的广西柳州保利国际中心。这个平均年龄 30 岁的项目团队如何能够挑起这个重担？上上下下都十分关注。项目团队采取“边培训、边履约、边积累”的思路来练功夫，多渠道收集整理超高层项目履约案例，人人轮流做讲师，落实团队成员提升计划，给年轻成员定课题，让他们出方案，讲方案，在实战中快速提升。2019 年年初，广西柳州保利国际中心项目顺利竣工，先后获得广西优质结构工程奖，以及全国 AAA 标准化工地、全国绿色施工工地等荣誉。张家元项目团队经过摸爬滚打，团队成员迅速成长，产生了裂变效应。该项目部裂变成了 3 个产品团队，2 名项目班子成员成长为项目经理，1 名项目班子成员竞聘为分公司技术部副部长。

从上述案例中可以看到，中国五冶以项目经理为核心，以多元路径大力开展项目产品团队建设，在锻炼与壮大团队的同时，也有效提升了市场份额与企业核心竞争力。这也充分地体现了“抓中层、中层抓”的显著特征和效果。

对“中层抓”的效果如何评价，除了常规的按责任考核外，中国五冶还有一项创新之举，那就是实行人员素质能力分级评价及动态管理。对“中层抓”所涵盖的机关主管、主办和项目经理及团队成员，分别按标准进行素质能力评价，按评价结果认定职级，按职级对应薪酬档次，并实行动态管理。能力升则职级升，职级升则薪酬升。这对管理单位、带教老师、被带教对象来说，既是压力又是动力。

第三节　激活人力资源的政策机制

中国五冶在队伍建设方面的政策机制始终围绕调动员工积极性，体现市场化用人，用好机制、高待遇留住人才。这些“宽政策”充满活力，贯穿选、用、育、留的各个环节。宽政策加严管理，将“发展企业、成就员工”“三高”“四有”等队伍建设的思想理念，不断深入地落到实处。

一、公平、公正、公开的用人环境

长期以来，中国五冶坚持党管干部、党管人才的原则，强调把政治素质作为选人用人的前提，两级党组织严把政治关、品行关、作风关、廉洁关，让忠诚干净担当、业绩突出、贡献大的人才受到重用。与此同时，积极创新人才选拔机制，让想干事、能干事者干成事，让干成事者在为企业作贡献的同时，实现个人价值，营造了公平、公正、公开的成才环境。

首先，做全做深岗位聘任工作。

从2003年起，五冶便实行岗位聘任制。首次对公司总部机关部门负责人进行公开竞聘选拔，继而推行两级机关管理人员公开竞聘。2007年开始，实行每三年一届管理人员全员竞聘上岗。按职级分批次统一对内对外发布竞聘岗位，每名员工都拥有自主选择岗位的机会和权力，也有被选择的过程和义务，择优录用，优胜劣汰。届中出现岗位需求，仍然采用公开招聘的方式选录。

其次，做实做优公开竞聘环节。

中国五冶在公开竞聘环节上不断推陈出新，每一次集中竞聘都有新思路、新形式、新气象，尤其对青年员工富有感召力。他们建立素质模型，从政治素质、专业水平、自我认知、逻辑思维、表达能力等多个维度对竞聘人员进行全方位考察，并且对不同的岗位设定不同的评价维度、评价重点，更好地体现人员素质与岗位的匹配度。

在评价方法上，除了常规的民主推荐、民主评议、业绩考核、组织考察等规定动作外，实施“专业评委＋综合评委＋外部评委＋纪检旁站监督”的选人评价模式。外部评委独立提问，独立判断。借力外部评委，五冶选人评价更加客观、公正，与市场水平接轨。在一些具体的考察方式上，五冶也不断创新升级。为了客观考察人员的综合素质，他们从最初采用单机版的人机对话形式，演变为网络版的人机对话形式；为了考察人员的履职思维，采取临时通知、限时完成履职方案写作的办法；为了考察人员的临场应变及实战能力，他们采取情景模拟考察办法；为了更加公开阳光且着眼培育培训，他们从最初的单人进场答辩，发展为同一岗位应聘者同时进场，互相听取答辩过程。

这些大大小小的创新，让公开竞聘这个环节大放光彩，真正体现了给优秀青年骨干搭平台、给机会、压担子、促成才，实现干部能上能下，大大增加了对青年员工的吸引力。

最后，是做细做好反馈指导培训。

针对参加主管及以上岗位竞聘人员，无论竞聘是否成功，都会有一次谈话交流。选上的侧重于任职性谈话，落选的侧重于鼓励性谈话。谈话的主要内容包括本人在竞聘各环节中表现出的优势和差距、继续努力的方向和急需改进的不足。同时对入选人员按新岗位需要提出更高要求，鼓励落聘人员不气馁、不放松，再学习、再锻炼、再提升，争取下一次机会。中国五冶培育员工、成就员工的良苦用心可见一斑。

在推行公开竞聘的过程中，五冶发掘了一批意想不到的年轻人才，员工们也日渐强烈地感受到良好的成长环境。2005 年的一次竞聘中，一家分公司要招聘一名总工程师。当时默默无闻的年轻技术人员小胡的报名让大家有点惊讶，因为同事们印象中的小胡虽然工作踏实，但有些腼腆、书生气，没什么知名度，不太相信他能应聘成功。但小胡相信自己有能力，相信公司招聘是公正的，不是凭印象的。经过答辩等一系列程序，小胡脱颖而出，被录用为分公司总工程师，后来还因工作出色被评选为市级优秀共产党员。

如今，每到三年一届换届竞聘的时候，五冶的年轻人们便像当年的小胡一样，跃跃欲试，渴望一展身手。但在五冶这样的氛围中，他们看待竞聘的心态十分成熟，没有急功近利。在他们眼里，参加竞聘不仅是晋升的机会，更是自己学习提升的机会，不容错过。就在 2019 年的换届竞聘中，五冶有 13 名优秀青年骨干被选拔到中层管理岗位，与此同时有 13 名中层副职人员落聘。这一案例生动地展现出五冶打造公平公正公开的用人环境、能上能下、“看疗效” 并非空话。

二、高能、高效、高薪的用人机制

人是社会经济活动的主体，是一切资源中最重要的资源。归根到底，一切经济行为，都是由人来进行的；员工没有活力，企业就没有活力和竞争力。因而必须树立依靠人的经营理念，通过全体成员的共同努力，去创造组织的辉煌业绩。

在中国五冶的队伍建设中，“三高”是不可绕过的关键词，这是中国五冶具有自身特色的用人理念。

五冶的“三高”，即高能、高效、高薪。“高能”指的是员工专业能力、综合素质强；“高效”指的是员工工作业绩好；“高薪”指的是员工收入待遇高。

由此可见，与传统的“高学历、高素质、高水平”所指不同的是，五冶的“三高”将企业发展与个人价值实现紧紧地连在一起，更加强调员工提升个人素质能力，立足岗位干出成绩，在此基础上得到丰厚回报，实现个人价值，体现了一个环环相扣的激励机制。

良好的激励机制是团队精神形成与维系的内在动力。美国哈佛商学院詹姆斯教授的一项研究表明，一个人如果受到激励，就会发挥他全部潜能的80%，没有受到激励，其潜能只能发挥出20%①。可见，激励对于团队工作而言是不可或缺的，团队管理者可根据团队成员的不同需要制订和实施不同的激励机制。建立有效的激励机制，就要建立科学的工资制度以及公平考核与升迁制度，并在实施激励时充分考虑人的需求多样性，注重精神激励与物质激励并举并重。

五冶“三高”理念可以说是制订队伍建设机制政策最重要的指

---

① 陶金．团队建设与管理[M]．广州：暨南大学出版社，2010：31.

导思想之一。以员工的市场价值和为企业创造的价值为基础，确定待遇，充分激活人力资源。比如，建立完善的经济责任制及全员业绩考核办法、阳光公开的选人用人机制、宽带薪酬制度等。

为了激活人力资源，中国五冶建立完善了宽带薪酬体系。该薪酬体系注重工作绩效和岗位价值，分类设定收入分配模式，包括经营者的“年薪+绩效奖励”、项目人员的“等级岗薪+超额收益分成”、机关人员的“岗位薪酬+绩效奖励”、技能人员的计量取酬、特聘人员的特岗特薪等。

对经营者，不仅考核经济指标、管理目标，更看重战略目标的实现。对机关员工，实行职级薪档对应管理，将职级薪档与岗位职责及个人素质能力、工作业绩挂钩，晋级晋档更加明确。对项目员工，实行能力等级与个人薪酬挂钩，能力升则等级升、薪酬升。对紧缺型高端人才，实行特岗特薪与市场接轨。

从五冶的薪酬体系的设置可以看到，每一类、每一档薪酬都对应着相应的能力素质、工作业绩，形象地展示了“三高”之间的关系。

三、市场化的用人政策

2004年前后，五冶流传着一个新鲜的词汇：“白骨精楼”。这说的是五冶在经济十分困难的情况下，仍投资开发建设了一栋住宅楼，专门解决公司“白领、骨干、精英”的住房问题。这件事一下子让“骨干”变得特别耀眼，吸引了广大员工的关注，成为大家的热议话题。

中国五冶在激活人力资源、升值人力资本上，一直都舍得投入。除了修建“白骨精楼”、东升苑小区等，解决已有和引进骨干员工的住房问题，更是不断加大培训投入，提升员工素质能力。同时关注投入回报，与享受特殊激励政策的骨干员工签订服务年限合同，留住人才，积蓄发展动力。

随着队伍结构的不断优化和良好的成长环境，中国五冶员工队伍素质不断提升，高素质人才队伍不断壮大。如何及时把优秀的人才放到合适的岗位，人尽其才，为企业发展增添活力，尤其是不挫伤青年人才成长进步的积极性，是中国五冶的发力重点。

创新设置员工职业晋升通道。针对不同员工的特点和成长需求，建立员工职业发展“双通道”，将员工晋升渠道设置为管理通道和专业技术通道。业务全面、擅长管理的员工可以通过竞聘走向不同管理岗位，以承担更多责任来实现职等晋升；擅长专业技术及业务工作的员工，可以通过专业技术水平和技能的不断提升，成长为某一专业领域的技术骨干、专家而实现晋升。

大胆起用年轻骨干。中国五冶实施了起用年轻人不占中层职数政策。即对于在中层管理人员竞聘中脱颖而出的年轻人，不因为职数已满而弃用，而是采取不占职数的办法，及时放到合适的中层岗位进行实战锻炼，承担相应的职责享受相应的待遇。五冶一直注重定编定员管理，各级各类人员都严控定员、精干高效，人员配置宁缺毋滥，但是在起用优秀年轻骨干方面开了绿灯，不受职数限制。这一举措的实施，一方面对青年人才给平台、压担子、添激励，另一方面能够留住人才、稳定队伍、储备优质人力资源。

第四节　打造领军人才的特有价值

中国五冶认为，企业高质量发展离不开队伍中的两大中坚力量：一个是中、高层经营管理团队，另一个是高素质的专业技术人才。在全球化愈演愈烈、外部市场环境愈加诡谲多变的形势下，企业对高层次人才的需求更为迫切。高层次人才往往在理念上较为创新，在管理方式或专业技能上较为领先，具有显著的稀缺性、创造性、示范性、引领性，从而为企业的快速发展带来巨大的推动力。在这一背景下，五冶着力打造领军人才队伍，既满足当前发展对专业技术人才的需要，又为未来的发展储备人才。同时他们创新人才观念和机制政策，以“柔性模式”组合社会高端人才，形成了一种特殊的组合人力资源的能力。这些措施再次显示了中国五冶激活人力资源的能力和人力资本升值的显著效果。

一、以领军人才引领队伍建设

有人打了一个比喻，五冶的领军人才队伍就是五冶的研究院，领军人才就是五冶的“院士”。实际上领军人才队伍是五冶的专业智囊团，他们不再局限于在本单位、本岗位发挥作用，而是成为全五冶专业技术、创新智慧、创效力量的公共资源。他们有三大任务：解决现阶段转型提升经营管理中的难题、瓶颈性问题；围绕战略规划研究公司在未来的发展中可能遇到的问题及其对策，提前做好准备；在继续提升自己的同时当好导师，带教本专业人员。

建筑业作为我国的支柱产业之一，在国民经济中占有重要地位。建筑施工是一个庞大的系统工程，专业繁多、工序复杂、高中低技术兼有，这就需要大量的训练有素的技术型、经营型、管理型人员。长期以来，建筑施工领域内的专业技术经营管理人员一直较为缺乏，特别是建造师、造价师、会计师、质量安全工程师及技师等处于供不应求的状态。建筑企业之间的竞争，也使高素质人才在各企业间的流动变为一种常态。

进入新时代以来，中国五冶在不断推进“转型提升，全产业链服务”战略过程中日益意识到高层次、复合型人才队伍建设的急迫性，由此，“领军人才”的构想适时落地了。系统打造领军人才队伍，既是五冶在转型提升过程中占领新市场、打造新产品、掌握新技术、提升管理水平的需要，也是落实习近平新时代中国特色社会主义思想，加强国企改革，做大做强国有企业的需要。

那么，中国五冶是怎样定位“领军人才”的呢？程并强是这样说的：“我们选拔的领军人才，主要是指技术科研型高端专业人才和经营管理型高端复合人才，是自身能力超群、实战经验丰富、工作业绩突出的人才，要唯才是举，像刘备使用诸葛亮一样把人才用好。”

五冶领军人才由高到低设首席专家、高级专家、专家三个层级，技能人才设首席技师。值得注意的是，五冶评选领军人才条件严苛，如在业绩条件里要求“在行业内有影响力和知名度”。可见他们评选出来的人才不仅在企业内部优秀，而且要在行业里优秀，在行业里达到“领先”水准，才能把自己的团队带领成为行业一流的团队。在五冶评定的首批领军人才里，我们看到了业内专业知名人士、省级勘察设计大师、中冶集团院士、全国技术能手、成都工匠等。

中国五冶通过相应的机制、政策与举措，保障领军人才队伍建设和作用发挥。例如，按专业将领军人才分门别类，将其分为若干个专业小团队，明确牵头人，年初下达专业团队及每个成员的目标责任，包括自我提升、后备人才培养、课题研究、专业技术引领和组合技术目标等。建立健全领军人才考核机制，从素质能力提升、培养指导实效、解决问题成效、课题研发成果等几个方面，进行评价考核。对领军人才给予相当丰厚的薪资激励。但同时，对领军人才也有严格的管理要求，根据年度考核结果，实行动态管理，档次可升可降，甚至取消资格。此外，还建立了领军人才信息库，实现各专业技术优势在企业内共享，让优质人力资源最大限度发挥作用、实现价值。

以2019年为例，五冶领军人才及其团队创造性地解决了“全通透钢结构高空环廊整体提升”“空铁轨道梁的加工技术及精度保证”“双曲变截面大跨度桥梁的制作与安装”等多项技术难题，支撑了项目履约，实现了技术创效。其中，“全通透钢结构高空环廊整体提升”技术被中央电视台实时直播，多家社会媒体广泛报道；岩土工程领军团队完成的“成都地区大直径刚性桩复合地基设计与施工技术研究及应用”，通过了四川省科技成果鉴定，达到国际先进水平。五冶领军人才结合项目需要大力组合技术，如在南充城市主干道及广场提升改造项目中，组合了景观园林、古建筑修复、光亮工程、雕塑艺术等专业设计设备公司、中央美术学院及园林专家、雕塑设计大师、古建筑修复匠人等，发挥了强大的专业资源集成能力。五冶领军人才开展各种专业授课65场次，实施一对一带教培养146人次，实现了一级带一级的多人提升。

可以说，领军人才队伍已经成为中国五冶的一面猎猎作响的旗帜。领军人才的推出标志着五冶以打造领军人才引领一流人才队伍建设、以智力助推企业新一轮发展正式开启。这也是激活人力资源、升值人力资本的再一次创新实践。

二、以开放机制吸引凤凰来栖

中国五冶不仅注重内部发掘与培育高素质人才，还注重从外部吸纳高层次人才和高水平团队，具有强大的组合社会高端人才的能力。这种组合高端人力资源的能力主要表现在两个方面：一方面采用多种方式加大引进力度，广聚贤才，将公司发展需要的、具有丰富工作经验的优秀专业人才或团队吸引到公司；另一方面采用“不求所有，但求所用”的柔性人才使用模式，组合行业知名度高、专业技术水平领先的专家型高端人才为公司提供专业技术支撑。2015 年，建立起专业人才队伍建设专项基金，明确对在高端人才、团队引进上作出突出贡献的单位和个人进行重奖。

五冶以海纳百川之心，制订灵活多样的政策吸引人才。大力引进高端人才和团队，接纳流失骨干回流，提供工作、学习、生活等全方位支持。对特别优秀的人才、企业紧缺的人才，实施“一人一策”的特殊政策。这样一来，优秀人才和团队愿意留在五冶，五冶也以真心诚意待之，将“雇员”变成“员工”。市场化引进的人才，来自五湖四海，经济、社会、文化背景各不相同，入职的具体动机、目的、期望各不相同，对五冶的了解、认知、认同也各不相同，入职初期“雇员”心态较为明显。中国五冶党政工团充分发挥各自优势，采取多项措施帮助“雇员”了解五冶的文化理念、发展战略、政策机制，给予更多的关心关爱和实际帮助，让其快速认同五冶、融入团队，增强心灵归属感，发自内心愿意在五冶发展，从身在五冶到心在五冶、情系五冶、扎根五冶，从“五冶雇员”成为“五冶员工”。

例如，2016 年 9 月引进的张立云在高等级公路、大型桥隧方面有较丰富的技术管理经验。进入路桥公司后，他组织完善了相关专业设计管理制度和细则，编制了市政、路桥、轨道交通、高等级公路、大型桥梁、隧道等设计优化指南和产品技术创效清单，组织优秀的设计团队高质量地完成了鹿溪智谷指挥部、西华师大综合楼、城市下穿隧道工业化等方案设计，并带领技术团队在 11 个项目中实现良好技术创效收益，他本人也被聘任为路桥公司副总工程师。

高端装饰装修是中国五冶全产业链服务战略定位的发展类产品之一，难度越大，越是转型提升的方向和目标。以重庆仙桃数据谷项目为例，由于建筑为双向扭转的“小蛮腰”造型，玻璃幕墙类似“拧麻花”，每栋楼旋转角度不同，每层楼墙面形状和面积也各不相同，体量大，技术难度国内罕见。为了顺利完成这个高难度任务，五冶装饰公司在自有团队的基础上，引进了以业内较有知名度的专家为主要负责人的装饰装修成熟团队，最终圆满履约，摘得中国装饰奖，《高空连廊组合式幕墙施工技术研究及应用》论文在全国 BIM 大赛中斩获幕墙单项一等奖。

除了引进，中国五冶另一个吸引高端人才和团队的方法便是“柔性使用模式”。他们建立了专家资源库，用其所长，补己之短。即以单个项目为平台，根据需要组合国内外一流的各类专家，形成打造一流产品的专业优势。如此看来，这种模式的特点在“柔性”上，不局限于引进建立固定劳动合同关系，是对社会人力资源的创新使用和价值利用。这种模式的要点在“组合”上，因为组合的是国内外一流专家“大咖”，所以这种“组合”并不简单，是要有深厚功力的。

从中国五冶的发展史来看，前身是建筑行业的生产施工型企业，现在已经转变成为全产业链服务型企业，这一经营方式的巨大转型和提升必然要求人力资源结构的巨大变化。因此，对高端人才的“柔性使用模式”也是中国五冶全产业链服务经营模式的必然产物。中国五冶在许多全产业链服务的项目中，都体现了对高端人才的强大组合能力。

第五节　成就员工的管理理论与实践

队伍管理的基础是员工，升值人力资本的对象也是员工。中国五冶标举“发展企业、成就员工”的理念，是队伍建设和管理理论进入新阶段的标志，“成就员工”就是“升值人力资本”。在实践中，员工成就企业，显著体现在个人价值的提升发挥构成企业整体价值的增值上；而企业成就员工，则主要体现在升值员工个人价值上，即所谓“政治上有进步、业务上有提高、经济上有实惠、心灵上有温馨”上。

一、管理理论进入新阶段的标志

2013 年，在党的群众路线教育实践活动中，程并强指出：要把“发展企业，成就员工”作为践行群众路线和检验各项工作的标准。在 2017 年年底召开的党员代表大会上，他再次提出“以‘发展企业，成就员工’为己任，奋力打造一流五冶，建设幸福五冶”的发展愿景。当时十九大报告中有这样的段落：“坚持以人民为中心。人民是历史的创造者，是决定党和国家前途命运的根本力量。必须坚持人民主体地位，坚持立党为公、执政为民，践行全心全意为人民服务的根本宗旨，把党的群众路线贯彻到治国理政全部活动之中，把人民对美好生活的向往作为奋斗目标，依靠人民创造历史伟业。”十九大报告收尾的一句是“为实现人民对美好生活的向往继续奋斗”。五冶提出这样的奋斗目标与行动纲领，最为根深之处是世界观，是对党的政治路线与思想路线的深层理解，是对人民群众美好生活向往的落实。“打造一流五冶、建设幸福五冶”是一个整体性、系统性、具有内在联系的目标体系，彼此不可分割。相对而言，“一流五冶”更重要的是生产力目标，“幸福五冶”更重要的是生产关系目标，这是一个对子，是辩证的对立统一关系。“一流”是干到什么程度的问题，包括做什么事情的问题；“幸福”是回答奋斗目标的终极境界，解决为了什么人的问题。

把一个企业建设成一个幸福和谐的大家庭，无疑是对传统企业管理理念的挑战，是对践行时代文化理念的理解和认识。一个企业能从“发展第一”的理念转变成为全体员工造福的理念，将幸福指数同时作为评价目标指数，说到底是占据了意识形态的制高点。习近平讲过，党的一切工作都是为老百姓利益着想，让老百姓幸福就是党的事业。中国五冶从党的根本宗旨与终极目标上回答了总书记提出的问题，而且很贴切地用在企业发展愿景上，这需要立场、胆略，更需要智慧。

按照一般管理学论述，当代西方管理理论与管理学派的形成，已经过了三个阶段。第一阶段，是20世纪初所形成的以泰罗等人为代表的古典管理理论。泰罗等人倡导的科学管理，以提高劳动生产率为目标，在操作规程、工作定额、差别工资制度、职能分工、管理原则等方面，进行了一系列探索，开创了科学管理的新时代，但把人看成“经济人”，过分强调物质刺激，特别是把人看成和机器一样的工具。第二阶段，是20世纪二三十年代开始的行为科学理论。行为科学侧重研究人的需求、行为的动机、人际关系、激励理论等，主张通过多种方式激励人的积极性。但当时仍把对人的激励看成是管理手段，而不是目的。第三阶段，是战后出现的以广泛运用数学方法和计算机为特征的管理科学学派。这一阶段出现了许多新的管理技术，推进了管理手段现代化与管理方法现代化，但实践表明，尽管现代管理技术是有效的，却不能代替管理思想现代化和人员的现代化。

在新的阶段，或者也可以称之为管理思想发展的第四阶段，对人的认识有了升华。在这一阶段，提出了人是最重要的资源、最宝贵的财富，提出了个性需求和精神健康的理论，提出了更多依靠员工的自我指导、自我控制以及顺应人性的管理等一系列新观点、新思想；在实践中积极推行以人为中心的管理。可以说，以人为中心的管理，是新阶段的重要特征之一。

从五冶管理发展史看，“发展企业、成就员工”，实际上是提出了人是最重要的资源、最宝贵的财富，把企业与员工的关系落实到激活人力资源、升值人力资本上，落实到让员工“心灵上有温馨”和“建设幸福五冶”上，体现了人本管理的内涵及精髓。从理论上看，与企业管理第四阶段以人为本的特点是高度吻合的。

所谓人本管理，不同于“见物不见人”或把人作为工具、手段的传统管理模式，而突出人在管理中的地位，实现以人为中心的管理。从中国五冶的人力资源管理来看，发展企业、成就员工的人本管理，主要包括如下几层涵义。

（1）依靠人——全新的管理理念。在过去相当长的时间内，人们曾经热衷于片面追求产值和利润，却忽视了创造产值、创造财富的人和使用产品的人。在生产经营实践中，中国五冶越来越清晰地认识到，决定一个企业发展能力的，主要并不在于机器设备，而在于员工拥有的知识、智慧、才能和技巧以及不断提升和发挥作用上。

（2）开发人的潜能——最主要的管理任务。生命有限，智慧无穷，人们通常都潜藏着大量的才智和能力。管理的任务在于如何最大限度地调动人们的积极性，使其释放潜藏的能量，让人们以极大的热情和创造力投身于事业之中。中国五冶通过不断创新的用人、育人机制，致力于提升人的能力，激发人的潜能。10 多年来，一大批员工被评为全国及省市级劳动模范、优秀企业家、优秀项目经理，以及专家、技术能手等。

（3）尊重每一个人——企业最高的经营宗旨。一个有尊严的人，他会对自己有严格的要求，当他的工作被充分肯定和尊重时，他会尽最大努力去完成自己应尽的责任。中国五冶始终在打造、优化平台，为每一位员工提供进步和成功的机会。同时始终坚持共赢的理念，与各方伙伴真诚合作。

（4）塑造高素质的员工队伍——组织成功的基础。提高员工素质、升值人力资本，也就是提高企业的生命力。中国五冶队伍建设更多地着力在“培育”上，其目的，从近期看是确保“转型提升，全产业链服务”战略落地；从长远看，是打造一流的员工队伍，为打造一流五冶提供坚实的支撑。

（5）凝聚人的合力——组织有效运营的重要保证。组织本身是一个生命体，组织中的每一个人不过是有机生命体中的一分子，所以，中国五冶注重每一员工的积极性、创造力，给予每一员工精神满足感、心灵幸福感，强调整个组织的凝聚力与向心力，形成整体的强大合力。

以人为本的管理，涉及人的培育与成长，选拔与任用，人的积极性、主动性、创造性的发挥，以及员工参与管理、人际关系、团队建设等诸多方面的问题。中国五冶能够有效地进行人本管理，关键在于建立一整套完善的管理机制和环境，使每一个员工不是处于被管的被动状态，而是处于自动运转的主动状态，不用扬鞭自奋蹄，奋发向上、超越自我、追求卓越。中国五冶的人本管理形成了如下一些机制。

（1）动力机制。形成员工内在追求的强大动力，主要包括物质动力和精神动力，即利益激励机制和精神激励机制，二者相辅相成。他们采用“三高”用人思想，分配上以业绩论英雄，将“疗效”与职务晋升、评优评奖等相统一，切实发挥激励约束作用。

（2）压力机制。中国五冶的战略目标，从企业到部门、到项目，直至每一个人，都形成了竞争压力、目标责任压力、对标评论压力、个人以及带教对象的进步提升压力，经常使员工面临挑战，有一种危机感。正是这种危机感和挑战，让员工产生拼搏向前的力量。

（3）约束机制。法律规范、道德规范、企业制度和文化理念，使五冶人的行为有所遵循，知道应当做什么，如何去做并怎样才能做对。法律、制度是一种有形的约束，伦理道德和企业文化是一种无形的约束。按制度管理、按授权履职、廉洁从业已经成为五冶人的共识。

（4）竞争机制。员工有自由参加竞聘、选择单位和岗位的权力，企业也有选择和解聘的权力。实际上这就是一种竞争机制，有利于人才的脱颖而出和优化组合，有利于建立企业结构合理、素质优良的人才群体。五冶推行的公开竞聘上岗，有效地转变了员工的意识和观念，真正建立起了能者上、平者让、庸者下的优胜劣汰机制。

（5）环境影响机制。创造良好的人际关系环境和工作条件环境，让员工在欢畅、快乐的心境中工作和生活，不仅会促进工作效率的提高，还会促进文明程度的提升。中国五冶提出的“快乐工作、幸福生活”的和谐文化就是他们在这方面长期努力的体现。

（6）保障机制。企业员工的保障主要体现在良好的薪酬福利待遇上，中国五冶随着企业的不断发展，持续大幅度提升员工薪酬收入、福利待遇、后勤服务，让离退休人员共享改革发展成果，在员工中有着极好的口碑。

二、敢闯敢干的“虎狼之师”

一支训练有素的员工队伍，对企业是至关重要的。每一个企业都应把培育人、提高人的素质能力，作为升值人力资本的经常性任务。

升值人力资本，也就是提高队伍和企业的战斗力、生命力。

中国五冶在2014年年中工作会上，就团队经营能力提出了“虎威”“狼性”的概念。程并强提出：“所谓‘虎威’，是指两级经营团队一定要有宽广的视野，有‘大户人家’经理人的气质和内涵，具备适应社会、市场、行业发展要求的企业经营管理知识和专业素养，在对外商务活动中能够代表企业形象。所谓‘狼性’，是指有坚决的执行力、较强的市场竞争能力、严格的管理能力和独特的经营能力，知己知彼，敢闯敢干，战则必胜。”此后，“虎威”“狼性”成为中国五冶队伍建设的重要追求。

如若仔细斟酌，“虎威”与“狼性”侧重的是人才队伍建设的不同方面：“虎威”强调的是包括专业技能、领导能力、创新精神等在内的内在素养；“狼性”强调的则是包括执行能力、竞争能力、团队协作等在内的外在能力。可以说，一个是内向精神力，一个是外向开拓力，内外的融合共同造就了团队能力的独特气质。五冶标举“虎威”“狼性”，意在推动形成一支实力雄厚、敢闯敢拼、攻坚克难的人才队伍。

首先，“虎威”意味着引领前行的专业能力与创新能力。

中国五冶领导人曾指出：“团队建设是一项长期性工作，一个企业要想建成极具竞争力的‘百年老店’，长久不衰，那就需要持续提升团队竞争力。”因此，中国五冶极为注重团队的专业性、创新性，持续打造竞争优势。同时注重打造企业综合实力，彰显“大户人家”央企品牌形象，提升社会影响力。

其次，“狼性”意味着勇往直前的执行能力与协作能力。

在企业管理中，“狼性”一词更多地演化成为一种锲而不舍、用心专一、顽强拼搏、团结协作和不达目的誓不罢休的精神。例如，华为公司就以“狼性文化”著称。华为非常崇尚狼，认为狼是企业学习的榜样，狼性永远不会过时。狼有最显著的三大特性：一是敏锐的嗅觉；二是不屈不挠、奋不顾身、永不疲倦的进攻精神；三是群体奋斗的意识。同样，一个企业要想扩张，也必须具备狼的这三个特性。华为的“狼文化”是在国内外激烈的竞争环境中形成的。

中国五冶同样是在激烈的市场竞争中持续发展的，因此也极其重视团队“狼性”的打造。一方面始终强调团队要具有“强力执行”的能力。在五冶领导班子看来，没有执行力就没有竞争力，凡是已经确定的事，都必须强力执行。另一方面极为看重团队的团结协作能力。五冶提倡的团结协作精神和互补精神，就是要在目标一致的前提下，把企业、把团队利益放在首位，服从大局与整体安排，同心协力，取长补短，群策群力，产生1＋1＞2的效果。

如今，我们从中国五冶的稳健高质量发展轨迹，尤其从他们在一些急难险重项目上创造的一个个奇迹中，真真切切感受到了“虎威”和“狼性”的强大力量。

三、以“四有”成就幸福五冶

中国五冶人才队伍建设的一大亮色，在于始终将“成就员工”放在突出位置。把个人价值与企业价值融为一体，让员工与企业共生共长，分享企业的经营成果，真正形成命运共同体，在共同创造的繁荣中共同获得幸福。

作为国有大型建筑施工企业，受行业性质所限，员工大多野外作业，不得不面临工作条件艰苦、与家庭常年分离等困难。“生了孩子管不上，买了房子住不上，青春撒在荒山上”“妻远离、子不见、家难回”的顺口溜反映的就是工程人的生活和工作。为了改变这种状况，中国五冶按照以人为本的发展理念，有序推进幸福五冶建设，实现了从员工幸福指数、组织行为效率、企业发展质量、社会整体获得逐级影响、层层递进的多重效应。

多年来，中国五冶始终追求升值人力资本，让员工“政治上有进步、业务上有提高、经济上有实惠、心灵上有温馨”。以“政治上有进步”为首，展现出国有企业坚持党的领导、加强党的建设的优良传统与独特优势。以“心灵上有温馨”压轴，展现出对以人为本理念的深层次贯彻、对和谐企业建设的追求。“业务上有提高”是个人价值升值的体现，“经济上有实惠”是激活人力资源的体现。

首先，“政治上有进步”着眼于员工政治素质的提升。多年来，党建工作始终务实开展、落地生根是五冶的一大特色。五冶坚持不懈在员工队伍中开展形势任务教育，深入贯彻党的方针政策路线和习近平新时代中国特色社会主义思想，确保员工队伍在政治上、行动上与党中央保持高度一致，增强“四个意识”、坚定“四个自信”，做到“两个维护”，引导员工积极追求政治上的进步，将骨干培养成为党员，为优秀员工提供不断晋升的机会。

其次，“业务上有提高”着眼于员工专业能力的淬炼。中国五冶不断创新育人机制，员工人人享有学习培养机会，提升专业水平和管理能力。10 余年来，近百人成为五冶领军人才，一大批“80 后”“90 后”青年员工成长为各方面骨干力量，国家专利、各级工法、科研成果、现代化管理创新成果等不断涌现，他们已成为支撑企业高质量发展的重要力量。

再次，“经济上有实惠”着眼于员工物质利益的获得。中国五冶坚持“看疗效”和市场化原则，强调“高能、高效、高薪”，不断创新和优化薪酬激励政策，让员工在为企业作出贡献的同时获得丰厚回报，员工收入随企业经营成果同步大幅增长，处于同行业前列。同时不断提高福利待遇，让员工的获得感更加广泛。

最后，“心灵上有温馨”着眼于员工归属感、幸福感的增强。从制订个人职业规划到打造公平公正的从业环境，从个别谈心交流到民主管理活动，从花园式项目部到办公大楼改造，从午休躺椅到项目宿舍升级，从工间茶歇到每顿餐食，从定期体检到送医进项目，从健身房到文体协会活动，从扶危帮困到全员慰问，从关爱离退休人员到改造老旧生活区，无一不体现出五冶的用心，使员工从更深层次获得归属感和幸福感。

凡是成功的企业，都是凝聚力很强的企业。影响企业凝聚力的主要因素有：①目标的共识；②明确的责任；③领导者的影响力和威望；④严明的纪律；⑤员工的参与度；⑥对人的责任与尊重；⑦利益共同体的形成状况；⑧企业绩效的增长；⑨员工的理想、追求与思想境界；⑩和谐的人际关系；⑪工作本身的吸引力；⑫员工实现自身价值的环境。在五冶，员工被放在突出的位置。正是具备这些要素，而且做得足够好，中国五冶才使得员工与企业同心同德，凝神聚力，共同发展。

五冶“打造一流五冶，建设幸福五冶”的发展愿景正是企业与员工相互成就的过程。正如程并强所说的那样：“每一个员工的背后都有一个家庭，五冶员工背后涉及几万人，因此抓实抓好幸福五冶建设尤为重要。没有幸福五冶就不会有一流五冶，建设好幸福五冶，就是践行初心与使命。”

企业是人的集合体，是由全体员工共同经营的。在一个企业里，如果每个员工乃至家庭都有一种“这是我们的公司”的意识，如果经营者把员工乃至家庭看作同舟共济的“伙伴”并“以感恩之心创造和谐”，那么，这个企业必定是一个成功的企业。中国五冶的实践证明了这种管理思维的成功：他们借此点亮了人性的光辉，使生命回归本来价值，其结果就是企业繁荣，员工幸福。

第九章

文化管理：营造务实创新的精神家园

阅读提示 中国五冶秉持“携手客户、回报股东、成就员工、奉献社会”的核心价值观，践行“发展企业、成就员工”的核心理念，弘扬“务实、创新”的企业精神，不断丰富“五大主流文化”内涵，形成了具有五冶特色、推动企业高质量发展的优势文化体系。

在70多年的发展历程中，中国五冶积淀了丰厚的文化底蕴，经过不断吸纳、消化、再生，最终形成了与众不同且极具生命力与指导意义的企业文化。中国五冶以人为本、以发展为主题的文化体系，是依托其核心价值观建立起来的。

中国五冶的企业文化建设始终围绕着“为谁发展”“发展什么”“靠谁发展”“怎样发展”这样的核心问题。2006年，基于上市公司提出“携手客户、回报股东、成就员工、奉献社会”的核心价值观；2013年，又提出“发展企业、成就员工”的核心理念。这种文化价值观的定位，既与企业传统一脉相承，又展现了新的时代内涵，对于建立中国五冶特色的文化体系意义重大而深远。

中国五冶结合自身源远流长的文化基因及现实的价值取向，确立了“务实创新”的企业精神。在企业发展过程中，逐渐形成并丰富了“持续创新、追求卓越”的发展文化，“严细新实、持续提升”的管理文化，“忠诚为先、业绩为重”的责任文化，“阳光科学、广聚英才”的用人文化，“快乐工作、幸福生活”的和谐文化等五大主流文化。从核心价值观、核心理念、企业精神到主流文化，构建起五冶的文化体系，引领了员工的价值观，成为规范员工行为的准则，充分发挥了对经济发展的“凝心聚力”作用。

第一节　统领五冶发展的核心价值观

企业文化是企业所有员工共有的一整套价值观念、行为准则、信仰追求、道德规范、管理风格等各种文化因素的总和。企业文化是企业的灵魂，它是构成企业核心竞争力的关键所在，是企业发展的精神动力。其中价值理念处于基础地位，发挥核心作用。

作为上市公司中国中冶的子企业，五冶的核心价值观“携手客户、回报股东、成就员工、奉献社会”，更具有股份经济特征。“发展企业、成就员工”是企业内部要求，立足于企业主体，成为企业内部员工的核心理念，更具有人本特征。一个侧重于外部价值与股份价值，一个侧重于内部价值与员工价值，是有机的统一。可以认为，“发展企业、成就员工”是“携手客户、回报股东、成就员工、奉献社会”的内部反映与内在要求。“发展企业、成就员工”的核心理念，就像一根纽带，把员工和企业的追求紧紧联系在一起，使得“携手客户、回报股东、成就员工、奉献社会”的核心价值观内向化、人性化、思想化了。这种凝聚作用，在企业创业开拓与奋力跨越之时更显示出巨大的力量。

一、五冶核心价值观

核心价值观（core values）是指企业必须拥有的终极信念，是企业哲学中起主导性作用的重要组成部分，它是解决企业在发展中如何处理内外矛盾的一系列准则，如企业对市场、对客户、对员工等的看法或态度，它影响与表明企业如何生存的立场。它既不能与特定企业文化或经营实务相混淆，也不可以向企业的财务收益和短期目标妥协。核心价值观就是企业维持长远发展的理论基础。

价值理念深深根植于企业内部，它是没有时限地引领企业进行一切经营活动的指导性原则，在某种程度上，它的重要性甚至超越了企业的战略目标。价值观是企业所有目标的先驱，是企业为之奋斗的一切目标的基础。詹姆斯·C. 科林斯和杰瑞·波拉斯在其广受好评的《基业长青》一书中写道："能长久享受成功的公司一定拥有能够不断地适应世界变化的核心价值观和经营实务。"

企业核心价值理念包含并且影响四个方面的内容：①它是判断企业善恶的标准；②它是企业对事业和目标的认同，尤其是认同企业的追求和愿景；③在认同的基础上形成对目标的追求；④形成一种共同的境界。

真正的企业核心价值理念必须是企业核心团队或者是企业家本人发自内心的肺腑之言，是企业家在企业经营过程中身体力行并坚守的理念；必须是真正影响企业运作的精神准则，是经得起时间考验的，一旦确定下来就不会轻易改变。所谓核心，就是指最重要的关键理念，数量不会太多。譬如，迪斯尼——健康而富有创造力；美林——客户为本、尊重个人、团队精神、负责的公民感、正直诚实；惠普——尊重个人；宜家——创新、人性化、朴实，追求大多数客户利益和意志力；摩托罗拉——保持高尚的操守，对人永远地尊重；IBM——成就客户、创新为要、诚信负责。这些企业的核心价值观，无一例外都是立足于人，把人的价值与企业的价值统一起来。

核心价值观说白了就是企业提倡什么，反对什么。专业一点说，核心价值观就是企业在经营过程中坚持不懈，努力使全体员工都必须信奉的信条，就是员工判断社会事务时依据的是非标准、遵循的行为准则。中国五冶的核心价值观是经过若干年实践的探索而明确的。

“携手客户、回报股东、成就员工、奉献社会”的五冶核心价值观，是中国五冶作为上市公司中国中冶的子企业提出来的。

“携手客户、回报股东”，从具体的发展方式和目标着眼，具有鲜明的股份经济的特征。“携手客户”不同于我们惯常见到的“客户至上”“客户是上帝”等表述，“携手”二字是亮点，首先让人感到一种平等的关系、合作的关系。平等合作的目的，自然是追求共赢的目标。平等、合作、共赢，反映的恰恰是市场经济的法则，体现了法商融合的思想。“回报股东”展现了企业不断提高经营质量，为投资者创造价值的追求，体现了对投资者负责任的经营思想。由此可以看到五冶领导人的追求和用心。

“成就员工、奉献社会”从企业的使命着眼，体现了央企的政治素质和社会责任担当，具有鲜明的国有经济特征。“成就员工、奉献社会”是中国五冶使命追求的两个方面。对内，追求在企业发展的过程中为员工搭建平台、提供机会，让员工同步实现个人价值。对外，追求履行社会责任、报效国家，为社会和人民奉献，体现了高度的政治责任感和勇于担当、为国分忧的情怀。

五冶的核心价值观既有老国企的优良传统，又有鲜明的市场经济特征，是传统与现代的有机结合。中国五冶核心价值观的追求，成就了10多年以转型、提升、快速、稳健为特征的高质量发展。

二、“发展企业、成就员工”核心理念的提出

2013年，五冶党委书记程并强在党的群众路线教育实践活动中提出，要将“发展企业、成就员工”作为践行群众路线和检验一切工作成败的标准，要成为企业与员工共同追求的核心理念。这个核心理念的产生，是中国五冶对国有企业发展问题在认识上的飞跃，是他们指导发展的世界观和方法论，与“打造一流五冶、建设幸福五冶”的企业愿景相联系，从根本上解答了为谁发展、发展什么、靠谁发展、怎样发展的重要问题，实际上就是五冶核心价值观的集中体现和浓缩。

党的群众路线教育实践活动第一批于2013年6月启动，活动以“为民、务实、清廉”为主题，按照“照镜子、正衣冠、洗洗澡、治治病”的总要求，自上而下在全党深入开展，重点纠正形式主义、官僚主义、享乐主义、奢靡之风“四风”问题。中国五冶党委在活动中及时提出“发展企业、成就员工”这个核心理念，体现出高度的政治敏感性和自觉性，同时也体现出一贯的务实作风。他们将活动主题在实际工作中找到了落脚点，自觉地将“为民、务实”落实到“发展企业、成就员工”上。他们强调，发展企业，就是指企业的各项经济技术指标年年增长，持续健康发展；成就员工，就是让员工实现成长进步、获得相应回报。这个理念的提出，十分鲜明地把员工个人发展与企业发展紧紧联系在一起，迅速成为公司最为响亮的口号之一。

“欲事立，须是心立。”中国五冶提出“发展企业、成就员工”核心理念，是一次全公司的“立心”活动。五冶通过一系列的践行

措施，深耕细耘，把这一理念深深地扎根于员工的心田，根深叶茂。

三、解决为了谁、依靠谁的核心问题

企业的管理者经常会提出诸多疑问：为什么现在的员工没有了创业时的激情？为什么我们的员工积极性不高？为什么员工的敬业度和责任心不强？……同样，企业的员工也在为这些问题而苦恼：为什么企业发展了，我个人却没有显著的提高？为什么我在现在的工作里越来越没有快乐的感觉？我个人的未来真的在现在这个企业里吗？某国际知名咨询公司发布的《全球调查报告》中显示，在全部接受调查的中国员工中，只有16%的人表示会为企业全力投入工作，却有68%的受访员工正在主动寻找新工作或考虑其他企业提供的机会。也就是说，在中国企业里，只有不到1/6的员工具有较高的敬业精神，但却有高达2/3的中国员工对自己的企业是“身在曹营心在汉”，不少人甚至处于随时准备跳槽开溜状态。中国五冶提出的“发展企业、成就员工”核心理念从实际出发、点准要害，解决了自身问题，也创造了实践经验。

“发展企业、成就员工”，阐明了企业与员工的关系，回答了“为谁发展、靠谁发展”这个核心问题，体现了把实现员工幸福作为企业发展目标、把员工作为推动企业发展依靠力量的思想。

企业与员工是辩证的关系，两者相辅相成。企业给员工提供了广阔的发展平台及资源，让员工得到快速成长，收入也得以提升，这可以说是企业成就了员工；员工立足本职干好工作，为企业创造价值，促进企业发展，这可以理解为员工成就了企业。

应该说，发展企业是成就员工的前提和基础，所以发展企业是首要任务。企业经营成果越好、发展质量越高、长富久安，员工的获得就越丰厚、越持久。反之，员工的获得感就要降低。企业是员工的企业，是大家共同的家园，员工要明确自己在企业中的主体地位，积极发挥主人翁作用，齐心协力推动企业发展，把企业做成“百年老店”，让自己从根本上长期受益。让员工明白了“发展企业”是为了“成就员工”，企业发展是为了自己，企业发展要依靠自己，员工就会发自内心地拥护和支持这种发展，就会有积极性、主动性与创造性，内生动力起来了，就什么也阻挡不了。

应该说，成就员工是企业的使命和担当，所以成就员工是历史责任。企业要发展，员工也有发展的需要，如源于不断变革的外在社会环境，员工需要持续的观念更新、知识更新、技能更新；源于员工自身对收入等物质更高的追求，员工需要提升物质生活质量；源于员工对实现个人价值、追求进步和成功的需求，以及被尊重等更高的精神追求，员工需要提高精神生活水平。企业作为虚拟的主体，员工是其构成的核心要素。正如“企”的字体构造一样，无“人”则“止”，没有了人，企业就不存在了。而且有什么样的人，就会有什么样的企业。一家有理想、有追求的企业，要想成就基业长青，就应该不遗余力地对员工进行培养和发展。没有了优秀人才这一基础，任何一家企业的生存都会是问题，更别说基业长青了。因此，必须将员工作为企业最为重要的命题，甚至要优先于产品和服务本身。“造物先造人”是松下幸之助的经营哲学与人事理念。丰田公司也认为“造车先造人”。正是这样的理念，让松下和丰田成为世界优秀的长青企业。

因此，五冶将员工个人生存与发展的需要纳入自己的视野中来，将成就员工作为自己的使命，从对员工负责、让员工获益出发，造福员工，让员工甘心情愿与企业同呼吸、共命运，让员工与五冶共同发展，共享成果。他们根据企业效益水平，持续提高员工收入及福利待遇；持续改善条件，为员工创造温馨舒适的工作环境。尤其是善于搭建事业平台，为想干事、能干事的人提供更多更优机会，使之在为公司奉献的同时实现个人价值。这是践行习总书记提出的“共享”发展理念的实际行动。

党的十九届四中全会明确提出“建立不忘初心、牢记使命的制度”的重大任务，要求把“不忘初心、牢记使命”作为加强党的建设的永恒课题和全体党员、干部的终身课题，形成长效机制。在中国五冶2020年工作会议上，程并强再次强调：“‘发展企业、成就员工’就是我们的初心和使命，建成一流五冶、幸福五冶就是我们的目标和任务，就是要让员工与五冶共同发展，共享成果。”

这些年，五冶践行“发展企业、成就员工”核心理念，企业实现了高质量发展，让员工在为企业作出贡献的同时，实现了“政治上有进步、业务上有提升、经济上有实惠、心灵上有温馨”，打造出了企业“大家”与员工“小家”和谐发展、纽带密切的“五冶命运共同体”，形成了独特的发展优势。

第二节　务实创新的企业精神

中国五冶是一个有着70多年历史的老国有企业，历史悠久，积淀丰厚；同时又是一个与时俱进的现代企业，善于创新，敢于改革，因此五冶的文化必然有着自身独特的血脉基因和现代特质，彰显自身的独特个性。在长期的发展实践中，尤其是在实现快速而稳健发展的这些年，中国五冶的文化大旗上鲜明地写着两个词，也是他们一步步铸造出来的企业精神，那就是：务实、创新。

所谓“务实”，就是一切从实际出发，体现为作风扎实、措施落实、效果真实，落脚点是实际业绩、实际效果。这种务实精神，首先是由企业作为一个经济组织的属性决定的。企业文化是一个微观经济组织文化，具有经济性。经济性就是指企业文化必须为企业的经济活动服务，要有利于提高企业生产力和经济效益，有利于企业的生存和发展。务实就是讲实话、办实事、求实效，最终靠实实在在的经济效益说话。对于一个企业来说，管理制度再怎么严密，管理方式再怎么细致，要实现企业的发展，最重要的还是这些制度和管理方式的落实。其次，这种务实精神与实事求是的思想路线是一脉相承的，体现历史唯物主义的思想路线。改革开放 40 多年来，我们党有许多重要经验，其中一条就是坚持解放思想、实事求是、与时俱进、求真务实。这是我们党的思想路线，也是人类实践和认识的发展规律，是一种思想方法，也是一种精神状态。党的十八大以来，以习近平同志为核心的党中央顺应世界发展大势，深刻把握人类社会发展规律，充分运用这种思想方法、发扬这种精神状态，解决了许多长期想解决而没有解决的问题，办成了许多过去想办而没有办成的大事，推动党和国家事业发生历史性变革。实践告诉我们，解放思想、实事求是、与时俱进、求真务实，是认识论、方法论，更是实践论。

中国五冶将“务实”作为企业精神的关键词之一，正是对坚持解放思想、实事求是、与时俱进、求真务实的高度自觉。早期的中国五冶曾经培育了“埋头实干、争创一流”的思想理念，“实干”的精神一直在传承并发扬光大，实实在在做人、扎扎实实干事已成为五冶人的自觉。讲真话、讲实话，不讲空话、不讲套话，制定政策重在符合实际，执行制度强调落到实处。他们针对不同的岗位实行分门别类管理的责任制，如公司领导责任制、部门工作目标责任制、二级单位经济指标与发展目标责任制、项目部多种经营承包责任制、员工岗位责任制等，并严格打表考核，以“业绩论英雄”。这是他们最具代表性的务实之举。

所谓“创新”，就是树立新观念，拿出新办法，建立新模式，开创新局面。一流企业文化，必是创新型文化。创新型文化与现代市场经济具有内在的相容性，只有善于接受新鲜事物、适应时代变化，才是有利于企业不断发展的文化。创新精神决定着企业能否日益壮大，决定着企业是否有活力、有发展后劲。

从实践看，中国五冶的战略创新、科技创新、管理创新、制度创新、文化创新与党建创新，亮点纷呈，卓有成效，给人留下深刻印象。创新贯穿于五冶发展的历史长河，渗透于企业的方方面面，融入于员工的思想深处。他们以观念创新统一思想，以战略创新统领全局，以机制创新激发活力，以技术创新引领发展，以文化创新凝聚力量，以党建创新保障发展，形成全面创新的局面，推动企业持续创新发展，在一轮又一轮的竞争中占据有利地位。仅以管理创新为例，近10年来，他们着力于管理创新，先后有数十项管理创新课题论文分别获得全国等各级企业管理现代化成果奖。

《以全产业链服务为核心打造企业竞争优势》：着眼于实现高质量发展，重塑思维方式，转变商业模式，组合社会资源，从此经营体系链长面广、发展空间天高海阔。

《以风险防控为核心的全面风险标准控制管理》：为风险建标准，为管理上保险，集中集约管控，两级三层定责。严控之下，是稳健发展的内核。

《基于转型提升发展战略的项目履约经营管理》：以合同履约为核心，锤炼夯实全过程项目经营，项目管控能力和抗风险能力全面强化。

《以提高市场营销质量为目标的大项目营销管理》：抓大放小，架设企业升级的阶梯；分类营销，实现系统精准地调配。集中力量办大事，整合资源塑队形，筑牢策划与预防，让订单提质增量。

《以降低项目成本为目标的集约化采购控制与管理》：集中需求、阳光采购，实现与五矿协同，捕捉同时段同类别的最新讯息，保证同行业同地区的最低价格，精打细算，实现成本最优。

《以BIM技术控制技术实现高难度项目的精细化管理》：紧跟信息化浪潮，用BIM技术改变了传统的施工管理方式，提升了总承包管理能力，推动信息化、智能化变革。

《以创新投融资模式为抓手，以资金运作为依托，打造资本资金运营优势》：以小博大，发挥资金撬动作用获得投融资项目订单；精挑细选，组合各方融资平台保障项目资金需求，模式新，成本低，效益高。

《创新项目党群工作管理与实践》：为每一个项目部量身定制党群工作方案，让党群工作在项目部落地生根。把项目部打造成为团结和凝聚员工的基地、彰显央企政治素质和综合实力的窗口。

《基于转型提升发展战略的人才队伍建设与创新》：以企业战略为引领，强化团队建设责任体系，创新引进、选拔、培养和激励四大机制，倾力打造人才队伍建设平台，为高质量发展提供人才支撑。

《倾力打造企业文化软实力》：结合发展凝练精气神，务实创新打响硬招牌，丰富内容，充实内涵，用润物无声的温柔，造就不辱使命的刚强。

中国五冶的企业精神是务实、创新，务实是基础与前提，也是结果，而创新是灵魂与动力，也是手段。就如“实事求是”“与时俱进”这两个词一样，相互联系，相互依存。我们时代的精神是改革创新，而中国五冶的务实、创新，符合时代精神，也符合企业特质，是时代精神与企业精神结合的产物。这是把握中国五冶企业文化发展及特质不可或缺的一根主线、一条主脉。

第三节　五冶主流文化的特质

企业要持续发展，实现基业长青，必须与时俱进，承优创新，培育和实践别人难以复制和移植的“基因密码”—— 企业的特色和优势文化。

优势的企业文化一直是中国五冶最宝贵的财富，他们一直紧密结合企业发展实际，根据不同时期的发展需求不断丰富其内涵、拓展其外延，成为推动企业发展的软实力。其中，五冶逐步积淀、创新提出了具有业务特征的“五大主流文化”，它们属于企业文化结构中的制度层文化和行为层文化，鲜明地体现出五冶企业文化务实、创新的根本特征。

五冶的主流文化是在核心价值观和企业精神的框架下，根据不同发展阶段、发展重点、发展要求、队伍特点、社会背景等，提出的具有鲜明指向性的文化理念。它是企业核心价值观和企业精神的具体体现，表明了各阶段企业文化建设的重点，具有显著的时代性、针对性、创新性、灵活性。

五冶主流文化的产生是对企业文化体系建设的创新。核心价值观是企业的终极信念，具有自身绝对性和不可改变性。而五冶的主流文化则是将核心价值观这种较为宏大、高层次和固定的思想理念，转化为具体的、接地气的、灵活的主导思想和行为指南。随着实践的变化和深入，主流文化的内容也会随之发生变化，始终保持与发展要求相适应，成为推动企业不同阶段发展的鲜明思想指引。经过多年的发展演变，现阶段，“持续创新、追求卓越”的发展文化，“严细新实、持续提升”的管理文化，“忠诚为先、业绩为重”的责任文化，“阳光科学、广聚英才”的用人文化，“快乐工作、幸福生活”的和谐文化构成了五冶“五大主流文化”。

主流文化在五冶的发展过程中，发挥了非常重要的作用。在各阶段有针对性地转变了员工观念、统一了员工思想、指明了行动方向，有效聚合了发展力量。

经过扭亏脱困、规范治理、转型提升等几个阶段的奋斗，五冶人历尽艰辛，终于迎来了红红火火的大好局面，不少员工出现了沾沾自喜、安于现状、不思进取的倾向，总是停留在传统的、固有的、已有的经验上，不愿意研究新问题，甚至排斥新事物，不愿意继续奋斗，躺在已有的成绩上，不思考未来的发展。五冶针对这种状况，及时将“持续创新、追求卓越”作为主流文化，大力宣贯引导全体员工尤其是两级党员领导干部，切实增强发展意识，不满足当前繁华，要考虑持续发展问题，为未来的长久发展打下坚实基础。不骄傲自满、不故步自封，不懈怠、不止步，强化忧患意识、责任意识，勇于否定自我、突破自我、超越自我，追求更新、更高、更优的发展目标。发展文化的强力宣贯，使五冶员工尤其是两级领导干部很快加深了对发展的理解，转变了工作作风，坚定信心、振奋精神、迎接挑战，推动五冶一年登上一个新的台阶，始终保持着坚定执着、永不满足、争当一流的干事创业劲头。

五冶在转型提升发展过程中，员工尤其是两级领导干部感受到了空前的挑战和压力。转型提升意味着进入新的领域，需要面对的新情况、新矛盾错综复杂，需要学习掌握的新知识、新技能很多。没有现成经验可以借鉴，有些人心生畏难情绪，担心出现失误、害怕承担责任；面对转型提升的高目标，有些人心有余力不足，一时难以达到要求，内心压力巨大，苦闷纠结；有些人对转型提升发展的认识不到位，动力不足、担当不够、推动不力。为此，五冶大力宣贯“忠诚为先、业绩为重”的责任文化，引导员工提升认识。首先，忠诚是一种态度，一种品格，一种境界，国企员工必须忠诚于党和国家，忠诚于企业，忠诚于岗位，遵章守纪，勤勉尽责，堂堂正正、清清白白做人，坚决维护企业利益。其次，责任是信任和重任，是付出和担当，是压力和动力，是挑战和使命，是激励和鞭策。一个员工被放在一个岗位，是公司的信任，更是一种责任和重任。正确处理压力与责任的关系，积极调整好心态，增强抗压能力，变压力为动力，不惧挑战、勇于担当，是一个人尽责的表现，“没有好办的事，也没有办不成的事”。一个对企业不忠诚、不敬业、不负责又占据岗位甚至是重要岗位的人，是对信任的侮辱，对重任的亵渎，也不会受到企业和社会的欢迎。责任文化的践行，全员责任意识的提升，成为五冶转型提升发展战略落地，推进高质量发展的重要思想保障。

五冶倡导“快乐工作，幸福生活”的和谐文化。这里有三个关键词——“快乐”“幸福”“和谐”。快乐是一种工作状态，和谐是基本要求，幸福是最终目的。首先是快乐地工作，享受工作过程，享受个人成长进步的成就感，享受企业大发展带来的荣耀感；其次是做一个快乐的使者，团结友爱，支持、帮助、成全他人，让身边人感到快乐，为自己的团队和谐融洽尽一分力量；最后是弘扬传统美德，树立良好家风，建立积极健康的生活方式，尊老爱幼，家庭和谐。

从以上案例可以看出，五冶主流文化鲜明的指向性，对于不同阶段解决员工思想上的难点、重点问题，效果十分显著，不失为将核心价值观和企业精神落地的有效途径。

第四节　文化管理的价值传递方法

企业文化是企业在发展过程中逐渐形成的核心价值观念，是员工共同遵循的行为准则，如何采用有效的传播途径将企业文化的价值传递出去，是企业必须高度重视和重点完成的任务。一些企业的所谓文化建设，既写在了纸上，又挂在了墙上，却唯独没有深入到员工的思想深处，没有被员工认同。缺乏员工认同的企业文化，是无法形成强大凝聚力的，更无法从根本上激发员工的工作积极性和创造性。多年来，中国五冶逐步形成了完善的企业文化管理制度，拥有体系化的文化管理机构和一批专业的文化建设工作队伍，形成了文化理念、品牌打造与新闻宣传“三位一体”的工作机制。可以说，他们找到并且形成了一些行之有效的企业文化管理方式。

一、抓教育，让员工感受文化

企业文化建设的核心是员工认同。员工认同企业文化，并将之转化为自觉行为，身体力行地体现出来，企业文化才能落地生根。如果得不到员工的认同，再好的理念也不过是一纸空文。认同的前提是认知，就是要让员工清楚地知道我们的企业文化是什么、如何解释、究竟如何做才能符合企业属性，这就需要从教育入手。

首先，让员工“看得见”。以醒目的形式将文化理念展现在工作场所及公司网站、报纸、杂志、新媒体，甚至展现在机关员工食堂的餐桌牌上；将文化理念编入员工手册，发到每一位员工手上；按《中国五冶集团文化手册》CIS 识别系统的标准展示企业形象。营造强烈的文化氛围，让员工耳濡目染，清楚地知道五冶的文化是什么。

其次，让员工“感受到”。抓文化理念的宣贯，每年都以集中和分散相结合的方式，分层分类开展文化宣贯活动，解读文化理念的内涵和外延。尤其是针对中层管理人员和新入职员工，进行系统培训。开展文化培训“精心一课”，由各分子公司经理书记结合本单位实际为员工宣讲解读主流文化，内容更有针对性，易于理解接受。充分利用内部媒体，反映公司各个方面践行企业文化取得的成果，引导员工深入理解五冶文化。将文化理念渗透到各项制度之中，让员工在执行制度时能够深刻感悟到五冶文化。

二、抓践行，用文化规范行为

企业文化通过员工价值观与企业价值观的高度统一，通过企业独特的管理制度体系和行为规范的建立，可以使管理效率大幅提高，使企业得以飞速发展。因此，面对企业中存在大量的文化因素，可以用管理的手段进行疏通、引导、集中、凝练，通过管理的手段对员工的精神生活、价值目标、行为方式进行疏导、整合，从而形成共识。通过这种共有的价值观念的内化，使全体员工以此为准则，调整、约束、监督自己的行为，达到自我管理、自我控制、自我激励，完成由他律到自律的心理和行为模式的转换。

首先，抓践行的责任体系。将践行企业文化作为五冶队伍建设的一个重要组成部分，通过队伍建设的网格化责任体系，实现文化教育、培训的全覆盖，在企业每一个组织、每一个员工中生根开花，落实践行。

其次，用严格执行制度来保障企业文化落地。企业文化理念能否落实，关键还表现在执行企业的规章制度中，使员工的行为能够体现出企业理念的要求。因此，中国五冶在管理体系中赋予了企业文化的灵魂和内涵，在文化建设中赋予了制度的规范性和严肃性，建立起文化与制度水乳交融的文化管理体系。同时注重通过对执行制度的检查、督促和考核，落实企业文化思想理念。

最后，用榜样引领队伍。大张旗鼓地选树、表彰、宣传为企业作出突出贡献的集体和个人，比如设置“栋梁奖”“台柱子奖”，评选各级劳动模范、先进工作者、优秀共产党员、领军人才、岗位能手等，表彰重奖践行责任文化的佼佼者，弘扬榜样精神，传递榜样力量。

三、抓活动，用文化凝聚人心

各种活动是宣贯文化、传递文化的有效载体。活动的方式灵活多样，直观、寓教于乐，可以广泛吸引员工投身其中，发挥自己的主观能动性，共同完成活动内容。活动中，员工能够主动接受企业文化的熏陶，自然而然地融入，产生共鸣、形成共识，这是一个润物细无声的过程。

五冶总是善于创新活动方式，传递文化理念。他们的活动载体是有特色的，大活动、小活动相结合，常规活动与主题活动相结合，丰富有序。比如，每一个阶段都提出文化主题词，围绕主题词开展活动，包括专题报告、座谈交流、演讲比赛、员工汇演、户外拓展、征文比赛、撰写心得等，广泛吸引员工参加。

以“我身边的榜样”等为主题，组织员工观察自己身边的先进典型，用自己的镜头和文字记录身边的先进事迹，展示和宣传身边人爱岗敬业、勤勉奋斗的优秀品质。

2018 年是五冶建厂 70 周年，他们开展了厂史厂情教育系列活动，广泛发动员工积极参与，先后制作了反映公司 70 年发展历程的大型历史书画《铿锵足音》、电视纪录片《征途》、特刊《新坐标》，还组织了2台共有2000多员工参加的厂史教育情景讲述晚会。晚会节目由五冶自创自编自演，通过员工的广泛参与和高度关注，将企业核心价值观、核心理念、企业精神、五大主流文化，进行了系统化的深入宣贯，在员工情感深处产生了强烈共鸣，增强了归属感、自豪感。

中国五冶抓活动不流于形式，精心策划，重在传递文化精髓。这些大大小小的活动，具有经常性、参与广等特征，不失为传递文化价值的有效途径。

四、抓传播，提升企业品牌形象

品牌作为企业文化的一部分，也是异常重要的核心竞争力。企业不仅要有品牌意识，更需要大力推进品牌塑造。

在长期的发展过程中，中国五冶始终致力于充分利用各种资源，不断加强和创新文化品牌建设，内强企业素质，外塑企业形象，提升企业内在优势，真正实现企业品牌与企业文化的统一，企业文化与发展战略的统一，企业发展与社会发展的统一，进而彰显“大户人家”的企业形象。

就品牌本身而言，让中国五冶品牌为全体员工所认同，为客户及社会所认可，让其具有超强的凝聚力、影响力、渗透力、竞争力。就企业内部可利用资源而言，进一步明确相关品牌建设的重要意义和工作要求，使品牌建设在全体员工中真正内化于心、外化于行；以项目为窗口，以产品为口碑，充分展示企业实力和品牌影响力。就企业外部可利用资源而言，充分利用外部媒体、交流活动等各种平台，宣传企业的软硬实力。近两年，五冶的项目各种观摩、调研、交流活动不断，中央电视台、《人民日报》、新华网、中新网、北京电视台、《四川日报》、重庆电视台等多家权威主流媒体都进行了多次宣传报道，进一步擦亮了中国五冶品牌，加强了推广传播，提升了企业美誉度和社会影响力。

第五节 “大户人家”的担当

国有企业是推进国家现代化、保障人民共同利益的重要力量，是中国经济的支柱力量。作为国有资本控股公司，中国五冶的核心价值观是“携手客户，回报股东，成就员工，奉献社会”，最后的落脚点是“奉献社会”，其视野和胸怀与国家对央企的要求是一致的，展现出“大户人家”的形象与担当。

一、为社会创造经济价值

核心价值观是一个企业首要的和基本的要求。中国五冶立足自身核心价值观，不断推进内部社会价值与外部社会价值的实现和统一。在中国五冶不管是股东，还是员工，都希望把企业做大做强做优，这是共同的愿望。只有把企业做大做强做优，才有回报与成就的条件。哪怕是客户，也希望建设方能够是一个大企业、好企业，因此使国有企业保值增值，不断做大做强做优，是企业的首要责任，而且是与市场各方合作的条件。

“携手客户”是中国五冶的合作态度。与客户友好合作，既要维护企业利益，也要保护客户利益；既要干好工程，以一流的产品赢得市场，又要给客户做好增值服务，让客户满意。在很多项目上，中国五冶是通过发挥技术优势和管理优势，不同程度为客户提供了增值服务，让客户投资更省，产品更优，得到客户和市场的高度认可，市场份额快速扩大，并呈现出多元化发展的经营格局。

“回报股东”是中国五冶的不懈追求。2009 年 9 月，中国五冶随中国中冶整体上市后，一直致力于“公司价值最大化、股东回报最大化”，不断创新经营方式、拓展产品领域、提升管理水平，使经营质量不断提高。近 10 年，五冶营业收入、利润和净资产都保持了每年 20% 的增长速度，为投资者创造了丰厚的价值，实现了国有资产的保值增值。

二、时刻不忘社会责任

在外部社会价值方面，中国五冶是通过积极参与地方经济建设、参政议政、抢险救灾、扶贫帮困等活动来实现的。

中国五冶积极参与和支持地方经济建设，先后投入数百亿元资金，在四川、贵州、江苏等全国各地实施投资建设。从《人民日报》《四川日报》《重庆日报》《成都日报》《南充日报》等媒体上刊登的《践行绿色发展理念，中国五冶助力建设美丽四川》《迈向智慧建造新时代——中国五冶助力重庆打造智慧之都》《协力建设成渝第二城——中国五冶为南充捧回首个鲁班奖》等报道中，可以看到中国五冶参与地方建设的力度和成果。

四川是地震及其他灾害多发地带。几乎每次灾害发生，中国五冶总是第一时间冲在抢险救灾第一线，其中参与四川汶川抗震救灾就是一个具有代表性的案例。

2008 年 5 月 12 日，四川汶川发生里氏 8.0 级大地震。中国五冶党委在第一时间成立抗震救灾领导小组，调集车辆和精良机械，出动 500 多名人员到灾区抢险救灾和志愿服务。五冶组织的人员和设备是第一批抵达极重灾区的救援力量。五冶人在废墟中连续奋战，抢救出10多人，五冶医院许多医护人员整整17天没有回家，救治和转运600多名伤员。

灾后，中国五冶在组织生产自救的同时，又积极投身到德阳、都江堰、大邑、崇州等地的灾后重建之中，急政府所急，急群众所急，及时为灾区修通道路、建好安置房，建设了荣获“鲁班奖”的东汽新厂房等一大批重点项目。五冶党委被国务院国资委党委评为“抗震救灾先进基层党组织”，一批分/子公司党组织和党员、志愿者受到上级的表彰。

此后，中国五冶在四川雅安芦山“4·20”地震、康定“11·22”地震、九寨沟“8·8”地震的救援和灾后重建中，在抗击湛江特大台风、都江堰龙池特大泥石流灾害中，以及南方特大暴雪、冰雹、洪水等灾害中，都不负当地政府和群众的希望，承担起各项救援和重建任务，展现了国有企业的责任与担当。

2020年1月，新冠病毒来袭。五冶坚决贯彻落实习近平总书记打赢疫情防控总体战、阻击战的要求，在确保公司8万名职工及家属平安健康的同时，安排下属医院坚守防疫一线，承担好新冠肺炎救治定点医院和所在区域应急第一梯队的责任，想尽一切办法先后向湖北武汉、河南安阳、四川江油等地捐赠10万只口罩及生活物资，并提前谋划，为尽快复工复产做好准备。

在复产超产中守土担责，抓早、抓实、抓到位，助力地方经济发展。从2月5日开始，中国五冶制订复工方案，积极推动并快速实现复工复产，在鄂3个项目200多人节日期间及节后一直坚守工地，3月开始又增派260多人，全力支持湖北经济建设。

尤其值得称道的是，中国五冶快速制定专项政策，围绕劳务人员的组织运输、隔离补助、餐饮补助、隔离设施、防疫物资保障等，围绕小微企业的周转料具、机械租赁以及缓解资金压力等方面，推出了一系列强有力的举措，对小微企业予以鼎力支持，对农民工兄弟予以暖心关怀，同舟共济，全力推进复工复产。

在脱贫攻坚的路途上，中国五冶同样勇于担当，作出了突出成绩。在甘孜，克服了藏区特殊环境，挺进丹巴，用最快的速度为雪域高原架起输电线路；在凉山，研发了装配式示范农房，成为四川省脱贫攻坚住房建设现场会观摩点；在贵州的群山里，打通了三荔高速等多条致富路。此外，还捐建桥梁和学校、捐资助学，派出挂职干部、扶贫工作队扎根山区做好工作。

三、汇聚发展的强大力量

中国五冶有 4 句联系紧密的口号，也是五冶人共同向往的愿景，这就是“大户人家”“百年老店”“一流五冶、幸福五冶”“发展企业、成就员工”。“大户人家”是指其发展规模与质量，“百年老店”是对其稳健发展直至永远的期盼，“一流五冶、幸福五冶”是自始至终奋斗的目标，也是至深至远的感情归宿，最终落脚点是“发展企业、成就员工”，也是奋斗的动力源泉。这表现出中国五冶领导人对自身使命责任的深刻领悟，以企业为家、以员工为本的浓浓情怀。什么是企业家，以企业为家、以企业兴旺为最高追求，这是企业家最高尚、最本质也最受人尊重的地方，也是企业家凝聚人心带领队伍共同奋斗的看家本领与制胜法宝。这与中国五冶“成就员工，奉献社会”的核心价值观是相互呼应的。

“大户人家”“百年老店”“一流五冶、幸福五冶”“发展企业、成就员工”，把这 4 句口号紧紧拧在一起的精神纽带，是“企业”与

“人”。五冶领导班子深刻意识到，塑造幸福企业的关键在于关心人、塑造人、成就人，提升员工幸福感、调动员工积极性、保持企业可持续发展。而中国五冶的企业文化理念与每个员工的目标是一致的，就是让五冶人与他们的客户们、股东们，凝聚起强大的力量，心连着心，手拉着手，肩并着肩，一同奋斗，一同走向更加幸福的明天。

走进五冶，就像走进了一个温暖的大家庭，公司内洋溢着团结、友爱、温馨、和谐的气氛。企业爱员工，员工爱企业，充分体现了“企业就是我的家，员工就是我的亲人”这一理念。这是中国五冶做“百年老店”最成功、也最有远见的举措。按照“内化于心、固化于制、外化于行”的思路，引导员工积极践行核心价值观，实现了意识和行为的统一，两级公司领导班子团结一致、坚强有力；团队内部协调一致，团队之间沟通协作，让员工在繁忙、紧张、有序、高效的同时又开心愉快地工作。

潜移默化的文化氛围、长期积累的文化底蕴、以人为本的人文关怀，使员工形成与核心价值理念相一致的集体行为，自然表现出特有的文化特征和精神状态。中国五冶对内增强向心力、凝聚力，对外增强影响力、吸引力，最终构筑起创新务实的精神家园。积厚成势，已经汇聚成奔向“一流五冶、幸福五冶”的磅礴力量。这种力量，来自社会，来自每个员工，更来自五冶人心灵深处，是一种滔滔不绝、永远蓬勃旺盛的力量。

第十章

党建管理：擦亮现代建筑企业特色品牌

阅读提示 中国五冶继承和发扬党建工作优良传统，2010年探索形成了以务实创新为基本原则，以抓结合、抓班子、抓基层为工作主线，以主题教育活动带动全面工作的党建工作模式，并将现代企业管理思想引入党建工作领域，创建了班子建设、项目党建、联建共建等特色党建工作品牌。中国五冶党组织始终以创新姿态在企业发展中发挥着把方向、管大局、保落实的领导作用。

习近平总书记在全国国有企业党的建设工作会议上指出，坚持党的领导、加强党的建设，是我国国有企业的光荣传统，是国有企业的“根”和“魂”，是我国国有企业的独特优势[①]。加强党的建设、提高党建质量已成为新时代国企的重要主题。

长期以来，中国五冶扎实推进、全面提升党建工作。他们坚持务实创新，把现代企业先进管理优势引进党建领域，探索了党建与生产经营相结合的一系列新做法，创建了“一三一”党建工作模式，形成了领导班子“四好”信息库、项目党建、联建共建等党建工作新

① 习近平出席国企党建工作会议:坚持党对国企的领导不动摇,2016年10月11日新华社稿。

经验。尤其是党的十八大以来，中国五冶坚持全面从严治党、全面加强党的领导、全面提升党建工作质量，将党的建设优势转化为企业竞争优势和发展优势，以高质量党建引领企业高质量发展。

第一节　务实创新的党建工作模式

党的事业要发展，始终离不开务实创新的工作理念和思路。尤其是国有企业在国际国内日益激烈的市场竞争中，如何找到一条党建工作与经营生产相融合的途径，并利用企业党组织所具有的政治优势、组织纪律优势、党员队伍优势及群众工作优势等，形成独特的核心竞争力，有着十分重要的意义。

为此，中国五冶党委在基础优良传统和经验做法的基础上，构建了既充分反映五冶自身管理特色，又有借鉴推广意义的新型党建工作模式，推动企业健康平稳发展。

实践中，党建带工建、带团建是党建工作的重要组成部分。中国五冶把党建和群团工作结合得十分紧密，党建工作创新带动了群团工作创新，党建工作落实带动了群团工作落实。这种紧密结合的组织优势、综合优势在基层产生了独特的作用。因此，谈五冶“党建”往往是与“群团”分不开的，群团工作就是大党建工作的组成部分。

一、中国五冶党建工作的密码

2010 年 7 月，在中国五冶党建工作会上，党委书记、董事长程并强对加强基层党建工作提出了如下要求：“一是解决好党群工作融入项目生产经营的问题。项目部一经诞生，施工经营部门进行履约策划，党群部门进行党群工作策划。策划前，党群部门要深入施工生产部门和项目部，全面摸底了解，制订出既满足党群工作要求又促进项目生产经营的工作方案。二是解决好‘圈内热，圈外冷’的问题。作为‘圈内’的党群工作人员，要多与生产经营系统的人员交流沟通，增进‘圈外’同事对党群工作的了解，树立大党建概念，发动大家共同做好党群工作。三是解决好责任落实与兑现考核的问题。严格落实项目党群工作方案，内容要具体、要求要明确、方法要清楚、责任到人头、考核有措施。总之，要实实在在地保证党群工作真正落实到一线，落实到基层，这也是企业目标管理很好的应用。”

这一段话是我们理解中国五冶党建工作的一把钥匙。从这把钥匙里，我们可以把中国五冶党建工作的“机密”看得一清二楚。仔细地加以分析与发掘，可以发现这段话有如下几个看点与特色。

第一，抓住本质，点准要害。国企党建的重点在于两个词，即党的领导与公司治理相“结合”，党建工作与生产经营相“融合”。五冶提出解决好党群工作融入生产经营，是对准了要害。在 2010 年就提出了这样的见解，实属难能可贵。

第二，策划方案，目标管理。企业最大的优势是管理，他们把“策划”“方案”“目标”“考核”用于党建工作，把党建工作视为企业管理的一部分，把企业管理方式引用到党建工作管理上来。

第三，全面摸底，重点突出。基层党建往往存在“满把抓”的毛病，似乎什么都抓，结果什么也没有抓住。五冶在调查摸底的基础上，对每一个项目的党群工作都进行统筹策划、突出重点，体现出针对性和个性化。

第四，责任到人，求真务实。中国五冶明确把党建工作落实到一线、落实到基层、落实到项目，这是他们的方针。项目党群工作按策划方案实施，内容具体、要求明确、责任到人、考核严格、奖罚兑现，这就把党建工作做实了。

第五，圈内圈外，集合力量。中国五冶的党建工作体现出“统一战线”的意味，“圈内”的党群工作人员注重发挥“圈外”人员的作用，共同做好党群工作。这是一种党建的组织创新。

这些年，国有企业都在大力推进党的建设，笔者也看过很多企业党委书记关于党建工作的讲话，但像中国五冶这么具体、这么实在、这么到位的，可以说极为少见。他们的党建密码就4个字：严、细、新、实。

中国五冶党委的基层党建工作思路，好就好在破解了党建工作与生产经营“两张皮”的痼疾。党建工作和生产经营犹如国企的鸟之两翼、车之两轮，相辅相成、不可偏废。但是在实际工作中，一些国企或多或少还存在“两张皮”现象。所谓“两张皮”，指的是企业党建工作与生产经营工作相互脱节、彼此割裂，各吹各的号、各唱各的调，没有形成工作合力。主要表现为：各行其是、各自为政，就生产经营抓生产经营，就党建抓党建；关起门来搞党建，脱离企业实际自娱自乐；机关党群部与基层党建严重脱节，安排工作不接地气、流于形式；生产经营考核严细，而党建考核较粗甚至没有考核；总体上看，焦点在于不能将党建工作很好地融入生产经营，融合度不够，结合点不准，党建工作的作用和优势发挥不充分。

中国五冶党建给人们的印象是觉悟早、见识早、抓得早、见效也早。就在程并强发表上面讲话的这一年，他们将党群工作作为一项硬指标纳入综合业绩考核，党群工作考核结果也实现了与所在单位班子、党群系统人员的收入挂钩。这种考核办法杜绝了把经济指标作为唯一的追求，树立起“全面业绩”的观念。这一做法引起了五冶各级党组织特别是分/子公司党委班子的高度重视，基层党群工作迅速结束了只在“圈内热、圈内急”的状况。

二、“一三一”的党建工作模式

中国五冶党委班子立足公司实际，坚持“务实创新”，不断探索，2010年形成了“一个基本原则、三条工作主线、一个基本方法”的特色党建工作模式。

所谓“一个基本原则”，即“务实创新”。务实，就是党建工作紧紧结合企业发展的中心任务开展，注重“疗效”，不流于形式，强调针对性和实效性。创新，就是党建工作在继承优良传统的基础上，紧跟时代发展步伐，力求做出新意，为广大党员和员工群众所接受和喜爱。

所谓“三条工作主线”，即抓结合、抓班子、抓基层。

抓结合，就是将党建工作与企业生产经营有机融合。中国五冶党委在制订工作目标、建立工作制度、开展各项活动、进行业绩考核时，都与生产经营工作相融相通。自2010年起，五冶将党群工作分别纳入分/子公司和职能部门的全面业绩考核、公司业务工作交叉检查范围、项目履约综合考核，有效强化了党组织在企业发展中的领导作用，有效调动了各方面重视和参与党建工作的积极性。

抓班子，就是努力打造两级领导团队。中国五冶狠抓领导干部政治建设、思想建设、能力建设、党风廉政建设等，切实增强“四个意识”，坚定“四个自信”，做到“两个维护”，着力建设政治素质好、经营业绩好、团结协作好、作风形象好的两级党委班子。2010年制定实施了《中国五冶集团有限公司“四好”信息库工作制度》，把班子建设落到实处。

抓基层，就是将党建工作落实到支部，落实到一线。2010年起，中国五冶把存续时间短、人员流动性大的项目部作为夯实基层支部工作的重点，立足把项目打造成为“对内，是凝聚职工队伍的基地；

对外，是彰显企业政治素质和软实力的窗口”，将党建、纪检监察、企业文化、工会和共青团等工作有机结合起来，对各项目部党群工作进行“量身定制”。实践证明，项目党群文化工作制度是他们夯实基层党群工作的有力、有效措施。

所谓“一个基本方法”，即集中精力抓好主题教育活动，形成声势、抓出影响力，以强大的正能量带动各项工作全面开展。他们先后开展的党的群众路线教育活动、“三严三实”主题教育、“两学一做”专题学习、十九大精神集中轮训、“不忘初心、牢记使命”主题教育活动，增强了全体党员尤其是党员领导干部的党性意识、政治意识、廉洁意识、理论素养等。组织的“齐心向党，携手强企”创先争优表彰及职工文艺汇演、建厂 70 周年厂史教育系列活动、不忘初心“七一”朗读会和“初心永恒，使命共担”新中国成立 70 周年纪念活动等大型主题活动，都在员工中产生了长时间发酵影响，取得了正确引领、鼓舞人心的实际效果。

在多年的实践中，五冶党委坚持“一个基本原则、三条工作主线、一个基本方法”的特色党建工作模式，取得了实实在在的深受党员和群众认可的成效。务实创新是原则，也是作风；重在融合是手段，也是目的；项目运作是重点，也是特色；带动全局是结果，也是效益。这是一个有机联系的整体，是一个符合上级要求、符合基层实际的做法。

第二节　把现代企业管理思想引入党建

随着市场环境的不断变化、企业变革发展的不断推进，企业的党建工作已经日渐成为企业管理的重要组成部分。作为国有企业的党组织，五冶党委把现代企业管理思想引入党建工作管理。引入依法治企思想，即党建进章程、明确党对企业的领导作用；引入目标管理，实现全过程动态管控；引入考核机制，实现了软指标硬考核；引入标准化建设，将日常工作流程化、规范化。中国五冶以现代企业管理的思维改造、提升、做实党建工作，提高了党建工作的层次和效率，使党建工作与企业发展形成良性互动。

一、嵌入党的领导，实现治理结构的完善

中国五冶在2006年企业改制时，就在公司章程中明确了党组织在公司治理体系中的法定地位，把党组织内嵌到公司治理结构之中，把政治建设放在首位。

习近平总书记强调，中国特色现代国有企业制度，“特”就特在把党的领导融入公司治理各环节，把企业党组织内嵌到公司治理结构之中，明确和落实党组织在公司法人治理结构中的法定地位，做到组织落实、干部到位、职责明确、监督严格。①

中国五冶坚持把党的领导嵌入企业治理结构，自觉地把党建嵌入公司章程。可见，他们一直在努力破解领导机制上的“两张皮”。其主要做法有：一是确立党在企业的领导地位。他们早早地将党建工作写进章程，凸显了对党委领导作用的深度认识和理解，也表现出把党委参与决策与董事会和经营班子依法行使职权有机结合起来的思想，既维护董事会的决策权、经营班子的生产经营指挥权，做到依法治企、民主决策、目标同向、工作同步，又为一系列党建创新，将党组织发挥领导作用组织化、制度化、具体化，打下了很扎实的基础。

① 习近平出席国企党建工作会议：坚持党对国企的领导不动摇，2016年10月11日新华社稿。

二是落实党组织参与重大问题决策工作机制。认真履行“前置程序”“三重一大”集体决策等制度，做到党组织参与重大问题决策与董事会、经理层在内容上保持一致，程序上有序衔接，制度上有机统一。三是严格落实“双向进入、交叉任职”领导体制。公司实行党委书记、董事长“一肩挑”，原则上分公司也实行经理、书记“一肩挑”，公司与分/子公司设立专职党委副书记。明确各个层级党组织及党员干部的党建工作职责，确保落实好“一岗双责”。同时坚持党管干部、党管人才原则，贯彻“对党忠诚、勇于创新、治企有方、兴企有为、清正廉洁”方针，严把政治关、品行关、作风关、廉洁关，选拔使用忠诚、干净、担当的优秀干部。

二、引入考核机制，实现软指标硬考核

长期以来，在人们印象中党建工作都是软指标，定性的成分较多，工作任务难以量化，这也成为党建工作考核的难题。由于被认为是软指标，党建工作者的贡献也无法科学衡量和判断，不利于调动党建工作者的积极性，一些党建工作者甚至缺乏理直气壮开展工作的自信。因此，如何让党建工作的指标“硬”起来，不失为扎实开展党建工作的重要环节。

2010年，中国五冶修订绩效考核办法，将经济指标、综合管理目标、党群工作目标作为各单位、机关部门绩效考核的三大指标。当时的考核办法显示，总分130分，党群工作目标考核共30分，系数权重相当高。这个考核办法的出台，倒逼党群系统必须将考核内容进行量化“硬”起来。他们引入现代企业管理办法，在党群工作领域实行目标管理，结合实际设计了一套细致严谨的目标分解和考核体系，建立了合理、公平的考核细则，提高了党建工作的规范化水平。在这个体

系里，哪一项工作加分或者减分，都会影响本单位、本部门的业绩和经济兑现，也就是说与机关部门人员、各单位班子成员的薪酬直接挂钩了。

当时，这个办法一经出台，迅速产生了积极效应，极大地增强了各级党组织、各单位抓好党群工作的责任感，两级公司积极充实党群工作队伍，结合实际修订党建和群团工作制度，制订切实可行的工作目标，狠抓工作创新和落实。同时也调动了党群工作者队伍的积极性，增强了他们理直气壮做好党群工作的自信心。这样一来就解决了长期以来的行政工作指标硬、党建工作指标软的问题，做到同样硬、同步走。党建工作也不再是可干可不干、干好干坏一个样。这个做法有力地强化了“大政工”意识，有利于广大员工尤其是中层以上管理人员树立全面业绩观。由此，中国五冶成功解决了党群工作“虚”、考核难以操作的难题。

中国五冶这一举措更深层次的意义在于，这使党建工作与生产经营中心工作相结合立竿见影，同时也使中国五冶不断加强和改进党群工作，提升企业软实力和核心竞争力得到了制度保证。

随着党建工作大形势的不断深入发展，中国五冶党建工作考核办法不断完善。2019 年，五冶落实上级党组织对党建工作考核的统一要求，党建工作考核结果直接成为各单位最终业绩考核的系数，成为企业全面业绩考核的约束性指标。

中国五冶党建工作起始于 10 年前的策划、目标、标准、管控与考核，较好地运用了现代企业在生产经营管理中的有效方法和原则，促使党建工作化虚为实，管理流程清晰完整，目标控制简便有效，考核严格科学，体现出他们向提高企业党建工作科学化、制度化、规范化迈进的坚定步伐。

三、引入目标管理，实现全过程动态管控

中国五冶党委认为，没有目标就没有管理，目标不清晰则管理不到位。而有目标不考核，实际上是悬在空中，没有落实。中国五冶党的建设最过得硬的，是建立党建目标及考核体系，破解了企业党建长期存在的难点，这是他们“逗硬”的结果 。

长期以来，党群工作目标如何制订与分解是困扰许多企业的一个难题。在探索初期，中国五冶党委提出党建目标要全面覆盖，并且要科学量化。这一要求难住了党群工作人员。经过反反复复的讨论与艰难摸索，中国五冶最终形成了一套务实管用的党群工作目标管理体系。

中国五冶党委实施目标管理的主要内容包括三个方面：一是务实创新制订目标，二是层层分解落实目标，三是逗硬考核兑现目标。

在制订工作目标的过程中，做到两个“吃透”和“务实、高标、量化”。一是“吃透”上级党组织的安排和要求，正确把握工作方向，确保政治上始终与党中央、上级党组织保持一致，始终符合国家大形势的要求。二是“吃透”本单位生产经营管理对党建工作的需要、广大党员和职工群众对党群组织的要求，正确选择开展工作的着力点和方法途径，确保党委在企业发挥好领导作用，确保党群工作正确引导员工、密切联系员工、真正服务员工。“务实、高标、量化”就是立足实际、提出高标准、可量化操作，让每一项目标标准明确、要求具体，既好操作又好考核，力求每实现一个目标就能看到实实在在的效果。同时，也通过高标准高要求促进党群队伍不断进步、不断提升。

在分解落实工作目标的过程中，实行“两个层层分解”。一是时

间上层层分解，从年度到季度再到月度；二是组织上层层分解，从公司党委到二级单位党委再到基层党支部。

在考核工作目标的过程中，根据不同对象采取不同的考核方式。对二级单位党委实行季度考核、年度总评，按照季度“明码实价”的“任务单”，相互打表考核，既互相学习又互相监督，同时在公司季度管理对标讲评会上进行分析点评。对项目党支部，依据项目党群工作方案进行季度考核，纳入项目全面履约综合考核。对各级党组织书记，实行年度述职考核评价。

中国五冶党委实施的目标管理，不仅应用现代企业管理手段，将党建工作目标真正地层层落实，同时又实现了动态调整和管控，最终实现了全过程把握。

四、引入标准化建设，提升党建工作水平

党建工作标准化就是通过规范党建工作内容及标准、优化党建工作管理流程，将日常党建工作流程化、模板化，提高党建工作规范化、科学化水平。2012 年，中国五冶党委开展了标准化建设工作，全面梳理完善制度，制定业务工作流程和规范文本，编辑形成党建、纪检、工会、共青团工作系列业务手册。这套业务手册不断完善和优化，沿用至今。它一方面统一和规范了日常党群工作业务，使各级党群组织工作质量得到保证。另一方面较好地解决了党群工作队伍因兼职人员多、新人多而需要及时进行业务指导帮助的问题。

随着公司信息化建设的进程，五冶党委适时运用信息化手段提升党建工作效率和质量。2012 年便建立起了党建工作信息化管理平台，实现了党建工作的规范运行和动态管理。全盘进展一目了然、上传下达及时呈现、工作得失互相分享、业务培训全时在线、工作短板

及时发现、督促短板及时改进。近年来，五冶党建工作管理平台再次升级，并积极运用中国五矿智慧党建APP，使党建工作信息化管理全覆盖。

第三节　领导班子的“四好”信息库

习近平总书记曾指出，要坚持党管干部原则，保证党对干部人事工作的领导权和对重要干部的管理权，保证人选政治合格、作风过硬、廉洁不出问题。要让国有企业领导人员在工作一线摸爬滚打、锻炼成长，把在实践中成长起来的良将贤才及时选拔到国有企业领导岗位上来。对国有企业领导人员，既要从严管理，又要关心爱护，树立正向激励的鲜明导向，让他们放开手脚干事、甩开膀子创业[①]。中国五冶的“四好”信息库，就是落实党管干部原则，探索加强党委班子建设的一个创新成果。

一、领导班子的“四好”信息库

一个企业发展的关键在于领导班子。为了打造一支敢担当、讲责任、能力强的班子队伍，中国五冶党委2010年制定实施了《中国五冶集团有限公司“四好”信息库工作制度》，使五冶党委将加强二级单位领导班子建设的工作落到了实处，实现了标准化、经常性的动态管理。“四好”信息库的创新之举，是对思想建设具体途径和方法的探索，可以为班子建设提供“化验单”，达到掌握动态“对症下药”

① 习近平出席国企党建工作会议:坚持党对国企的领导不动摇,2016年10月11日新华社稿。

的效果。

“四好班子”建设是多年以前就在全国广泛开展的一项重要工作。“四好”是一个标准体系，包括政治素质好、经营业绩好、团结协作好、作风形象好。五冶的“四好”信息库，就是把二级单位班子成员践行“四好”标准的情况进行动态的跟踪评价，把评价结果集中到公司党委掌握、运用。各单位党委书记为本单位“四好”信息库的实施者和责任人。这样，二级单位班子成员的思想、工作、生活情况就能较为及时、全面地为公司党委所了解，便于及时开展有针对性的工作，为选拔使用和评先推优提供依据，努力建设一支忠诚、干净、担当的中层干部队伍，将二级单位领导班子打造成“四好”班子。

二、抓住“谈心”与“评价”环节

开展“四好”信息库建设工作，谈心和评价是关键环节。

中国五冶各单位党委书记作为责任人，与本单位班子成员进行经常性谈心交流，了解其思想、工作和生活情况，发现问题及时沟通解决，达到畅通班子思想、统一班子认识、形成班子合力、提升班子形象的目的。党委书记按照一人一卡的形式，对谈心交流的主要情况进行记录，对存在的问题跟踪落实。

“四好”信息库成员评价办法，就是将“政治素质好、经营业绩好、团结协作好、作风形象好”作为标准，采取量化评价方式，分别制定更为详细的评价细则（见表 10 - 1）。多年来，评价细则随着新的形势和新的要求而不断丰富、优化。

考核结果的运用是非常重要的一环。每半年，党委书记对班子成员进行一次评分、评价；每一年，班子成员对党委书记进行一次评分、评价。评分和评价均上报公司党委组织部，进入中层干部年度任职考核，作为班子参加创先争优评选的依据之一。

表 10－1 中国五冶“四好”信息库成员评价表（2018）

单位：

被考评人姓名：　　　　　　　被考评人所在岗位：

考评人姓名：　　　　　　　　考评时间：　　年　　月　　日

考评项	考 评 内 容	实得分
政治素质（25 分）	1. 政治立场：“四个意识”非常强【　　】；“四个意识”一般【　　】；“四个意识”不强【　　】。（10 分） 2. 理论学习：本年度目前应参加中心组集中学习____次，实际参加____次。（5 分） 3. 党建工作责任：“一岗双责”落实很好【　　】；“一岗双责”落实较好【　　】；“一岗双责”落实一般【　　】；“一岗双责”落实不到位【　　】。（5 分） 4. 党员先锋作用：发挥好【　　】；等同于普通群众【　　】；较差【　　】；差【　　】。（5 分）	
经营业绩（25 分）	1. 能力水平：完全能胜任本职工作【　　】；基本胜任本职工作【　　】；与本岗位要求有一定差距【　　】；不能胜任本职工作【　　】。（8 分） 2. 能力提升：善于学习提升进步较大【　　】；提升进步不大【　　】；与本职工作要求的差距越来越大【　　】。（7 分） 3. 工作业绩：分管系统在集团公司系统评比中的名次分别为一季度第____名，二季度第____名，三季度第____名，四季度第____名。（10 分）	
团结协作（25 分）	1. 发扬民主：勇于开展批评与自我批评【　　】；能管好自己但不敢大胆批评别人【　　】；不愿听取批评意见【　　】。（5 分） 2. 协作意识：注重班子整体形象，积极主动相互配合【　　】；协作配合一般【　　】；不善于与他人协助配合【　　】。（10 分） 3. 团队建设：团队建设能力强效果好【　　】；带团队效果一般【　　】；带团队效果较差【　　】。（10 分）	
作风形象（25 分）	1. 遵章守纪：严格执行党章党规党纪、国家法律法规和公司各项制度，无违规违纪行为【　　】；偶有违规违纪行为【　　】；常有违规违纪行为【　　】。（10 分） 2. 工作作风：践行“严细新实”好【　　】；践行“严细新实”较好【　　】；践行“严细新实”有差距【　　】。（8 分） 3. 个人形象：为人、办事公道正派，群众口碑好【　　】；群众口碑较好【　　】；私心重，群众口碑差【　　】。（7 分）	
合计得分		

值得一提的是，在“四好”信息库建设的过程中，部分二级单位党委结合实际进行拓展与创新，建立了骨干库，为重点骨干制订明确的培养措施、落实培养责任人，并定期进行考察考核，加强人才培养的过程管理。例如，某二级单位的一位骨干曾一度想跳槽、思想不稳定，培养责任人在与其交流谈心的过程中了解到这个情况后，立即向党委书记汇报，及时帮助解决困难、做好思想工作。这位骨干的心结最终被打开，打消了跳槽的念头。还有的二级单位在选定入库骨干前，将名单进行公示，广泛征求群众意见，营造了一种“入库光荣”的氛围，在员工中形成很好的正向激励。

第四节　项目党建工作的创新实践

企业党建要奔着问题去，要把党建工作的重心放到生产经营的最前端。2010 年，中国五冶党委提出“努力打造符合五冶实际、具有五冶特色的党群工作的优势和品牌，增强公司软实力”的目标后，很快就在基层党建工作上取得突破性进展。他们制定实施《中国五冶集团有限公司项目党群文化工作制度》，切实加强项目党的建设，不仅推动五冶自身党建工作水平上台阶，还对完善和改进施工企业党建工作方法提供了启示。《中国五冶创新项目党建工作实践与思考》一文获得 2011—2012 年度中央企业党建思想政治工作优秀政研课题论文二等奖。

一、从破解党建融入项目管理开始

习近平总书记强调，坚持建强国有企业基层党组织不放松，确保企业发展到哪里、党的建设就跟进到哪里、党支部的战斗堡垒作用就体现在哪里，为做强做优做大国有企业提供坚强组织保证。[①]

坚持把党的工作融入企业项目管理，破解具体实践中的“两张皮”，是中国五冶党建的主攻方向。中国五冶本着“项目建到哪里，党的工作就开展到哪里”的原则，着力于解决基层党支部“做什么”“怎么做”“做成什么标准”的问题。他们是针对项目实际情况着手的。

首先，五冶的项目部众多，遍布全国各地及海外。项目部具有存续时间短、人员流动性大、党员分布不均的特点，客观上存在党建工作连续性、系统性得不到保证的问题。必须对传统的党建工作方法进行创新，建立一种与项目组织特点相匹配的党建工作方式。

其次，项目部以管理人员为主，整体文化和专业素质日益提高，他们对党建工作的需求、接受方式、参与广度和深度都有新的更高的要求。另外，中青年员工占绝大多数，思想活跃，具有新思维、新观点、新的行事风格与态度，传统党建工作内容和方式已不能满足他们的需要。创新党建工作内容、方式和途径势在必行。

再次，部分项目人员对党建工作存在认识上的偏差，有的认为党建工作可有可无，项目上只需要完成经济指标；有的认为党建工作是摆设、形式而已，可以敷衍了事。因此，要创新思维和手段，实现党建工作与项目履约的有机结合，提高项目人员对党建工作的认识，调动主动性和积极性。

最后，原则上党员项目经理担任项目党支部书记，其他支委也承担着生产经营管理任务，在时间上存在党建与行政工作相互挤占的问题，项目党务人员对党建工作业务不熟悉、掌握不系统，项目党建

① 习近平出席国企党建工作会议：坚持党对国企的领导不动摇，2016年10月11日新华社稿。

工作质量得不到保证。因此必须对项目党建工作进行有的放矢、突出重点、富有特色的“量身定制”，确保项目党建工作有计划、有标准地规范落实。

二、五冶的项目党群文化工作制度

基于五冶项目的实际情况，为了切实把党建、纪检监察、工会、共青团工作和企业文化建设落实到项目，中国五冶党委2010年制定实施了《中国五冶集团有限公司项目党群文化工作制度》，并编制了配套的《中国五冶集团项目党群工作手册》，开启了五冶项目党群工作的新局面。

项目党群文化工作的主要思路是，针对每个项目的不同特点和需求，对项目党群文化工作进行有针对性的策划，量身定制工作方案。同时，运用现代企业目标管理思路和信息化管理手段对方案所列内容进行分解、落实到人头，对执行方案的情况进行过程动态管控，从而实现项目党群文化工作的计划性、个性化、规范化，保证取得实效。其推行主要有三个环节。

第一，设定具体目标。开展项目党群文化工作首先要落实上级党群组织的安排部署，同时要贴近项目生产经营实际、贴近员工群众，制订看得见摸得着的具体目标。充分发挥项目党支部的战斗堡垒作用和党员的先锋模范作用，把项目建设成团结和凝聚员工队伍的基地，确保项目圆满履约；把项目建设成彰显企业政治素质和综合实力的窗口，为企业打好“广告”，做优“名片”。

第二，明确工作方式。中国五冶项目党群文化工作包括“规定动作”和“自选动作”。在内容上，“规定动作”就是贯彻上级精神、落实上级要求、执行工作制度必须开展的工作；“自选动作”就是各项目根据履约实际和党员、员工需求开展的特色工作。在形式上，“规定动作”包括统一规范设立各种标识标牌，如党群组织机构挂牌、宣传栏和党务公开厂务公开栏、企业文化形象包装等；“自选动作”包括“党员突击队”“阅览室”“青安岗”等其他标牌专栏的设立。

第三，落实资金保障。中国五冶规定项目开工后的1个月内，党群工作部门会同项目部研究制订工作方案，做出经费预算进入项目履约策划。方案经党委同意后，由项目党支部落实执行。

第四，细化操作规范。作为一个集团化企业，五冶下属分/子公司多达30余个，有施工单位、生产制造厂、辅业后勤等，专业不同、经营管理的组织方式也不尽相同，落实项目党建工作不能“一刀切”。五冶指导各分/子公司按照项目党群文化工作制度的基本精神，结合自身特点，分别明确了各单位的项目党群工作操作办法。

三、青海一里坪项目的实践

实施项目党群文化工作制度以后，中国五冶以项目为代表的基层党建工作呈现出勃勃生机。

2017年2月，中国五冶中标青海一里坪盐湖30万吨/年氯化钾项目，总工期280天。该项目是中国五矿集团和中国中冶集团战略重组后在国内矿产资源市场的首次深度合作，也是当地实现“效率海西”，加快打造锂、钾、硼等多种元素开发产业集群，助力柴达木盆地国家级循环经济试验区建设的重点工程项目。

该项目位于青海省海西州一里坪盐湖矿区，地处青藏高原柴达木盆地覆地，是海拔2800多米的戈壁盐碱地，日温差常在30℃左右，常年含氧量只有平原地区的60%～70%，是典型的无水、无电、无通信和缺氧地区，自然条件恶劣。其中，全长117.6千米的外部供水施工线和全长58.2千米的110kV供电线路施工，作业区为沼泽、湿地、草原、沙漠等无人区，员工只能在无电、无通信、缺水的情况下依靠帐篷宿营，作业时还可能遇到高原反应、陷车等困难，甚至生命危险。

负责履约的是机电分公司一里坪盐湖项目团队，团队最高峰时有36人，其中党员6人，有13人为机电公司当年新入职的大学毕业生。34岁的刘仁帅担任党支部书记、项目负责人。

针对上述情况，机电分公司党群部会同项目部一起量身定制了党群文化工作方案，明确了具体工作目标、完成时限、责任人等，并将其纳入了项目履约考核（见表10－2）。

表10－2　一里坪盐湖锂矿锂硼钾资源综合利用项目党群文化工作方案（2017）

序号	具体工作安排	责任人	工作实施内容	计划时限	实施情况摘要
1	党组织机构设置	曾世彬	召开支部党员大会：成立“项目党支部”	开工后15日内	党支部书记：刘仁帅（未设支委）
2	群团机构	刘仁帅 姚　彪	召开会员大会： （1）选举“项目工会负责人”； （2）选举“项目员工代表”； （3）成立“项目劳动保护委员会”； （4）召开团员大会，成立“项目团小组”。	开工后30日内	当选： 分工会主席刘仁帅；员工代表张永青；团小组长吴迪；劳动保护委员会主任张永青

续表

序号	具体工作安排	责任人	工作实施内容	计划时限	实施情况摘要
3	“三会一课”及日常工作	刘仁帅 姚彪	健全党群工作阵地： （1）设置“宣传栏”； （2）设置“图书阅览室”； （3）设置“职工之家”； （4）建立“职工夜校”； （5）机构、目标挂牌明示； （6）主流文化宣传标语1条。 日常工作： （1）定期召开“三会一课”。其中：在水线作业地帐篷组织党员学习1次； （2）宣传栏及时更新形势任务教育资料、新五冶；项目事务公开资料等。	阵地建设帐篷时暂不设，待活动板房建成后1月内完成；支部党员大会每季度1次；形势任务教育每季度1次	“三会一课”等党群文化工作记录完整（附）。 党群阵地附图。 报刊宣传资料邮寄记录另附。 集中学习时间：2017年4月1次、5月1次、6月1次、7月1次、8月1次、9月3次、10月1次、11月1次
			（3）开展会前读书读报10分钟：读《新五冶》《新坐标》等；	每周	
			（4）每月邮寄报刊：公司党群部每月邮寄1～2次；	每月	
			（5）开展“轮流讲课”：项目经理和经营、安全、技术主管主讲“高原施工案例分析”“管道、设备与电气安装”“质量控制”“危险源识别”等。	每月	
4	创先争优活动	刘仁帅 张永青	（1）党员到水线帐篷区对现场施工人员开展1次谈心谈话，覆盖100%； （2）成立党员突击队； （3）党员为项目员工办实事1件； （4）向公司推优1人以上； （5）设置“党员示范岗”； （6）设置创先争优标语1条； （7）成立“青年安全岗”，每月查找安全隐患。	项目履约期	支部书记带头到水线帐篷谈心，公司领导到项目现场授旗，标语有图片、活动有记录

续表

序号	具体工作安排	责任人	工作实施内容	计划时限	实施情况摘要
5	文化活动	刘　洋 吴　迪	（1）骑自行车环游一里坪盐湖1次； （2）开展“凝心聚力 奋勇前行”趣味比赛活动1次；	2017年9月至国庆	各项计划完成，机电新闻
			（3）国庆升旗活动；	2017年10月1日	
			（4）跳绳比赛；	2017年7月1日	
			（5）员工撰写感想。	随　时	
6	关爱活动	刘仁帅 姚　彪	（1）集团、公司工会寄送高原防护用品、四川泡菜等慰问品； （2）为项目员工过生日；	项目开工到竣工	邮寄、带送，集团、机电领导深入现场慰问
			（3）对骨干员工家访1次；	施工期间	党群部到项目骨干员工家在成都的家庭，进行探望
			（4）为员工理发。	施工期间	项目负责人、支部书记为项目员工不定期理发
7	交流谈心（稳定员工思想）	刘仁帅	“交心活动”：党员每月与1名以上员工谈心交流，了解其生活、工作、家庭状况。	一对一谈心随时、经常	项目党群文化工作记录（项目期间无一人因为工作生活条件极其艰苦而离开项目，员工队伍稳定）
8	项目文化包装	曾世彬 刘仁帅	按照《企业文化手册》要求制作（方案另附），定期维护、更新（每季度反馈包装图片3~5张：项目部大门、围墙、办公区、会议室）。	开工后30天内	方案报文化中心批准实施

续表

序号	具体工作安排	责任人	工作实施内容	计划时限	实施情况摘要
9	纪检监察	曾世彬 刘仁帅	（1）项目负责人签订廉政建设责任书；项目班子成员、财务、材料、经营等关键岗位签订廉洁从业承诺书； （2）张贴项目党风廉政建设公示牌； （3）开展反腐倡廉宣传教育每季度不少于1次。	开工15天内签订承诺书	已100%签订；已开展警示教育8次
10	提供新闻素材	姚　彪 吴　迪	工程开工至竣工期间，每月提供素材不少于1次：工程节点完成情况、重要领导视察、项目活动等（电话、稿件均可）	每月	每月提供2~3次新闻素材

从青海一里坪项目的党群文化工作方案及实施情况摘要可以看出，项目党群工作安排具体、丰富、针对性强，重点十分突出，虽然总工期不到一年，但每周、每月都有活动，由谁完成也清楚明确。有几个方面给人留下了深刻印象。

首先是把党组织的旗帜亮出来。项目远离公司大本营，工作和生活条件艰苦，他们在15天内就成立党支部，紧接着成立群团组织，并且把这些机构挂牌明示，还进行各种硬件建设，把党群工作的阵地也亮出来。这样，一个身处大漠戈壁的基层“堡垒”就迅速出现在大家眼前，让身处异乡的员工看到党组织就在身边，心里就有方向、有依靠，这是党的基层组织发挥作用的前提和基础。

其次是项目党支部发挥组织优势，建立起学习平台。除了组织党员正常开展“三会一课”，他们还开设了职工夜校，安排了丰富的学习内容，把全体员工组织起来，开展形式任务教育，轮流讲管理、讲技术、讲履约，作业点在条件艰苦的野外时就在帐篷里学习，可见他们对学习是按制度、按项目党群工作方案严格执行的，无论在什么情况下都不松懈。这就让党组织在政治引领、业务培训、促进项目履约经营上发挥出显著的作用，让项目党群工作与生产经营工作有了自然而然的融合。

项目党支部重视员工心灵家园，建构暖心平台。自然环境条件差，项目部年轻人多，他们建立每月一次的党员与普通员工的交心活动制度，党员和员工聊思想、叙家常，保持经常性沟通，起到了稳定人心的作用。发挥群团组织作用，因地制宜开展文体活动，同时公司的各级党群组织也给予细致关怀，走访员工家属、邮寄高原防护用品、邮寄家乡小吃等。由此可见，各级党群组织抓住了要害，把特殊环境下的思想政治工作融化在日常工作中、员工间的交流中、细致入微的关心中，将项目员工、项目小家、企业大家紧紧联系在一起。

项目党群工作的开展，把项目团队拧成一股绳，在艰苦的 9 个多月奋战中，没有一个人当“逃兵”。2017 年 11 月，项目主体工程落成试车，标志着在柴达木盆地的腹地，方圆数百公里的茫茫戈壁上，建起了一座现代化工厂。项目团队不仅展现了优良的专业技术优势，而且展现了五冶人勇往直前的团队执行力和昂扬奋进的精神面貌，兑现了他们当初“这里什么都没有，只有我们；这里什么都会有，因为有我们”的承诺。项目党支部被评选为 2017 年度中国五冶先进基层党支部，党支部书记刘仁帅获评中冶集团和五矿集团优秀共产党员。

中国五冶要求项目党建工作要做到“对内，把项目作为团结和凝聚职工队伍的基地；对外，把项目作为彰显企业政治素质和综合实力的窗口”。青海一里坪项目是极富说服力的事例。他们无论在哪里，都高举起党组织的旗帜，指引员工，成为员工最踏实的依靠；他们无论在哪里都搭建起学习平台、暖心平台，满足员工学习提升需要和身心健康需要。作为流动性大、存续时间短的基层项目部，能够做到、做好这些工作，实属不易，从中我们看到了中国五冶项目党群文化工作制度的实践价值。这个制度着力把基层党组织建设成引领党建工作的政治堡垒、推动生产经营的攻坚堡垒、彰显央企风采的形象堡垒、全面从严治党的廉洁堡垒、关心关爱员工的暖心堡垒，充分彰显了党的建设的价值。

第五节　多元环境下的共建新经验

随着社会的发展，建筑行业面临的环境更加多元，也更加复杂。就中国五冶来说，多元化产业、全产业链服务经营模式和每年营业收入百亿级的增长速度，带来的相关行业、单位、人员更多更杂，而产品的特殊性还可能带来更为复杂多元的外部环境。如一个市政项目，就关联范围看，往往涉及业主、监理、设计、劳务分包队伍以及项目所在街道、相邻单位、社区居民等。就业务内容看，可能涉及从拆迁到建成交付使用和维护的全过程。在整个过程中，如若处理不好这些关系，不仅会影响项目履约，还可能带来负面舆情和社会影响。

新的环境为中国五冶的党建创新提供了新的条件，五冶党委提出，要将党建政治优势转化为团结协作的发展优势，强化合作中的一致性，促进相融共荣，形成更高层次的默契。于是，支部共建、思想共管、党建联建、全域共建的基层工作经验由此诞生，始终突出廉洁共建、社会和谐共建，将中国五冶项目党建推升到一个新的台阶。

五冶党委抓支部共建，最早是在宝钢项目。

2010 年，为了促进宝钢硅钢工程顺利完工，五冶宝钢硅钢项目党支部与宝钢股份工程管理部党支部等 6 家单位共同签署《党支部共建协议》《争创“双优”工程共建协议》。“双优”即“工程优质，干部优秀”，突出工程建设中的廉洁建设。期间，共建方围绕工程团队建设、廉政建设、质量管理、技术创新、进度控制、安全管理、文明施工等工作，开展支部共建活动，把各方党员凝聚起来，共同发挥先锋模范作用，形成合力。同时让业主、监理更加了解五冶的管理，增强相互间工作的透明度和信任度，共同推动工程项目顺利完成。

中国五冶党委抓思想共管，主要是针对劳务分包队伍。

国有大型建筑企业与劳务分包队伍的合作是广泛的，双方存在各种各样的差异也是必然的。从公司利益出发，必须采取有效措施与分包队伍建立合作共赢的机制；从央企社会责任讲，发挥自身优势带好分包队伍，对他们给予帮助、指导，使其提升进步，是奉献社会的使命担当。因此，中国五冶在与分包商打造总分包共管体系的同时，各级党组织也开始了打造思想政治工作共管体系的实践。

中国五冶各级党组织在项目上开展形势任务教育、企业文化宣贯、技术培训、劳动竞赛、慰问关爱、文体活动时，都主动将分包队伍纳入其中，同教育、同培训、同竞赛、同奖励、同慰问、同娱乐。同时还特别为分包队伍开办民工夜校，让民工提升专业技能和市民素质，采用公示、走访等方式，保障农民工工资发放等，让分包队伍切实感受到五冶的关怀和帮助，形成思想认识的合力，一起创业，一起发展。

中国五冶党委抓党建联建，最具有代表性的是上海宝山陆翔路—祁连山路贯通工程项目。

上海市重大工程项——宝山陆翔路祁连山路贯通工程，是五冶交通市政分公司与上海市政总院联合建设的。2019 年 3 月，两家企业签订了党建联建协议，明确六个理念：一是在项目生产经营过程中以项目为载体共建党建品牌；二是在原有业务的线性交流上引入扁平化的交流机制，联建各方交流更加便捷简单；三是以主动融入且开放包容的姿态开展工作，化被动为主动；四是统一的对外宣传，展现给外界更加良好的形象；五是创建共同的宣传平台，展示项目党建文化；六是以党建先行的思路逐步拓宽交流范围的理念。

两家单位企业在同一个项目，因有不同的企业文化，因此既有交融又有分歧。在项目建设初期，就面临是一起办公还是分开办公的问题，在企业文化形象展示的安排上也出现了分歧。通过党建联建中达成的平等对话机制，在双方党组织的协调下合理解决了这几个问题，双方达成了采用同楼办公、公共区域共同使用、企业文化形象展示合理协商的共识。

随着项目的推进，很多“新问题”也逐渐暴露出来。在一起办公后，员工间开始了“暗暗较劲”，工作中不自觉地对标。借着大家较劲的势头，党组织给予积极引导，顺势而为良性竞争和比拼，最终形成了自发的比学赶超局面。同时，党组织的工作也对项目建设发挥了监督保障作用。双方支部主动扩大联建范围，扩大到了包括当地派出所在内的 15 家相关单位，把原本项目被动接受监督检查转变成了在党组织的引导下自觉开放接受检查，营造出了风清气正的新气象。

陆翔路—祁连山路贯通工程不仅是联合体项目，其项目本身同样也是连接上海宝山区、嘉定区和普陀区的一条重要通道。于是，双方支部着力在“连”字上下功夫，找准党建与生产经营的切入点，形成了项目“党建 +”的六大板块。一是区区相连，通过项目区与区相连，使党建联建成为与各方联系的渠道；二是支部相连，依托项目优势与更多支部相连，互相对标，互相帮助；三是企业和地方相连，通过党建联建融入地方，让各方更加了解企业；四是企业间相连，党建联建促成和优秀企业的对标，在完成项目履约的同时学习其他企业的先进经验；五是经济效益和社会效益相连，运用党组织间的联系，使资源效益最大化，在阳光科学的状态下，助力项目完成经济和社会效益的双重任务；六是心与心间的相连，因为有党员的共同身份，加速了项目各方团队的融合，彼此增加信任，为项目顺利履约添加“催化剂”。

围绕这六大板块，项目党支部积极履行社会责任，慰问当地困难党员群众，主动为周边居民修整路面，村民们从开始的不理解到集体送上锦旗，项目与地方的连接又更进了一步。同时，与地方的密切联系也为项目展现企业形象和开拓市场提供了助力，举办企业开放日、进行安全防汛抗台演练，共迎来 10 余家媒体，600 多人次参观。越来越多的人走进项目了解企业，为企业打响了品牌，树立了口碑。该项目获得 2018 年度上海市重大立功项目，并完成了一系列工法编制和创奖工作，《解放日报》《建筑时报》、上海电视台、人民网多次对项目情况进行报道。

五冶党委抓全域共建，最具代表性的是成都地铁陆肖站 TOD 综合开发项目。

陆肖站 TOD 综合开发项目是成都市首个 TOD 示范项目，也是成都市建设美丽宜居公园城市的重要战略部署。项目地处中心城区，面临极为复杂的环境。项目开工前，一分公司党委主要领导多次与业主成都轨道城市发展集团党委领导商讨共建事宜，制订开展全域党建共建的“路线图”。所谓全域党建共建，旨在打造和形成包括组织共建、队伍共管、廉洁共商、人才共育、资源共享、困难共帮、促进项目在内的“六共一促”机制，为项目全方位保驾护航。

一是组织共建，结对互补。中国五冶陆肖站项目党支部具有依托央企品牌和显著业绩、项目党员管理能力突出、综合素质较高等优势。

业主属于成都轨道集团，其专业优势和价值观恰好能够为公司“转型提升，全产业链服务”战略提供支撑，具有结对共建的良好基础。基于优势互补，公司陆肖站项目党支部与业主共同达成结对共建协议，做到了日常工作有计划、有目标、有检查、有督促。

二是队伍共管，齐抓学习。共建期间，双方成立共建领导小组，通过建立联席会制度深化项目党员队伍建设，定期交流党建工作经验，共享党建工作信息，不断增强党建共建的针对性和实效性，促进研究解决共建工作、工程履约、群众意见等问题。同时，共同深化“不忘初心、牢记使命”主题教育，共同学习习近平新时代中国特色社会主义思想，学习党章党规党纪，开展党员如何立足项目践行初心使命的讨论。此外，还尤其注意互相学习和协助贯彻对方上级党组织的重大决策部署。

三是廉洁共商，履职践诺。在共建启动仪式上，建设单位、施工单位以及地铁运营、项目监理等一同签订《共建联控承诺书》，各方党支部书记、党员代表在“廉洁从业承诺墙”上签名，将廉洁从业承诺“晒”出来，共同增强管理人员自我约束的意识和接受职工群众监督的自觉性，营造思廉、崇廉、尚廉的良好氛围。启动仪式后还互相聘请党风廉政监督员，进一步强化和夯实项目党风廉政建设和反腐败工作的组织领导和联动机制，有效推动各个主体之间结成“亲”“清”关系，塑造出风清气正的政治生态和工作氛围。

四是人才共育，做实培养。共建各方把结对党组织和工程项目作为培养锻炼人才的重要平台。在党组织的协调下，业主数次在陆肖站项目开展培训，帮助项目部各级管理人员了解 TOD 产品特色和文化内涵，总结此类产品在参与“美好城市”建设、技术创新、项目管理等方面的经验。同时，业主管理人员也参加项目部质量月知识讲座和竞赛，向业主传达五冶建精品工程的坚定决心和“严细新实、业绩提升”的管理文化。通过做实人才培养，共建各方有助于进一步形成合力。

五是资源共享，展示形象。发挥双方各自的鲜明特点和优势，党建共建着眼于强强联合，推动资源共享。项目党群工作阵地建设、企业文化形象展示，给所有人员留下了美好的“第一印象”。该项目作为成都市委市政府举办各类调研、观摩等活动的主办场所之一，进一步提高了五冶的知名度和美誉度。

六是困难共帮，融洽关系。通过共同开展系列活动，项目各主体之间形成了“以党建带动履约”的良好关系，形成积极的互动机制，增加彼此信任。党支部积极带领项目管理人员，按照全产业链服务要求为业主迅速提供优质方案和增值服务，积极与业主党组织对接，通过共建，顺利解决困扰项目履约不利因素，确保顺利实现目标。

该项目以优质的工程建设和党建工作，受到广泛肯定。四川省委、成都市委领导先后到陆肖站项目调研指导，地方主流媒体多次进行关注和报道。

马克思说过，人们自己创造自己的历史，但是他们并不是随心所欲地创造，而是在直接碰到的、既定的、从过去承继下来的条件下创造。在国有企业党的建设过程中，面临着诸多的新形势、新问题，中国五冶党委见招拆招，把务实创新的企业精神与法商融合的管理经验引入党的建设，坚持党建工作和业务工作一起谋划、一起部署、一起落实、一起检查，让党的建设更实，让业务工作方向更准，尤其是把基层党建“地基”抓牢夯实。

可以说，他们把企业管理与项目经营这两大优势在国企党建中充分发挥，从实际中找难题，诊治“两张皮”式的党建痼疾，紧紧牵住责任制这个“牛鼻子”，把党内制度“当作法律一样坚决执行”。在国企党建领域，他们以求实的精神、务实的态度、扎实的作风、解决实际难题的能力在完成上级党组织下达的规定动作之外，还完成了很多有新意的自创动作，交出了无愧于新时代的党建答卷。

习近平总书记强调，坚持服务生产经营不偏离，把提高企业效益、增强企业竞争实力、实现国有资产保值增值作为国有企业党组织工作的出发点和落脚点，以企业改革发展成果检验党组织的工作和战斗力。[①] 中国五冶的党建工作创造了党建与生产经营相结合的一系列新做法，拿出了一系列党建管理新经验，推动企业保持快速稳健的发展势头，发展质量不断提高。

---

① 习近平出席国企党建工作会议:坚持党对国企的领导不动摇,2016 年 10 月 11 日新华社稿。

后记

从2019年全国“两会”开始，我们课题组便投入到中国五冶的调查中，并先后4次到集团总部、企业工地与车间调研。在充分占有材料的基础上，我们进行归纳与总结提炼，反复修改，用了一年时间，拿出这个理论读本。

中国五冶是中国冶金建设系统保持长期稳定发展的企业，多年走在同行业前列，有很多值得总结的东西。一开始，我们就定位于从理论上总结提升与归纳，形成具有中国五冶特色的理论体系。运用西方现代管理大师语录来解释一些现象，无疑也是一种写法，然而我们的定位不是报告文学，也不仅是案例介绍，而是一个“理论体系”。这个定位目标很高，甚至找不到可以模仿的样本。于是，我们只得从扎实的调研做起。加在“五冶”前头的“中国”一再提醒我们，要寻找一个时空坐标系，然后再深入内部解剖。更重要的是，能够用中国五冶的成功来破解国有企业特别是建筑行业的难题，对新时代国有企业的治理有启迪意义，这是我们调研的业务追求。在中国五冶，处于主导地位的文化是务实创新，我们也是以这种要求来搞调查、做学问的。

从空间来看，中国有10万多家建筑企业，建筑工人可谓中国最大的一支工人队伍，而建筑业是完全市场竞争性企业；冶金建设企业面临着大规模的转型升级，竞争更为激烈，风险更为频繁。社会主义市场经济发展进入纵深发展阶段，企业发展模式与经营模式、管理模式都在发生深刻变化。立足于这一时空背景来看五冶，我们眼中的中国五冶实践就变得愈加生动、丰富、深刻而美妙瑰丽，焕发出夺目的时代光彩。

我们在调研时，心中一直装着两个会议精神：一个是党的十八届四中全会精神，重点内容是依法治理；一个是党的十九届四中全会精神，重点内容是制度建设。中央部署了，国有企业是怎么做的，做得怎么样，我们要从中国五冶身上找答案、交答卷。同时，我们心里装着一个问题，就是国有企业怎样加强“防风险能力”建设，在高质量发展时期，这个问题非常重要，甚至被视为许多企业的“癌症”。把中央精神与破解现实难题紧密结合起来，需要顶天立地的思维，需要有的放矢的方法，这个任务就越发显得有些沉甸甸的了。然而，任务具有创新性、务实性与挑战性，才更能激发创新的欲望，学者的一种内在冲动便也被激发起来了。

风险可控、稳步增长是国有企业发展中一个突出的难题。从2015年9月的国企改革顶层设计出台以来，国有企业的防风险能力为党和国家高度重视，是一直写在文件上的。特别是我们调研期间正值党的十九届四中全会召开，会议对国有经济提出“创新力、竞争力、控制力、影响力与防风险能力”的目标要求。对“防风险能力”的研究不仅有切中时弊之需，而且符合稳健、持续、长久发展之要。于是，从中国五冶稳健发展的实践中，我们挖掘到了国有企业增强防风险能力的法宝，这就是法商融合的管理模式。

学者刘纪鹏曾指出，法商结合的概念并非新兴概念，而近年来始终是“只见楼梯响，不见人下来”，拉开大幕却无演员登场。中国五冶是在实践上“登场”，而且“自创、自导、自演”，很是吸引人，这是企业管理中的重要实践创新。于是，我们便循着这个思路进行挖掘式研究。讲清中国五冶“战略超前、法商融合、资源激活、文化聚力”的发展模式、全产业链服务经营模式与法商融合管理模式的形成过程。一家企业是怎么走进法商管理门坎的，在这期间遇到了什么，是怎样从经验上升到理论的，这也是很多企业面临困境而苦苦寻求的。当今人类两大文明的基石，一个是市场经济，一个是法治，中国五冶在这两大文明基石的结合点上做出文章，法商融合的历史价值就显得有分量了。

我们对于中国五冶的法商融合管理模式所蕴含的意义是从三方面的突破来认定的。第一，是实践上沿着合同管理（契约管理）和防止法律风险管理走过来，从而形成实践中的新型管理模式；第二，是理论上突破法学和商学相割裂的传统，把法律和商业结合起来，使得“追求效率”思维与“追求公平”思维及方法深度融合；第三，是突破单纯法律局限，把“法”扩展到法律、法规、规章、企业制度和合同等范围，就是依法治企。实践启示我们，市场经济急需善于利用和整合资源的人，更需要善于建立规则制度的人。中国五冶的种种努力开创了国企管理的新境界。

作为第一本体现法商管理的企业实践著作，一方面，本书总结归纳了中国五冶的实践做法，对国有企业和企业家会有指导意义，可以作为企业管理的培训教材；另一方面，本书也可以为学者专业探讨提供实践素材；再一方面，本书也可为政府与各级国资委的国企监督管理提供启示。

中国五冶的探索还在深入，在实践中，仍需对法商融合行为模式不断探索。期待本书能在法商融合创新的实践中发挥作用，并对法商管理学术理论的探索起到支撑作用，以利于我们国家在理论和实践两方面把法商融合的探索引向深入。

对一个企业的经验教训进行理论总结，形成理论体系，是一件不容易的事情。对企业来说，这项成果是一项软实力工程；对国家来说，则意味着是否能通过解剖“麻雀”，拿出新的管理思路，解决新的问题，体现新的管理思想。这项工作实是一项科学研究，多种学科结合，从宏观经济学、产业经济学、管理学、法学、企业文化学与党建学等多门学科中汲取思想，从而拿出模型，然后进行装配。调查、研究与写作，是一个相互穿插的过程，也是认识不断深化的过程。一开始，企业提供了历年的领导讲话与各种会议的发言，材料是一点一点收集、挖掘出来的。而我们则要把过程梳理清楚，从规律上做结论，认定每项工作在不同阶段的不同特点。只有认识上得去，理论上也能提得上去，才能对全国产生指导意义。因而，不能变成空中楼阁，只有符合实际，才有说服力。

因此，我们对这个企业像解剖“麻雀”一样，反反复复研究。课题组的徐天昊、赵玲玲都参与了调查、资料整理与写作工作。中国五冶集团有关部门提供了极为丰富的材料，这本书离不开他们的倾力支持与真诚协助，在调查与写作过程中，他们也提了很好的意见。中国五冶的现任领导人程并强与他的同伴，还有基层员工们，创造了自己的发展模式、经营模式与管理模式。在此，对他们推进中国国有企业治理现代化的努力与贡献表示钦佩，对他们为课题调研写作给予的协助与支持表示诚挚的感谢。

新书成稿后，受到我国研究界、学术界和企业管理界的重视与关注。联袂推荐本书的有：国务院国有重点大型企业监事会原主席季晓南，中国石油化工集团公司原董事长傅成玉，中国政法大学商学院院长、我国法商管理学的创建者刘纪鹏，国务院发展研究中心企业研究所所长陈小洪，国务院国资委研究中心副主任、中央企业智库联盟副主席兼秘书长彭建国等。对各界领导的厚爱，我们表示诚挚的感谢。

作　者

2020 年 5 月 22 日